KB060001

결혼 플랫폼

Marriage Platform

지은이 서상복

연애학교·결혼예비학교·부부학교 입문서

글과 길

결혼 플랫폼

Marriage Platform

연애학교·결혼예비학교·부부학교 입문서

31년 가정사역과 상담을 녹여 결혼에 시원한 답을 준다.

하나님 나라가 임하는 풍성한 결혼으로 깊이와 넓이를 더했다.

상담사례와 저자의 삶을 덧입혀 현실감을 더했다.

결혼 플랫폼 연애학교 · 결혼예비학교 · 부부학교 입문서

추천사

'결혼은 미친 짓이다'라는 말이 있다. 결혼이 미친 짓이 된 이유는 큰 그림을 그리지 않은 데 있다. 큰 그림을 그리면 결혼은 최고로 잘한 일이 된다. 결혼을 앞둔 부부가 그려야 할 그림은 행복한 부부, 가정의 축복, 세상에서 원하는 나라가 아닌 '하나님 나라'이다.

젊은이들은 행복을 꿈꾸며 결혼한다. 행복한 결혼을 꿈꾼다면 '하나님 나라 만들기'에 집중해야 한다. 하나님 나라를 만들면 행복은 뒤따라온다. 저자는 깊은 신학적 이론과 30여 년의 풍부한 경험을 녹여낸 이 책을 바탕으로 가정에 하나님 나라를 이루는 길을 제공한다.

이 책은 결혼을 앞둔 예비부부를 위한 결혼 설명서이자 지침서이다. 곧 '결혼면허증'이다. 자동차를 운전하려면 운전면허증이 있어야 하듯이, 가정을 세우고 하나님이 원하는 가문을 만들려면 '하나님 나라' 결혼면허증을 취득하라고 저자는 말한다.

결혼면허증이 있어야 하나님 나라가 세워지는 결혼과 결혼생활을 할 수 있다. 이런 의미에서 이 책은 행복한 결혼과 복된 가정을 꾸리려는 개인, 연인, 부부 모두에게 필독서이다.

김도인 목사 | 아트설교연구원 대표, 《설교는 글쓰기다》 저자

결혼은 하나님이 인간에게 주신 최고의 선물이다. 최고의 것이 늘 그렇듯이 지식과 연습 없이는 그 진가를 빛나게 할 수 없다.

오늘날 결혼이 비추 종목이 되고 미루는 일, 피할 수 없어 해야 하는 일이 되어버린 이유는 바로 무지와 준비 부족 때문이다. 결혼 속에 숨겨진 최고의 디자인과 이 결혼을 살아내는 방식에 대한 고매하고도 실제적인 지식을 현대인들은 불행히도 잃어버리고 있다.

저자 서상복 목사는 인간에게 주어진 최고의 선물인 결혼을 하나님 나라의 관점에서 녹여내고 있다. 지금까지 결혼에 대한 많은 논의와 안내가 있었지만, 하나님 나라 신학이 결혼의 기초가 되는 것을 보는 것은 큰 기쁨이다.

게다가 저자는 30년이 넘는 결혼 사역자로 살아왔기에, 이 책은 단지

도서관에서 리서치를 통해 만들어지거나, 또는 몇 회의 세미나를 통해 정리된 자료가 아니라서 좋다. 기초가 분명한 신학과 사반세기가 넘는 기간의 임상, 그리고 무엇보다도 젊은이들을 향한 변치 않는 사랑으로 만들어진 소중한 자료이기에 더욱 좋다.

결혼의 뿌리가 든든히 내려져서 결혼의 줄기가 단단하게 자라나고, 그리하여 결혼의 열매를 튼실히 얻기를 원한다면 이 책을 꼭 봐야 한다. 또한 결혼을 앞둔 젊은이들을 돕기 원하시는 분이라면 이 책은 소중한 길라잡이가 될 것이다.

김형국 목사 │ 하나복DNA 네트워크 대표, 『도시의 하나님 나라』 외 다수 저자

"결혼은 하나님 나라"라고 선언하는 귀중한 책 『결혼 플랫폼』이 나왔다. 저자 서상복 목사님을 오래전부터 지켜보면서 이 시대에 정말 필요한 사역자라고 확신하고 있었다. 평소에 저도 연애신학 강의를 통해 하나님 나라와 성도의 결혼을 집중적으로 강조하고 있는데, 또 한 분의 귀한 동역자이자 선배님을 만나게 되어 기쁘게 생각한다.

저는 원고를 읽으면서 저자의 신학 지식과 현장 경험이 절묘하게 버무려져 있음을 발견했다. 30년 이상의 사역(상담 및 교육) 경험이 곳곳에 적

절한 사례들로 녹아있고, 오랜 세월에 걸쳐 형성된 노하우가 군데군데 들어 있었다. 그래서인지 이 책에 사용된 문체도 교인들이 쉽게 알아들을 수 있도록 충분히 배려했다는 인상을 받았다.

더욱이 각 장이 끝나면 핵심 포인트를 요약하고, 나눔과 적용을 할 수 있도록 독자들을 배려하고 있다. 또한 어려운 신학 내용을 잘 이해할 수 있게 다양한 표와 그림으로 일목요연하게 정리하면서, 신학의 어려움을 잊게 하는 짤막한 글들을 곳곳에 소개하고 있다. 아내를 향한 저자의 마음을 표현한 내용인데, 저자의 연배에도 그러한 사랑의 '밀어'가 가능하다는 사실이 정말 놀랍다.

갈수록 결혼의 의미가 퇴색되고 하나님 나라가 홀대받는 상황에서 또 한 분의 전문가를 통해 성경적 결혼관이 회복되기를 소망한다. 이 책을 통해 많은 사역자가 신학과 현장을 동시에 경험하며 성도의 결혼관을 잘 지도할 수 있기를 바란다. 이미 결혼한 부부들도 이 책을 통해 언약 결혼의 깊은 의미를 배우기를 바라며, 누구보다도 결혼을 앞둔 커플들이 저자의 조언에 귀를 기울일 수 있기를 간절히 바란다. 모두에게 기쁜 마음으로 하나님 나라를 이루는 결혼으로 안내하는 『결혼 플랫폼』을 적극 추천한다.

권율 목사 | 부산 세계로병원 원목, 『연애 신학』 저자

'바보 형님!' 저와 20년 가까이 함께해 오신 서상복 목사님은 계산하지 않고 따지지 않고 품고 사랑하며 손해 보기로 작정한 바보처럼 사셔서 제가 붙인 별명이다.

저는 이 '바보 형님'이라는 별명이 참 좋다. 10년 전부터 사무실 공간을 공유하면서 더욱 가까이에서 둥지청소년회복센터 사역을 응원해 주신 서 목사님은 아빠 역할을 하는 저보다도 더 큰 품과 사랑으로 아이들을 상담하면서 함께 아파하고 도움을 주신, 아이들의 큰 아버지였다. 가끔 둥지 아이들의 주일 예배에 말씀을 전하러 오셔서 헌금순서도 없는 예배에 강사가 혼자 헌금하고, 사례도 없는 예배에 열정을 다해 삶으로 말씀을 전하는 설교자였다.

서 목사님은 아이들의 방황과 고통이 가정에서부터 시작된 것을 아시고 아이들뿐만 아니라 부모 상담을 통해 각 가정에 도움을 주시기 위해 애쓴 가정 회복자였다. 자신이 지옥과 같은 열악한 가정환경에서 성장하였지만 아픔과 상처를 반복하지 않고 하나님 나라 가정 천국을 만들어가는 존경스러운 아빠이고 남편이다. 이 힘든 걸음을 꾸준히 달려오신 고민과 걸음이 고스란히 담겨 이 한 권의 책으로 엮어졌다.

날개를 질질 끌며 뒤뚱뒤뚱 걷는 우스꽝스러운 모습 때문에 바보 새로 불리는 '알바트로스'는 절벽에서 폭풍의 바람을 타고 비행하여 세상에서 가장 멀리, 가장 높이 날아간다고 한다. 바보 형님 서상복 목사님이 다른 사람과 가정의 아픔을 품으면서 살아오신 모습을 세상의 기준으로 바라보면 어리석은 바보로 보일 것이다. 하지만 높은 천국의 법칙과 기준으로 살아내신 똑똑한 바보 서상복 목사님의 삶이 영글어져 이제 책으로 출판된 것이 누구보다 기쁘다.

결혼과 가정이 무너지고 있는 이때 이 책을 통해 하늘의 음성이 각 가정에 전달되어 천국을 이루어 가는 데 도움이 되길 기대한다. 결혼을 앞둔 젊은이들이 결혼식을 준비하기보다는 결혼을 준비하는 지침으로 이 책을 읽고 결혼면허증을 소지하여 평안하고 행복한 미래를 열어가길 기도한다. 결혼하신 부부는 바른 점검과 성숙을 위한 지침으로 사용하면 좋다. 가족과 자녀들로 아파하고 힘들어하는 이들이 이 책을 읽고 회복되어 멋지게 비상하길 소망한다.

임윤택 센터장 | 둥지청소년회복센터, 『다시 아빠 해 주세요』 저자

결혼 플랫폼! 그렇다. 제대로 된 결혼 플랫폼이 꼭 필요하다. 열차를 타고 바른 목적지로 가려면 중간에 환승을 잘해야 한다. 그 환승을 돕는 것이 플랫폼이다.

저자가 말하는 결혼 플랫폼은 내 나라에서 하나님 나라로, 계약에서 언약으로, 자기중심에서 상대 중심으로 환승하는 결혼을 말한다. 너무나 결혼의 핵심을 잘 짚은 것 같다. 성경적 깊이와 심리학적 깊이와 인문학적 깊이를 모두 만족시키는 3가지 초점이 결혼 플랫폼에 건설되었다 싶다.

저자는 목회하시다가 일찍 돌아가신 제 큰 형님의 사위이기도 하다. 저자는 본인의 알코올 의존 아버지와 1급 장애 할아버지를 잘 섬기며 사랑한 놀라운 모습을 보였다. 제 조카인 저자의 아내에게 31년간 상처 한번 주지 않고 하나님 나라 결혼생활을 하는 것을 곁에서 지켜보았다. 또한 두 아들에게 최고로 존경받는 삶을 살아낸 좋은 아버지가 된 것도 보았다.

저자는 결혼 플랫폼 3요소를 다 살아내고 증명하였다. 그래서 전국으로 다니며 강의하고 상담하고 다른 이들의 결혼을 안내하고 가르칠 최고의 전문가라고, 온몸으로 하나님 나라를 살아낸 분이라고 보증한다.

이 책을 읽으시는 여러분 모두에게 이 책이 결혼 전은 물론이고, 결혼 후에라도 결혼의 바른 환승을 돕는 플랫폼이 되길 바란다. 부디 잘 환승하셔서 하나님 나라 결혼으로 꽃 피울 수 있게 되시길 바란다. 이 책을 읽으시는 여러분은 복되다.

김팔수 사장 | 주식회사 서희건설 대표이사, 저자 아내의 작은 아버지

이 책은 결혼생활의 다양한 문제를 명쾌하게 정리해 준다. 성경의 가장 큰 틀인 '하나님 나라'로 결혼생활을 풀어간다. 자칫 지루하고 원론적이기 쉬운 내용이지만, 실제적이고 현실적인 상담 내용을 곁들이고 구체적인 적용까지 제시하고 있다.

본서의 제목은 '결혼 플랫폼'(연애학교, 결혼예비학교, 부부학교 입문서)이지만, 결혼뿐만 아니라 삶의 모든 영역에서 독자들을 행복하게 만들어 줄 수 있는 책이라 할 수 있다. 특히 하나님과의 언약 문제를 결혼에 절묘하게 적용해서 행복한 결혼과 풍성한 가정생활의 원리를 잘 드러내고 있다. 그 원리를 따라 산다면 누구든지 행복해질 수 있다는 기대를 하게 만든다.

이 책은 자기중심의 삶에서 하나님 나라 중심과 상대 중심의 삶으로 환승하도록 잘 도와준다. 계약과 조건에서 언약과 무조건의 진정한 사랑으로 환승하게 해 준다. 미숙함에서 성숙함으로 환승하게 해준다. 이 책에는 저자 자신이 먼저 충분하게 경험한 하나님 나라의 삶이 녹아있다. 이 책을 읽으시는 여러분도 동일하게 하나님 나라 결혼과 삶을 체험하게 될 것이다.

저자의 30년 역작인 이 책이 한국교회를 살리고 어두운 사회를 밝히는

희망이 될 것을 확신한다. 많은 사람에게 이 책을 적극 추천하고 권한다. 이 책을 읽고 실천하시는 분마다 하나님을 만나며 하나님 나라 백성으로서 풍성한 삶을 누리게 될 것이다.

박달수 목사 | 반디제자교회 담임목사, 전 부산 CCC 대표, 전 CCC p2c 대표

프롤로그 : 결혼은 하나님 나라이다

자, 이제 결혼면허증도 준비하자

결혼식은 화려하게 준비한다.

어쩌나, 결혼생활 준비는 소홀하다.

미처 부모 될 준비가 되어 있지 않다.

결혼 준비가 안 되니 결혼생활이 늪에 빠졌다.

아쉬운 부모 되고, 못난 부부 된다.

운전하기 전에 운전면허증을 취득해야 한다.

결혼하기 전에 결혼을 준비해야 한다.

연애하기 전에 결혼을 미리 알아야 한다.

결혼 전에 결혼면허증을 취득해야 한다.

준비된 결혼은 좋은 집보다 더 좋은 집이 되게 한다.

준비된 결혼은 행복한 결혼생활을 하게 한다.

준비된 결혼은 하나님 나라를 살게 한다.

어찌할꼬? 어찌할꼬?

대부분 결혼면허증을 취득하지 않는다.

면허증 없는 무면허 상태로 결혼한다.

잘못 시작된 무모함이자 그릇된 용감함이다.

"그게 그렇게 힘들었어…."

"미안해 나는 모르고 그랬어…."

배우자와 자녀를 힘들게 한다.

영원히 지속될 것이라고 확신한 결혼이 흔들린다.

자신도, 상대도 초라해진다.

홈(Home)이 아니라 하우스(House)가 된다.

마이 홈(My Home)이 아니라 '이놈의 집구석'이 된다.

품었던 사명도 구렁텅이에 빠져 허우적거린다.

준비되지 않은 연애가 아프다.

준비되지 않은 결혼은 어이구 어쩔까나, 더 아프다.

결혼의 목표는 행복이 아니다. 홀로도 행복할 수 있다.

둘이 하나 됨으로 더 큰 행복을 만드는 것이다.

둘이 하나 됨으로 하나님 나라를 이 땅에서 누리는 것이다.

외로워서, 행복해지려고 결혼하면 결혼 때문에 더 목이 마른다.

혼자서도 행복할 때 결혼하자.

불행해서 결혼하면 배우자는 수단이 될 뿐이다.

결혼 준비를 부디 잘하자.

결혼식, 거주할 집, 필요한 혼수만 준비하지 말고

'결혼'을 준비하자.

결혼식만 준비하고 결혼을 준비 못 하면

고슴도치처럼 슬픈 사랑이 된다.

가족을 사랑이란 이름으로 찌르기만 한다.

불행한 결혼, 가시로 찌르는 결혼생활 하지 않기 위해서

자, 이제 결혼면허증을 취득하러 가자.

자, 결혼 플랫폼(M.P)에서 열차를 환승하자.

M.P1 내 나라에서 하나님 나라로!

M.P2 내 중심에서 상대 중심으로!

M.P3 계약 결혼에서 언약 결혼으로!

자 이제 결혼, 하나님 나라로 리모델링하자

결혼은 하나님 나라를 이루기 위해 하는 것이다. 사실 대부분 불행한 결혼의 진짜 이유는 성격 차이가 아니다. 성격 차이는 원래 있는 것이다. 불행한 결혼의 이유는 하나님 나라를 이루기보다 내 나라를 이루려 하기 때문이다. 우리는 내 나라를 이루기 위해 상대를 이용하기까지 한다.

하나님 나라를 이루는 결혼이란 무슨 뜻인가? 아래 <표 1>을 통해 좀 더 구체적이고 쉽게 이해할 수 있다.

결혼과 연애에서 대표적인 내 나라는 자기 행복을 위해 상대를 수단으로 이용하는 것이다. 필자가 상담한 30년 세월을 통해 얻은 원리 중 하나는 불행한 결혼과 상처뿐인 잘못된 연애의 모든 공통점이 자기 행복을 위해 상대를 이용하는 것이었다.

하지만 인생의 목적과 같이 결혼과 연애의 목적도 하나님의 형상을 이루는 것이다. 내 나라에서 하나님 나라를 이루는 것이다. 결혼의 행복은 추구한다고 얻어지는 것이 아니다. 하나님 나라를 이룬 사람에게 주어지는 선물이다.

결혼이 하나님 나라로 리모델링되면 그토록 바라던 좋은 가정이 세워질 것이다. 그러기 위해서는 제일 먼저 하나님과 친밀해야 한다. 그러면 다른 사람을 사랑할 힘과 능력과 방법을 하나님으로부터 공급받게 된다.

하나님 나라를 이루는 결혼 리모델링을 위해 우리는 두 가지를 준비해야 한다.

첫째, 바른 언약 결혼과 삼위일체의 관계성이 잘 드러난 진실한 공동체성을 준비하자. 하나님 나라는 언약과 삼위일체가 잘 이루어지는 곳이기 때문이다. 그렇게만 되면 진리가 주는 자유가 결혼에서도 잘 이루어진다. 결혼생활에서도 하나님 나라가 이루어지게 된다.

운동 연습 (경기규칙에 맞추어)	경기 시작 (정해진 규칙대로)	경기의 좋은 결과 (메달 획득, 기록 단축, 승리)
연애, 중매 결혼예비학교	결혼 언약으로 예배 사랑 (언약)	결혼생활, 자녀 양육, 더 행복함 온전한 관계와 책임짐(삼위일체)
십자가 복음	성령 충만	하나님 나라 복음 (성품 열매, 자유, 능력, 풍성) (거룩, 관계 온전, 원수사랑)
하나님 나라를 이 땅에서 이룸 – 신앙과 결혼의 메타인지		

〈표 1〉 결혼과 하나님 나라의 역동

〈표 1〉 '결혼과 하나님 나라의 역동'은 우리가 어떻게 하나님 나라를

구체적으로 이룰지를 잘 보여준다. 십자가 복음이 충만한 곳에 약속한 성령의 기름 부으심이 있다. 성령이 부어지는 곳에 하나님 나라가 이루어진다. 경기 전에 규칙과 목표를 알아야 그것에 맞게 연습할 수 있다. 결혼하기 전에 남편과 아내의 역할, 부부 사랑하기, 부모 되기, 결혼의 목표를 제대로 알아야 결혼 준비가 된 것이다. 이를 위해 우리는 결혼예비학교는 물론 연애학교를 이수해야 한다.

둘째, 결혼의 메타인지를 하나님 나라 복음으로 갖추자. 결혼의 세계관을 결혼의 메타인지라고 한다. 이 결혼의 메타인지를 하나님 나라 복음으로 갖추면 결혼을 잘 준비한 것이다.

결혼이란 예수님과의 언약을 부부의 언약으로 온전히 살아내는 것이다. 자녀를 잘 양육해서 삼위일체 하나님의 공동체성을 이루는 것이다. 온전한 관계와 책임성을 이루는 것이다. 그렇게 되면 결혼에서 하나님 나라가 이루어진다.

결혼에서 하나님 나라를 이루는 것은 자신의 힘과 지혜로는 불가능하다. 오로지 십자가 복음으로 거듭나고 새로운 하나님 나라 가치를 가질 때만 가능하다. 이것은 성령의 기름 부으심으로 된다. 우리 안에 성령이 가득하면 성령의 9가지 열매인 성품의 열매를 맺게 된다. 이 성품으로 원수까지도 사랑하게 된다. 진정한 자유와 행복을 맛보는 하나님 나라를 누리게 된다.

여호수아가 마지막 유언을 하면서 "오직 나와 내 집은 여호와를 섬기겠노라"(수 24:15)라고 한 것은 언약 결혼을 선포한 것이다.

자 이제 결혼, 둘이 아니라 셋이 하자

결혼은 두 겹 줄이 아니라 세 겹 줄로 해야 한다. 남자와 여자가 좋아서 하는 결혼이 되면 결혼이 너무 빈약하고 힘들어진다. 하나님과 두 사람이 각각 온전히 하나 되어 결혼할 때 세 겹 줄처럼 강력한 하나님 나라의 결혼이 된다.

두 겹 줄은 부부가 하나 되는 것이다. 세 겹 줄은 세 번째 가닥이 더해지는 것이다. 하나가 된 두 사람이 다시 하나님과 결합할 때 결혼이 세 겹 줄이 되어 온전해진다. 지혜의 왕 솔로몬은 그래서 "삼겹줄은 쉽게 끊어지지 아니하느니라"(전 4:12)라고 했다.

결혼은 단둘이 하는 것이 아니라 셋이 하는 것이다. 각자 하나님과 연합한 두 사람이 다시 연합해야 가정이 천국이 된다. "의인의 집은 서 있으리라"(잠 12:7)라는 말씀은, 하나님과 하나 되지 못한 악인의 집은 무너진다는 말이다.

결혼을 하나님 나라로 리모델링해야 한다. 배우고 훈련하고 준비해야 한다. 그냥 좋으니까 하는 결혼, 준비 없는 결혼에는 큰 어려움이 예상된다. 그러니 하나님 나라로 리모델링하는 것을 잘 배우는 결혼예비학교를 하자. 결혼 준비를 제대로 하자. 반드시 하나님과 더불어 하는 세 겹 줄 결혼을 하자. 그러면 가정 천국이 꽃으로 확 피어날 것이다.

자 이제 결혼, 행복해지려고 하는 결혼은 멈추자

우리는 행복해지려고 결혼한다. 그러나 결혼은 행복해지려고 하면 안된다. 역설적으로, 행복해지려고 하는 결혼이 대부분 불행한 결혼의 원인을 제공한다. 자기가 행복해지려다 보니 자기 나라를 세우기 위해 상대를 수단으로 이용하게 된다. 그 결과 오히려 불행해진다.

결혼의 목적은 사실 행복이 아니다. 결혼의 목적은 하나님 나라를 이루는 것이다. 내 나라가 아닌 하나님 나라를 이루는 것이다. 하나님 나라를 이루면 황홀한 행복은 덤이다. 행복해지려고 바둥거리고 애쓰면 행복은 더 멀리 달아난다.

열심히 사랑하는 것만으로는 행복에 2%가 부족하다. 열심히 살고, 열심히 사랑했는데 후회가 넘치는 경우가 많다. 결혼생활 중 각종 정신질환이 나타나는 원인 중 하나가 지나친 열심이라는 것이 이를 말하고 있다.

"소장님, 저는 결혼하기가 싫어요. 혹 결혼해도 자녀를 낳기
가 싫어요."
"소장님, 저희 부부는 행복하지 않습니다. 결혼을 괜히 했나
봐요."
"결혼, 안 해도 후회, 해도 후회?"

부쩍 많이 늘어난 상담 내용이다. 필자는 늪에 빠진 결혼을 구하기 위
해 이 책을 쓴다. 슬프지만 성도들의 이혼율이나 결혼 만족도가 세상 사람
들과 별반 차이가 없다. 바른 결혼의 언약적 의미를 모르고 결혼하기 때문
이다. 그리고 준비 없이 결혼하기 때문이다. 잘못된 결혼은 도리어 늪에 빠
지게 한다. 행복은 이미 하나님 안에서 이루어지고, 그것을 더 풍성히 누리
려고 결혼하는 것이 옳은 결혼이다.

하나님이 처음 만든 부부의 결혼은 어땠을까? 우리의 결혼이 왜 이 지
경이 되었을까? 두 질문에 답하는 심정으로 이 책을 쓴다. 라이언 일병 구
하기처럼 늪에 빠진 결혼 구하기를 목표로 이 책을 쓴다. 부디 행복해지려
고 하는 결혼은 이제 멈추자. 하나님 나라를 이루기 위해서 결혼하자. 상대
를 행복하게 하려고 결혼하자.

자 이제 결혼, 내 나라에서 하나님 나라로 환승하자

결혼은 행복하기 위해서 하면 안 된다. 하나님 나라를 이루어야 진짜 행복하기 때문이다. 그래서 결혼은 '내 나라'에서 '하나님 나라'로 갈아타는 환승 열차이다. 결혼 전에는 나를 위해서만 살았지만, 결혼으로 부부가 서로 하나님과 나의 사랑을 이루는 것으로 갈아타는 환승 열차를 타자. 결혼 환승 열차의 행복이라는 목적지도 자연스럽게 하나님 나라이다. 우리의 결혼을 하나님 나라를 이루기 위한 목적으로 환승하자.

미성숙	결혼 플랫폼(M.P) (결혼예비학교, 결혼언약예배)		성숙
→ → →		→ → →	
내 나라	(M.P1) 1번 환승 통로	하나님 나라	
→ → →		→ → →	
자기중심성	(M.P2) 2번 환승 통로	상대 중심성	하나님 나라
→ → →		→ → →	
계약 결혼	(M.P3) 3번 환승 통로	언약 결혼	
내 나라 / 이미 하나님 나라 공존과 갈등	지금 임하는 하나님 나라		완성될 하나님 나라

<그림 1> 결혼 플랫폼의 구성 요소

<그림 1> '결혼 플랫폼의 구성 요소'는 3가지 환승을 하면 결혼이 온전

해진다는 것을 핵심을 콕 짚어서 잘 보여준다.

첫 번째로, 내 나라 역에서 살던 열차에서 결혼 플랫폼을 통과하면서 하나님 나라 역으로 가는 열차로 갈아타는 것이다. 두 번째로, 자기중심적인 사람으로 살던 열차에서 상대 중심적인 사람으로 사는 열차로 갈아타는 것이다. 세 번째로, 계약 결혼의 열차에서 언약 결혼의 열차로 갈아타는 것이다. 이 3가지의 환승으로 결혼이 하나님 나라가 된다는 것을 말한다.

그러면 결과적으로 미성숙한 삶에서 예수님의 성품과 성숙함에까지 온전히 성숙해지게 된다. "범사에 그(예수님)에게까지 자랄지라"라고 한 에베소서 4장 15절의 말씀을 성취하는 것이다(롬 8:29; 벧전 2:24; 딤전 4:5; 빌 2:5; 요 13:34; 갈 5:13; 벧후 3:18; 엡 4:24).

성경 전체의 주제가 크게 두 가지이다. 하나는 '하나님의 사랑'이고, 다른 하나는 '하나님 나라'이다. 우리의 결혼은 이렇게 성경의 두 가지 주제로 된 결혼 플랫폼을 지나가야 한다. 우리의 결혼이 내 나라 열차에서 하나님 나라 열차로 환승하도록 해야 한다. 풍성한 행복이 현수막을 걸고 손 흔들며 마중 나올 것이다.

대부분이 하는 것처럼 자신이 행복하기 위해 결혼해서는 안 된다. 자신이 혼자 있는 것이 너무 힘들거나 혼자가 너무 외로워서 결혼해서도 안 된다. 그런 마음으로 결혼하면 결혼 후 상대에게 지나치게 의존하거나 집착하게 된다. 그러면 결혼생활이 처음에는 좋은 것 같으나 차츰 피곤하고 힘들게 된다.

> 적은 무리여 무서워 말라 너희 아버지께서 그 나라를 너희에게 주시기를 기뻐하시느니라 눅12:32

예수님께서 제자들을 사랑하시기에 하신 말씀이다. 이 말씀은 오늘날 우리에게 이렇게 말씀하시는 것과 같다.

> 사랑하는 사람아, 가장 많은 시간을 보내는 결혼생활, 가정생활에서도 너희에게 이미 주신 하나님 나라 열차로 환승하거라. 그러면 너의 나라도 행복하단다. 하나님 아버지는 너무나 사랑이 크셔서 하나님 나라를 통째로 결혼에서 이루시길 원하신단다. 그것이 하나님의 가장 큰 소원이란다. 결혼 플랫폼에서 '내 나라 열차'에서 '하나님 나라 열차'로 환승하거라.

결혼하기 전에 내 나라를 위해 살았다면 결혼하면서부터는 내 나라가 아니라 하나님 나라를 위해 살아야 한다. 제대로 된 플랫폼에서 환승하지 못하면 엉뚱한 곳으로 간다. 결혼 플랫폼에서 내 나라 열차에서 하나님 나라 열차로 환승하지 못하면 생각하고 싶지 않은 결혼생활이 된다. 결혼 플랫폼에서 안내 방송이 들린다.

"천국 갈 사람은 머문 자리 결혼생활에서도 천국으로 산다."

CONTENTS

MARRIAGE
PLATFORM

1장

결혼의
뿌리를 찾아서

1. 결혼은 하나님 나라로 꽃 피우기

결혼식, 그 순서에 따른 진짜 의미가 궁금해요?

상담 사례 - 결혼을 앞둔 예비부부의 결혼식 고민

질문

소장님! 결혼식에 대해 궁금한 것이 있습니다. 신랑 입장, 신부 입장은 왜 할까요?

처음부터 미리 입장하면 편리한 면도 많을 것 같습니다. 신랑·신부가 손잡고 동시

에 입장하면 보기도 좋고 시간도 단축되지 않을까요?

레드카펫은 무슨 의미일까요? 주례는 꼭 해야 하나요? 결혼반지는 진짜 의미가

무엇일까요? 신랑의 검은색 위주의 정장, 신부의 흰 드레스는 무슨 이유일까요?

답변

결혼식 순서는 <그림 1> '하나님 나라에 근거한 결혼 예배'를 통해 4가지 핵심 원

리를 보기 쉽게 정해 보았습니다. 하나님이 설계하신 결혼의 원래 의도를 알 수 있

습니다.

첫째, 레드카펫을 통과하는 의미입니다. 바로 예수님의 십자가 보혈을 상징합니다.

둘째, 신랑의 검은 옷의 의미입니다. 신랑이 입은 검은 옷은, 신랑, 신부의 이전의 나 됨과 죄 됨을 십자가로 죽이겠다는 고백입니다. 예수님의 죽으심이 우리를 천국 되게 하므로 부부도 자기를 내려놓게 되면 온전한 하나님 나라가 되기 때문입니다.

셋째, 신부의 흰 옷의 의미입니다. 신부의 흰 옷은 부부 서로가 부활 신앙을 결혼에서 드러내겠다는 것입니다. 예수님과 성도가 하나 된 하나님 나라를 두 부부 사이에서 이루겠다는 것입니다. 거룩함과 정결함을 유지하겠다는 것입니다. 성적인 순결을 서로 지키겠다고 고백하는 것입니다. 부부 서로의 의견을 적극적으로 수용하겠다는 것도 말합니다.

넷째, 신랑과 신부의 입장이 의미하는 것입니다. 결혼식 때 신랑 신부가 입장하는 것은 부모를 떠나 하나님을 부모로 섬기며 부모 도움이 없이도 잘 살겠다는 독립과 책임을 선언하는 의미입니다. 영적, 경제적, 정서적, 심리적인 성숙으로 부모의 도움 없이 스스로 책임지며 살겠다는 것입니다. 배우자를 부모와 자녀보다 1순위로 하겠다는 일대 관계 혁명을 하겠다는 것입니다.

이처럼 4가지 보석 같은 결혼식의 바른 의미를 잘 알 때 비로소 성경이 말하는 결혼을 하는 것입니다. 와이셔츠 첫 단추를 잘못 끼우면 그 이후 열심히 단추를 끼워도 옷 전체를 잘 못 입은 것이 됩니다. 결혼식은 평생 살아가야 할 결혼생활의 첫 단추입니다. 바르게 끼워야 이후 결혼생활이 온전해집니다.

결혼식을 하나님 나라로 고백해야 결혼생활도 하나님 나라를 이루며 살게 됩니다. 그렇게 하지 않으면 인본적인 결혼이 되어 불행해집니다. 두 사람의 필요에 의한 인간적 만족으로 그치는, 너무 빈약한 결혼이 되고 맙니다. 결혼을 통한 하나님 나라는 이루어지지 않고 결국 내 나라를 이루게 되어 온전한 결혼생활이 어렵습니다.

결혼은 하나님 나라를 꽃 피우는 것이다

성경에서 결혼의 원리를 발견할 수 있다. 결혼은 하나님께서 만드셨다. 하나님이 만드신 결혼의 DNA는 하나님 나라이다. 결혼으로 만들어지는 가정의 원리도 하나님 나라이다.

하나님은 성경을 통해 하나님의 백성들에게 하나님의 나라의 원리를 말씀하신다. 하나님은 가정도 하나님 나라의 원리에 따라 이루길 원하신다. 결혼이란 나의 나라가 아닌 하나님의 나라를 꽃 피우는 것이다. 그것이 성경이 말씀하시는 결혼의 원리이자 핵심이다.

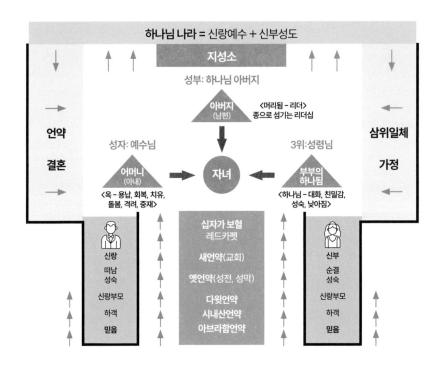

<그림 2> 하나님 나라에 근거한 결혼 예배

<그림 2>는 하나님 나라에 근거한 결혼, 결혼 예배, 삼위일체 원리 안에서 가정을 이루어야 함을 보여준다. 성전의 모습과 예수님과 교회의 하나 됨과 우리가 하는 결혼이 3중으로 일치되는 놀라운 결혼의 신비와 비밀을 설명했다. 가정이 <그림 2>처럼 된다면 결혼, 결혼 예배, 부부가 가정을 통해 하나님 나라를 이루게 된다.

행복한 결혼이 우리 모두의 꿈이다. 진정한 부부 행복은 결혼이 하나님

나라의 원리에 의해 세워져야 가능하다는 것을 알아야 한다. 결혼이 하나님 나라의 원리에 근거해서 세워져야 한다. 하나님의 나라로 부부 행복을 꽃 피우는 것이다.

부부가 하나님 나라를 이루려면 먼저 신랑과 신부 각자가 예수님과 하나 되어야 한다. 예수님이 하나님 나라 자체이기 때문이다. 안타깝게도 하나님 나라가 아닌 내 나라를 세우려고 결혼하는 사람들이 많다. 내 필요를 채우기 위해 결혼하니 결혼은 수단이 되고 만다. 갈등과 어려움이 많이 일어나게 된다.

외로움을 달래기 위해 결혼해서도 안 된다. 혼자 살기가 힘들다고 결혼해서는 더더욱 안 된다. 그러면 결혼이 너무 이기적인 것으로 전락하게 된다. 불행한 결혼이 된다. 자기 필요가 상대에게서 온전히 채워질 수 없기 때문이다. 결혼은 내가 필요해서가 아니라 하나님 나라를 이루기 위해서 해야 한다. 상대를 돕기 위해서 해야 한다.

하나님은 성도에게도 그렇듯이 부부에게 하나님 나라를 주시기를 기뻐하신다(눅 12:32). 성경 전체도 하나님께서 우리에게 하나님 나라를 주시는 이야기이다. 하나님은 결혼을 통해서도 하나님 나라를 이루기를 원하신다. 아래 <표 2>는 성경 전체를 '하나님 나라로 바라보는 방법'을 제시한다.

1. 창조 (에덴)	2. 타락	3. 구속				4. 새 창조 (하나님 나라)
		1) 이스라엘	그리스도	2) 교회	멸망	
		출애굽, 출바벨론, 십자가 구속 성막, 제사, 성전, 제사장의 옷, 지성소, 흰옷, 성령의 전			남은 자	
하나님 나라	깨어진 하나님 나라	하나님 나라 드러냄	하나님 나라 도래	하나님 나라 확장		하나님 나라 완성

〈표 2〉 성경 전체를 하나님 나라로 바라보기

　〈표 2〉의 '성경 전체를 하나님 나라로 바라보기'에서 알 수 있듯이, 성경은 전체가 하나님 나라의 이야기이다. 이재훈의 『나의 나라에서 하나님 나라로』, 신성균의 『하나님 나라의 관점에서 본 성경』, 톰 라이트의 『마침내 드러난 하나님 나라』, 토마스 R, 슈라이너의 『언약으로 성경 읽기』, 김형국의 『도시의 하나님 나라』와 『하나님 나라의 도전』, 김희석의 『언약신학으로 본 구약의 하나님 나라』에서도 동일하게 말하는 내용이다.

　이것을 전체 흐름으로 보아도 마찬가지이다. 김희석은 합동총회 교육개발원에서 출간한 『하나 바이블』 구약 교과과정에 쓴 글에서 창세기부터 말라기까지의 구약성경과 신약성경 전체의 핵심 주제가 하나님 나라라고 했다.

A 창조 [하나님 나라의 시작] 창 1-2 : 하나님 나라의 시작과 원형

B 타락 [세상 나라의 시작] 창 3-11 : 세상 나라의 시작과 원형

C 이스라엘 [하나님 나라의 언약] 창 12-말 4 : 이스라엘, 하나님 언약

D 예수 그리스도 [하나님 나라의 도래] 마-행 1 : 핵심

C' 교회 [하나님 나라의 확장] 행 2-계 11 : 하나님 나라

B' 사단과 세상의 멸망 [사단과 세상 나라 멸망] 계 11-20 : 일곱 번째 잔

A' 새 창조 [하나님 나라의 완성] 계 21-22 : 하나님 나라

성경 전체가 하나님 나라를 우리에게 주시는 이야기라면 결혼도 하나님이 창조하셔서 우리에게 주셨으니 그 목표도 역시 하나님 나라를 이루는 것이다.

하나님께서 세우고자 하시는 하나님 나라를 우리의 결혼생활로도 걸작품으로 만들어야 한다. 걸작품의 가치는 작가의 영광을 가장 잘 나타내기 때문이다. 하나님의 작품인 세상도 작가이신 하나님의 영광으로 충만하다. 최고의 걸작품인 인간은 결혼에서도 당연히 하나님의 영광을 나타낼 때 그 역할을 다하는 것이다. 결혼은 하나님 나라 꽃 피우기이다.

결혼생활 알고 보면 너무 쉽다

결혼식 순서마다 무슨 의미인지 알면 결혼생활은 훨씬 쉬워진다. 하나

님께서 기뻐하시는 결혼생활은 먼저 결혼식이 무엇인지를 바르게 아는 것에서 시작한다.

결혼식의 바른 의미를 결혼하기 전에 미리 알아야 한다. 하지만 대부분 바른 결혼의 의미를 모르면서 결혼하는 것이 사실이다. 결혼식의 바른 의미를 모르고 결혼하는 것은 결혼생활이 무엇인지도 모르고 결혼하는 것과 같다. 그러니 살면서 문제가 더욱 많이 드러나게 되는 것이다.

결혼식의 바른 의미를 아는 것은 매우 중요하다. 그것은 운동선수가 경기 전에 경기의 목적과 경기규칙을 알아야 하는 것과 같다. 만약 운동선수가 경기의 목적과 규칙을 모르고 경기에 임한다면 그는 이미 패배한 것이나 다름없다. 이길 수가 없다.

사람들은 신혼여행이나 예식장 준비에는 미리 엄청난 돈을 투자하며 잘 준비한다. 집, 침구, 주방용품 등 외적인 것은 지나칠 만큼 잘 준비한다. 하지만 진짜 중요한 결혼식의 의미와 그에 맞는 적절한 준비에는 관심이 없다.

평균적으로 50~60년 하게 될 결혼생활 준비에는 막상 소홀하다. 하나님 나라를 부부가 어떻게 이룰지 준비하는 것에는 소홀하다. 남편 준비, 아내 준비, 부모 됨의 준비, 하나님 나라를 고백하는 결혼식 준비는 매우 부족하다.

필자는 여러 상담을 하면서 자기 나라 이루기에 몰두하느라 하나님 나라를 이루는 결혼식 준비를 소홀히 한 사람들이 결혼 이후에 힘들게 사는 것을 자주 보았다. 하나님 나라를 이루는 결혼생활 준비를 소홀히 한 것이 불행한 삶으로 이어지는 것을 자주 보았다.

제프 콜빈(Geoff Colvin)은 『재능은 어떻게 단련되는가?』에서 이렇게 말했다.

> 정신노동에도 같은 원리가 적용된다. 최고의 성과자들은 최고의 마라톤 선수처럼 자기 자신을 치밀하게 관찰한다. … '메타인지'라고 부르는 이 능력은 자신이 무엇을 하는지 파악하고 자기 생각에 대해서 말한다. '메타인지'가 중요한 이유는 그것이 끝까지 유지될 때 상황을 변화시키기도 하기 때문이다. 즉 '메타인지'는 변화무쌍한 환경에 적응하는 데 상당히 중요한 역할을 한다.

제프 콜빈은 메타인지를 아는 것이 삶에서 근본적으로 중요하다고 말한다. 마찬가지로 예비부부는 결혼식을 왜 하며 결혼식이 무엇인가? 하는, 결혼의 메타인지를 잘 알아야 한다. 그 아는 내용에 맞게 치밀하게 준비해야 한다.

한국 사람들은 결혼식 당일에만 평균 2,000만 원이 넘는 비용을 지출한다. 결혼식의 외적 요소에는 이렇게 신경을 많이 쓴다. 하지만 정작 결혼식의 모든 순서가 무슨 의미를 말하는지는 모른다. 그저 후다닥 분주하게 치르는 지금의 결혼식은 어리석게 보인다. 그 이후의 결혼생활이 무엇인지도 모른 체 허겁지겁 결혼식을 치르고 어리석게 결혼생활을 시작하는 것이다.

결혼은 싱글일 때부터 준비해야 한다. 최소한 예비부부 때라도 바르고 제대로 된 준비를 미리 해야 한다. 특히 결혼이 무엇인지, 결혼식이 무엇인지, 결혼식 순서가 주는 의미가 무엇인지도 공부해야 한다. 그것에 맞게 개인의 미성숙한 것도 점검하고 성숙한 결혼생활이 되도록 준비해야 한다.

결혼식과 결혼생활에서 하나님 나라를 어떻게 이룰지 제대로 깊이 알게 하는 공부와 훈련이 결혼에 대한 바른 준비이다. 자녀 양육을 어떻게 하는지도 미리 준비해야 한다. 자녀를 키우며 준비하면 이미 늦다. 부부 갈등은 어떻게 해결하는지도 준비해야 한다. 부부간의 대화법도 준비해야 한다. 남녀의 차이는 물론 임신과 태교, 출산까지도 미리 배워 준비해야 한다.

바른 결혼식 준비란 단순히 결혼식 준비만을 말하지 않는다. 결혼 이후에 50~60년간 같이 살 결혼생활의 준비도 포함된다. 우리나라에 이혼이 많은 이유는 크게 두 가지이다. 하나는 준비 없는 미숙한 결혼생활의 문제이다. 또 다른 하나는 결혼식의 의미를 바로 알고 그에 걸맞게 바르고 치밀하게 결혼식을 준비하지 못한 것이 문제이다.

대한민국 이혼율 통계자료에서도 결혼 준비 부족이 성격 차이보다 더 큰 이혼 사유임을 확인할 수 있다. 여성가족부 주관 통계청 2020년 혼인 및 이혼통계(2021. 3. 18. 기준)의 발표에 따르면, 재혼자의 재이혼율이 75%나 된다. '가족사랑실천시민모임'에서는 초혼 이혼보다 재혼 이혼이 4배라고 했다. 미국의 이혼율은 40% 정도이다. 하지만 이혼한 사람이 재혼하는 경우 두 번째 이혼율은 60%가 넘는다. 3번 결혼한 사람의 이혼율은 75%라고 한다.

이런 통계는 결혼의 불행이 서로의 성격 차이라는 대부분의 변명이 잘못되었음을 보여준다. 성격 차이는 행복한 부부에게도 원래 있다. 결국 가장 큰 이유는 결혼생활과 결혼식 준비의 부족이다. 이는 하나님 나라보다 내 나라를 이루려고 결혼하기 때문이다.

필자가 했던 수많은 부부 이혼 상담도 대부분 같은 결과를 보인다. 부부간의 성격 차이는 갈등의 근본 원인이 아니다. 쌍둥이조차도 성격 차이가 있는데 평생 다르게 살아온 남녀가 어찌 성격이 같기를 바라겠는가? 그러므로 성격 차이가 이혼 사유가 아니다.

상대방을 내가 행복해지려는 수단으로 여기는 자기중심성이 진짜 이혼 사유이다. 내 나라만 추구하고, 하나님 나라가 결혼생활에 없는 것이 진짜 이혼 사유이다. 결국 이혼은 결혼식을 하나님 나라로 고백함이 없는 것에서 이미 시작된 것이다.

2021년 통계청 보도(2022. 3. 17.)에 따르면 결혼한 지 4년 이내 이혼이 21%를 차지한다. 죽도록 사랑해서 결혼하고서 4년 만에 이혼하는 것은 무엇인가? 대부분 본인의 미숙함과 자기중심성, 그리고 언약 결혼과 하나님 나라를 이루는 결혼에 대한 무지함 때문이다. 이혼 후에 혼자 사는 사람들은 여전히 불행한 경우가 70~80%나 된다. 이런 현상도 결혼식과 결혼에 대한 무지의 결과이다.

다시 강조하지만, 이혼의 진짜 이유는 하나님 나라보다 내 나라를 이루려 하기 때문이다. 결혼을 통해 배우자로부터 도움을 받으려고만 할 뿐, 도움을 주는 돕는 배필이 아니기 때문이다. 결혼은 상대를 섬기고 도와서 하나님 나라를 이루는 것이다. 결혼식장에 들어가는 예비부부 때부터 결혼식의 의미를 하나님 나라로 바르고 정확하고 알아야 한다.

김도인은 『설교는 글쓰기이다』에서 세계의 유명한 부호들은 공통 습관 7가지를 가지고 있다고 했다. 독서, 꿀잠, 얼리 버드(early bird, 아침 일찍 일어난다), 혼잣말, 명상, 운동, 소통 훈련이다. 이 7가지를 습관처럼 배우고 훈련하고 연습한다고 했다. 신랑과 신부도 결혼식을 매일 조금씩 공부하는 습관을 들여야 한다. 결혼식을 공부해야 한다. 하나님 나라를 드러내는 결혼식이 되도록 철저하게 준비해야 한다.

결혼과 결혼식의 목적은 하나이다. 내 나라가 아니라 하나님 나라를 이루는 것이다. 그러니 하나님 나라를 이루기 위해 결혼의 첫 관문인 결혼식의 의미를 알아야 한다. 필자의 시 중에 내 나라와 하나님 나라의 결혼을 쓴 일부분을 소개한다.

...

미숙한 사랑 고슴도치 사랑!

안을수록 내 가시 너를 찌르고,

안을수록 너의 가시 나를 찌른다.

십자가 레드카펫 지나지 않은 생 속사랑, 고슴도치 사랑!

안을수록 내 죄가 너를 찌르고,

안을수록 너의 죄가 나를 찌른다.

성숙한 사랑은 겨자씨 사랑!

안을수록 내 주님 너를 품고,

안을수록 너의 주님 나를 품어 천국 된다.

십자가 레드카펫 지난 사랑, 겨자씨 사랑!

안을수록 내 주님 너를 품고,

안을수록 너의 주님 나를 품어 백배 된다.

2. 결혼식부터 하나님 나라로 시작하자

하나님 나라 잔치이다

우리의 결혼 예배는 인간만의 잔치인가? 하나님 나라 잔치인가? 결혼 예배는 예비부부의 하나님 나라 만들기의 시작이다. 하나님 나라 잔치가 이루어지는 날이다. 그러니 결혼 예배를 통해 하나님 나라를 드러내야 한다. 하나님 나라 잔치가 되어야 한다.

우리가 쉽게 범하는 잘못은 결혼 예배를 인간의 잔치로만 만들고 싶은 유혹에 빠지는 것이다. 결혼 예배는 인간의 잔치로 그치면 안 된다. 하나님 나라를 고백하는 잔치여야 한다. 하나님께서 결혼제도를 만드셨기 때문이다.

결혼 예배에 기독교 색깔이 있다고 성경적인 것은 아니다. 결혼하는 목적이나 결혼식 순서마다의 고백이 비기독교인의 결혼과 크게 다르지 않은 것이 문제이다. 결혼 예배의 목적이 하나님 나라의 혼인 잔치로 선명하게 드러나야 한다.

결혼이 인간의 잔치로 머무르니 결혼 이후도 자연스럽게 자기의 행복에만 목표를 둔다. 행복은 추구한다고 오는 것이 아니다. 하나님 나라 드러내는 것을 목표로 두고 살 때 행복은 따라오는 것이다. 행복은 하나님에게서 오는 것이기 때문이다. 행복은 신기루와 같아서 우리가 쫓아가면 사라진다. 전도서의 고백처럼 헛되고 헛되게 될 뿐이다. 하나님 나라를 온전히 바라보고 추구하는 결혼이 될 때 행복은 스며들어 꽃이 핀다. 하나님 나라가 핀다.

결혼이란 '내 나라'에서 '하나님 나라'로 중심축이 움직이는 위대한 사건이다. 그러니 결혼 예배의 중심축도 하나님 나라여야 한다. 중심축이 인간중심에서 하나님 나라로 옮기는 바른 예식이 되어야 한다.

이제 결혼 예배가 인간의 잔치에서 하나님 나라 혼인 잔치가 되게 하자. 성경 전체의 주제가 하나님 나라이니 우리의 결혼식 주제도, 결혼생활의 주제도 하나님 나라이다. 하나님께서 직접 설계한 교회가 하나님 나라를 드러내는 것처럼 결혼도 하나님 나라를 이루자. 이것이 신랑, 신부의 최종적이고 영원한 목표이다.

자기 나라를 버리는 시간이다

결혼 예배는 자기 나라를 버리는 시간이다. 자기 나라를 버린다는 것은 하나님 나라를 든든히 세우는 것을 포함한다. 하지만 안타깝게도 자기 나라를 버리지 못하는 결혼식을 많이 발견한다. 결혼 예배조차 자기중심적인 내 나라 결혼식으로 치러지고 있다.

크라스노우는 『결혼에 항복하라』에서 부부 서로에게 항복하는 것은 굴종이 아니라 자유라고 했다. 부부 서로에게 항복하는 시작이 결혼 예배의 시작이다. 이 연속이 결혼생활이다. 그냥 항복은 되지 않는다. 하나님께 각자 먼저 항복한 부부가 상대 배우자에게도 항복한다.

하나님 나라 잔치여야 할 결혼 예배의 내용, 의미, 순서, 주례사 등이 너무 인본적이고 유교적이다. 그러니 하나님 나라가 세워지지 않는다. 남들이 하는 대로 하거나 남을 의식해서 하거나 내가 즐겁고 만족하기 위해 하는 자기 나라 결혼식은 이제 버려야 한다.

하나님 나라를 세우는 결혼 예배는 십자가 복음이 선명해야 한다. 십자가 복음으로만 하나님 나라가 세워지기 때문이다. 결혼식에 십자가 복음? 좀 당황스럽다면 이미 당신은 자기 나라의 결혼식에 익숙한 것이다.

결혼식이 자기 나라를 버리는 시간이라는 것은 에덴동산의 결혼에서도 알 수 있다. 아담과 하와는 하나님의 동산을 자기 동산으로 만들어버렸다. 그런 후 결혼도 자기 나라로 만들어 버렸다. 마찬가지로 그 후손인 우리는 결혼생활을 너무 쉽게 자기 나라로 만드는 경향이 있다.

결혼생활을 하나님 나라로 만들려면, 편협한 구원관에서 벗어나야 한다. 우리가 십자가 구원을 교회 안에 갇힌 것으로 편협하게 이해하니 결혼식과 결혼생활에서도 자기도 모르게 하나님 나라가 아닌 자기 나라를 세우게 된다.

필자가 상담하다 보면 편협한 구원관을 가진 그리스도인들이 너무 많아서 마음이 아프다. 특히 결혼의 목적이나 결혼식 자체에 대한 의미나 목적은 더더욱 자기 나라 만들기에 치우쳐 있는 것 같다. 바른 십자가 복음은 개인이 구원받아 천국에 가는 정도가 아니다. 우리의 연애, 결혼 그리고 삶 전체에도, 지금 오늘 여기에도 하나님 나라가 임하고, 그 나라를 누리고 확장하는 것이 참 구원이다. 하나님 나라를 온전히 누리는 것까지가 바른 구원이다.

다음은 필자 앞에서 부부들이 상담 중에도 자주 싸우는 말이다.

"네가 잘해 봐라. 그러면 내가 잘해주지."

"네가 그렇게 하니 내가 그렇게 한다. 내가 더 억울하고 손해가 많다."

부부 상담에서 갈등의 핵심은 자기 나라를 쟁취하기 위한 싸움이다. 우리의 결혼생활이 하나님 나라의 혼인 잔치가 되려면 자기 나라를 버려야 한다. 결혼생활에서 자기중심성이 버려지면 비로소 하나님 나라의 행복한 결혼생활이 시작된다. 비로소 복음의 영광도 환하게 드러난다.

지금 가정에서 어떤 갈등으로 대화하고 지내는가? 해결은 간단하다. 자기 나라를 버리면 된다. 부부의 대화부터 하나님 나라를 이루어야 한다.

"당신이 못 해도 된다. 내가 당신에게 잘해주기 위해 결혼했으니까."

"당신이 그렇게 하더라도 나는 당신을 예수님처럼 대하고 존귀하게 여긴다. 당신보다 내가 더 손해를 보아서 참 기쁘다."

부부의 대화에서부터 자기 나라를 버리자. 결혼생활에서 천국이 이루어지는 신비가 부부 가운데 이루어진다. 상대방을 예수님처럼 대하게 된다. 미워하는 것이 불가능해진다. 예수님이 우리를 미워하시는 것이 불가능함을 삶으로 체험하게 된다. 사랑이 제일 쉬운 것이 된다. 세상에서 보지못하는 황홀한 하나님 나라가 결혼과 가정 가운데 이루어진다.

내 나라를 만들면 가정은 지옥처럼 된다

아래 <그림 3>은 인간의 잔치가 된 결혼생활의 결과이다. 김형국 목사의 『도시의 하나님 나라』와 『하나님 나라의 도전』에서 말하는 이미 현재임한 하나님 나라를 설명하는 두 그림을 인용한 것이다.

예수님 믿는 것은 교회 안에 있을 때뿐이고 가정과 직장과 삶에서는그저 세상 방식으로 힘겹게 살아가는 모습이다. 죽어서만 하나님 나라 간다는 것은 결핍된 신앙이다. 교회에 다녀도, 하나님을 믿어도 여전히 결혼생활이 행복하지 않은 것은 빈약한 신학이다. 이원론적 신앙이다. 하나님의 뜻은 더더욱 아니다.

<그림 3> 하나님 나라가 현재에 이루어지지 않는 잘못된 신앙과 빈약한 삶[1]

결혼 예배가 내 나라가 되면 결혼생활도 내 나라가 된다. 내 나라가 되는 가정은 지옥처럼 변질한다. 예수님을 우리 삶에서 모래알처럼 분리해서 아무런 영향력도 없는 3순위로 밀어내는 것이다. 에덴동산이 하나님 나라 가정에서 지옥처럼 변한 것이 이를 증명한다. 아담과 하와의 결혼생활은 선악과를 따 먹고 자기 나라가 되면서 지옥 가정이 되었다.

"먹으면 하나님처럼 될 것이다."

사탄이 유혹한 이 말은 결국 "하나님을 버리면 네가 신이 되는 자기 나라가 될 것이다"라는 말과 같다. 지금 우리의 결혼에서도 자기 나라를 만들면 아담처럼 지옥 가정이 된다. 자녀가 몇십 년 신앙생활을 열심히 한 부모를 존경하지 않는다. 자녀가 신앙도 잃어버린다. 부부가 행복하지 않은 것은 당연하다. 가정이 지옥과 다름이 없게 된다.

필자가 목회자 자녀 캠프 저녁 집회를 인도한 적이 있다. 거기에서 목회자의 중·고등학생 자녀 70% 가까이가 목사인 아버지가 너무 싫다고 했다. 아버지가 장로 혹은 안수집사님인 가정은 괜찮을까? 어머니가 사모님, 전도사님, 여목사님, 권사님, 집사님인 가정은 과연 괜찮을까? 대부분 비슷하다. 이는 교회를 다니면서도 부모들이 하나님의 뜻과 상관없이 자기 나라를 만들고 살았기 때문이다. 자녀들에게 하나님 나라를 제대로 보여주지 못하고 자기 나라를 보였기 때문이다.

웨스트민스터 소요리문답 1번은 우리의 삶의 목적이 "하나님께 영광을 돌리고 그분을 즐거워하는 것이다"라고 했다. 부부의 결혼생활 목표도 당연히 하나님 나라를 드러내는 것이어야 한다. 하나님 나라에 풍성하게 살아야 한다. 자녀에게 신앙이 제대로 전수되려면 부모가 내 나라를 내리고 하나님 나라를 살아내야 한다. 결혼식부터 시작해서 그 후 결혼생활에서도 내 나라 만들기를 부디 버려야 한다. 하나님 나라를 이루어야 한다. 자녀 양육의 성패도 여기에 달려있다.

결혼 예배의 바른 준비는 하나님 나라의 마중물이다

하나님 나라를 세우는 결혼생활을 하려면 먼저 결혼 예배부터 하나님 나라로 준비해야 한다. 결혼 예배를 진정한 의미대로 하나님 나라로 드러내고 고백하면 결혼생활에서 하나님 나라를 이루게 된다. 바른 결혼 예배는 결혼생활에 하나님 나라를 이루는 마중물이기 때문이다.

아래 <그림 4>는 지금 결혼생활에도 이미 하나님 나라가 임한 것을 보여준다. 예수님이 오시면서 이미 하나님 나라가 임했다. 예수님 믿고 살아가는 결혼생활과 삶에도 이미 하나님 나라가 반드시 임한다. 죽어서나 가는 하나님 나라가 아니라 지금 삶과 결혼생활에도 누리는 하나님 나라이다. 하나님 나라의 풍성함과 자유와 원수까지 사랑하는 능력이 결혼과 삶에서도 이루어지는 것이다.

그렇게 하려면 결혼 예배에 먼저 하나님 나라가 마중물로 있어야 한다.

그렇지 않으면 결혼생활에도 하나님 나라는 이루어지지 않을 가능성이 크다. 결혼 예배에서 고백한 대로 이후의 결혼생활도 하기 때문이다. 자기중심적으로 연애하고 자기중심적으로 결혼식을 치르는 것은 어리석다. 이렇게 시작한 결혼생활은 당연히 불행해지기 때문이다. 공부하지 않고 좋은 성적을 내고 싶어 하는 것과 똑같이 어리석은 일이다.

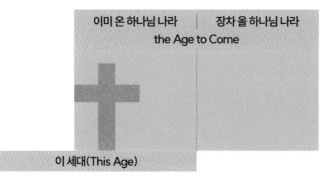

〈그림 4〉 하나님 나라가 현재 이미 도래한 바른 신앙과 풍성한 삶

하나님은 에덴과 세상을 하나님 나라로 창조하셨다. 아담과 하와의 결혼도 하나님 나라를 이루라고 설계하신 것이다. 에덴동산의 뜻이 '환희의 동산', '기쁨의 동산'이라는 것만 봐도 그렇다. 하나님께서는 사람이 결혼생활을 통해 기쁨의 동산을 만들기를 원하셨다. 결혼생활에는 부부에게 하나님 나라의 환희가 있는 비밀과 신비가 있는 것이다. "주 예수와 동행하니 그 어디나 하늘나라"라는 찬송이 이루어지는 것이다.

필자가 아내에게 쓴 시 일부를 보면 현재 임한 하나님 나라가 결혼생활에서 어떤지 알 수 있기에 잠깐 소개한다.

여보, 내가 못 하는 것 있습니다.
당신 싫어하는 것 못 합니다.
가장 쉬운 사랑만 합니다.

예수님 내게 못 하시는 것 있습니다.
서상복이를 싫어하시는 것 못 합니다.
그 은혜에 젖어 사는 한
여보, 나는 당신 싫어하는 것 못 합니다.
가장 쉬운 사랑만 합니다.

결혼생활이 하나님 나라를 이루지 못하는 원인은 인간의 타락에 있다. 왜 타락하게 되었을까? 죄의 본질인 '자기중심성' 때문이다. 우리 결혼생활의 가장 큰 유혹 역시 에덴의 실패한 결혼처럼 '자기중심성'이다. 자기가 그 중심에 놓이면 하나님과 함께 배우자도 당연히 주변인이 된다. 하나님도, 배우자도 수단이 된다. 다른 사람도 자신을 돕는 수단이 된다. 이것이 큰 불행의 씨앗이 된다.

불행의 씨앗이 되지 않기 위해 결혼식에 진행될 결혼 예배를 이제는 부디 바르게 준비해야 한다. 하나님 나라 중심과 상대 중심으로 준비해야 한다. 예수님으로 인해 회복한 하나님 나라가 결혼생활에서도 이루어져야 한다. 결혼 예배부터 바르게 시작해야 결혼생활의 마중물이 되어 하나님 나라도 계속된다.

3. 하나님 나라의 결혼 주례사 3편!

주례사는 하나님 나라를 말해야 한다

상담 사례 - 주례사 고민

주례자의 고민

성경에 하나님이 하신 주례사도 있나요? 어떻게 주례사를 해야 잘하는 것일까요?

기독교식 결혼예식에는 주례자가 있습니다.

주례자인 목사가 주로 결혼예식을 집례하게 됩니다. 고민은 바로 주례사입니다.

부담되는 주례사를 어떻게 해야 할지 고민이 됩니다. 속 시원하게 알려주시면 좋

겠습니다.

결혼식 준비자의 고민

주례사가 결혼순서에 없는 경우도 많은데, 저도 주례사 없이 하면 안 될까요? 요

즘 그렇게 많이 하고 있습니다.

답변

성경에는 하나님, 예수님, 바울의 모범 주례사가 있습니다. 성경에 나오는 3가지 모범 주례사는 결혼 예배를 집례하는 목회자의 고민에 시원한 답이 됩니다. 물론 결혼하는 당사자에게도 바른 결혼 이해와 준비에 중요한 도움을 줍니다.

결혼을 '언약' 관계에서 알아야 바르게 아는 것입니다. 언약의 지향점은 당연히 '하나님 나라'로, 풍성하고 자유롭고 거룩한 것입니다. 주례자는 하나님 나라를 이루는 방식인 하나님의 언약을, 결혼식을 올리는 신랑·신부에게 제대로 전달해주는 역할을 해야 합니다.

"서로 잘 참아라, 남녀가 잘 이해해 주어라, 부모를 잘 섬겨라, 자식 잘 키워라, 서로 사랑해라, 결혼 축하한다" 등의 내용으로 하는 주례사는 조심해야 합니다. 바르게 결혼 언약을 전달하고 있지 않기 때문입니다. 복음과 결혼도 왜곡될 위험이 있습니다. 인본적인 이런 주례사는 일반 사람들도 하는 주례사입니다. 예수님이 없어도 가능한 주례입니다. 하나님이 원하신 결혼식은 예수님이 빠진, 복음이 없는 주례사가 아닙니다. 하나님이나 예수님 이야기를 하고, 기도나 말씀을 한다고 해서 바른 결혼 언약, 바른 예배, 바른 주례사는 아닙니다.

목사님이시지만 그렇게 주례를 할 것이라면 차라리 신랑, 신부 부모님이 주례사 대신 축사로 하는 것이 더 나을 것입니다. 하나님이 원하시는 성경적인 주례사를 반드시 해야 합니다. 주례 내용도, 결혼 예배 순서도 모두 하나님 나라를 드러내고 하나님 나라를 추구하도록 하는 것이 되어야 합니다.

주례자는 하나님 나라와 십자가 복음을 드러내는 성경적인 결혼 집례자가 되어야 합니다. 그것 때문에 결혼식에는 주례자가 중요합니다. 그러므로 주례자는 하나님이 원하시는 하나님 나라를 이루는 결혼식이 무엇인지를 먼저 고민해야 합니다.

주례사의 핵심과 중요성은 성경에 이미 있는 3편의 주례사가 바로 그 해답입니다. 첫째는 하나님이 하신 에덴 주례사, 둘째는 예수님의 주례사, 셋째는 바울의 주례사입니다.

성경의 주례사 1편 : 하나님의 주례사

성경의 주례사 첫 편은 하나님의 주례사이다. 하나님의 주례사는 일명 '에덴 주례사'이다. 하나님이 에덴동산(창 2:23-25)에서 하신 결혼 주례사이다.

> 23 아담이 이르되 이는 내 뼈 중의 뼈요 살 중의 살이라 이것을 남자에게서 취하였은즉 여자라 부르리라 하니라 24 이러므로 남자가 부모를 떠나 그의 아내와 합하여 둘이 한 몸을 이룰지로다 25 아담과 그의 아내 두 사람이 벌거벗었으나 부끄러워하지 아니하니라 창 2:23-25

에덴 주례사에는 5가지 핵심이 있다.

첫 번째로, '이러므로'

'이러므로'는 앞부분의 결론이 뒷부분이라는 것을 말한다. 앞의 내용보다 뒤의 내용이 더 중요하다는 뜻이다. '이러므로'는 하나님이 천지창조와 함께 남녀를 만들어 결혼을 통해 가정을 창조한 것이 더 진정한 창조라는 것이다. 그러니 하나님의 방법으로 결혼하는 것이 매우 중요하다는 것이다. 반드시 하나님 나라를 이루는 결혼생활이 되라는 것이다.

세상 모든 만물은 하나님이 만드셨기에 하나님의 섭리를 순종한다. 하나님의 영광을 노래한다. 마찬가지로 결혼도 하나님이 창조하고 설계했으니 하나님 나라를 이루라는 것이다. 하나님의 방법대로만 선택하고 이루고 살라는 것이다.

주례사의 앞부분은 무슨 내용인가? 바로 천지창조와 에덴동산의 창조이다. 그리고 남자와 여자의 창조이다. '이러므로' 뒤에는 무슨 내용인가? 천지창조의 최고의 창조이자 핵심이 아담과 하와의 결혼이라는 것이다. 이 결혼을 통해 하나님 나라를 온전히 이루는 것이 창조의 절정이라는 것이다. 25절의 벌거벗어도 부끄럽지 않은 온전한 그 풍성함과 행복함과 즐거움의 하나님 나라가 천지창조보다 더 중요한 창조라는 것이다.

디트리히 본회퍼는 "사랑이 당신의 결혼을 지속시켜주는 것이 아니라 결혼생활이 당신의 사랑을 지속시켜준다"라고 했다. 이는 사랑에 빠져서 결혼하는 것이 아니라 결혼에 빠져서 사랑한다는 뜻이다. 필자는 이 말을

"사랑과 열심이 당신의 결혼을 지속시켜주는 것이 아니라 결혼 언약이 당신의 사랑을 지속시켜준다"라고 말하고 싶다.

우리의 결혼은 천지창조보다 더 중요한 창조의 결론이다. '이러므로' 하나님 나라를 만드는 그 일을 결혼과 결혼생활로 하여야 한다.

두 번째로, '부모를 떠나라.'

신랑·신부가 부모를 떠나는 것이 결혼의 중요한 내용이다. 부모를 떠남과 새로운 부부로의 시작을 신랑 입장, 신부 입장으로 하는 것이다. 그냥 재미있으라고 신랑·신부 입장을 하는 것이 아니다. 부모를 떠나 입장한다는 것에는 몇 가지 뜻이 있다.

1) 십자가 복음으로 영적인 성숙을 하며 살라는 뜻이다. 예수님이 신랑으로 하나님 아버지를 떠나 먼저 이 땅에 입장하셨다. 그리고 레드카펫 입장인 십자가의 길을 가셨다. 그래서 신부인 우리를 하나님 나라의 사람으로 회복한 참 결혼을 이루셨다.

   예수님이 하늘 보좌를 떠나 신랑 입장으로 이 땅에 오셨다. 우리를 신부 삼아 성령으로 하나가 되셨다. 예수님은 우리와 하나가 되기 위해 하늘 보좌를 떠나 분리되어 십자가를 지셨다. 그래서 성령을 주셔서 하나님 나라를 이루며 하나가 되셨다.

이젠 결혼하는 부부들이 이 고백을 결혼식에서 하는 것이다. 신랑 입장도, 신부 입장도, 먼저는 이 땅에서 하나님 나라를 드러내는 영적인 결혼을 이루겠다는 것이다. 우리가 하는 결혼식을 통해서 우리도 예수님의 영적인 신부가 되었음을 고백하는 것이다.

예수님의 신부인 우리는 성령으로 말미암아 예수님과 하나가 된다. 예수님과 하나 된 두 사람은 다시 이 땅에서 둘이 서로 하나가 되는 것이다. 예수님과의 언약이 바로 부부의 결혼 언약으로 제일 선명하게 드러난다.

2) 육신의 부모나 다른 타인을 의지하던 삶에서 하나님을 부모로 전적으로 의지하고 순종하며 살라는 것이다. 부모를 떠나라는 것은 부모를 버리라는 의미가 아니다. 부모 도움 없이 잘 사는 성숙하고 독립된 사람이 결혼생활도 온전하다는 것이다. 부모를 떠남으로써 하나님을 부모로, 주로 온전히 섬기며 살라는 것이다. 부부가 하나님을 온전히 섬길 때 부부는 부모보다 하나님을 더 우선하는 영적 독립과 성숙을 이루게 된다.

3) 성숙하며 독립을 이루라는 것이다. 성숙을 이룬다는 것은 경제적 독립, 정서적 독립을 이룬다는 말이다. 부모 도움 없이도 영적으로, 정신적으로, 육체적으로, 경제적으로 책임 있게 잘 살아가라는 것이다. 스스로 먼저 책임지고 부부가 하나 되어 잘 살아가라는 것이다.

4) 자녀가 잘 떠나도록 부모는 떠나보내기를 잘하라는 것이다. 양가 부모도 역시 자녀의 온전한 떠나감을 위해 떠나보내라는 것이다. 즉 자녀가 이젠 독립하여

잘 살도록 해 주라는 것이다. 부모가 온전히 떠나보내지 못하거나 자녀가 온전히 부모를 떠나지 못하면 부부 갈등의 불씨가 된다. 필자에게는 이런 원인으로 인해 부부가 불행해진 내용의 상담사례가 매우 많다. 고부갈등도 가족 내의 삼각관계도 대부분 부모를 떠나지 못하거나 자녀를 떠나보내지 못한 부모의 잘못에서 발생한다.

5) 부모보다 배우자를 1순위로 하는 관계 혁신을 하라는 것이다. 부모를 떠나라는 것은 하나님과 배우자를 부모와 자녀보다 최우선 순위로 할 것을 결단하라는 것이다. 온전히 부부가 한 몸으로 가장 친밀해지라는 것이다. 부모에게서 하나님으로 우선순위가 바뀌는 것, 부모에게서 배우자로 우선순위로 바뀌는 두 가지 내용은 그야말로 혁명적이다.

세 번째로, '합하여'

부부는 남남이라서 쉽게 하나 되기가 어렵다. 아니 불가능하다. 그래서 '합하여'라는 것은 "성령 충만하여 둘이 온전히 하나가 되라"는 뜻이다. 성령은 하나 되게 하는 사역을 주로 하시기 때문이다. 부부가 하나 되는 것은 성령 충만으로 주어지는 하나님 나라를 이루고 누리는 것이다.

부모를 떠나 성령 충만하면 거룩해져서 부부가 하나가 잘 된다. 성령 충만하면 인격이 온전하고 성숙해서 하나가 잘 된다. 죄와 미숙함은 부부의 하나 됨을 막는다.

먼저 각자가 하나님과 하나 되어야 한다. 십자가에서 자신은 죽고 상대를 위해서만 살아가는 거룩한 새사람으로 거듭나야 한다. 자기중심성에서 상대 중심성을 가진 새사람으로 거듭나야 한다. 그렇게 되면 결혼생활에 이 세상이 알지 못하는 하나님 나라가 풍성하게 이루어지게 된다. 성령 충만하여 둘이 온전히 하나 되는 '합하여'가 결혼이다.

네 번째로, '둘이 한 몸이 돼라.'

부부가 '둘이 한 몸이 돼라'는 것은 가장 친밀한 사이가 되라는 것이다. 서로 잘 대화하고 협의하고 사랑이 깊어지라는 것이다. 두 사람 사이에 부모도, 일도, 자녀도, 돈도, 어떤 것도 끼어들어서는 안 된다. 부부 침실에 아무도 들어올 수 없는 것과 같다. 전인격적인 하나 됨을 이루라는 말이다.

두 사람이 서로에게 가장 특별하고 소중한 사람이라는 것이다. 그것을 배우자 당사자가 "나를 소중한 사람으로 여기는구나, 나를 가장 우선순위로 여기는구나"라고 생각하는 사이가 되라는 것이다.

부부에게 주신 성관계의 신비와 선물을 맘껏 누리라는 것이다. 영·혼·육의 전인격적인 하나 됨을 이루라는 것이다. 성적 순결을 서로를 위해 노력하라는 것이다. 서로에게 성적인 책임도 다하라는 것이다.

성전의 지성소는 하나님과 성도 모두가 하나가 되는 특별한 장소이다. 신학자들은 이 지성소를 '부부의 침실'이라고도 번역했다. 부부는 둘이 하나 되는 관계이다. 하나님과 성도가 하나 되는 것처럼 특별한 하나 됨의 관계가 부부이다.

예수님과 성도가 하나 됨의 신비가 부부의 성적인 하나 됨이다. 벗어도 부끄럽지 않은 친밀함이다. 결혼은 둘이 한 몸이 되는 가장 친밀하고 신비한 사이가 되는 것이다.

다섯 번째로, '벗었으나 부끄러워 말라.'

부부가 하나가 되면 25절의 '벗어도 부끄럽지 않은 천국'이 이루어진다. 에덴의 환경이 완벽하다는 뜻도 있다. 하지만 부부가 상대의 약점이나 부족에도 비난과 비판을 하지 않고 덮어주는 온전한 사랑을 한다는 것이다. 상대의 수치도 가려주는 진정한 한 몸이 된다는 것이다. 부부의 성관계도 죄를 범하기 전부터 있는 것이기에 온전하고 거룩한 선물이다.

벗어도 부끄럽지 않은 사랑은 예수님 앞에 우리가 죄와 허물을 모두 드러내어도 덮어주시는 사랑이다. 부부끼리도 그렇게 사랑하겠다는 것을 고백하는 것이다. 예수님이 내게 하신 그 사랑을 상대 배우자에게도 벗어도 부끄럽지 않은 하나님 나라로 실현하겠다는 것이다.

결혼은 에덴동산인 하나님 나라가 지금 하는 우리들의 결혼에서 이루어지는 것이다. 결혼은 벗어도 부끄럽지 않은 부부가 되어 하나님 나라를 이루는 것이다. 하나님의 자비와 인애가 온전히 부부 사이에 이루어져 하나님 나라가 결혼으로 완성된다.

성경의 주례사 2편 : 예수님의 주례사

> 4 예수께서 대답하여 이르시되 사람을 지으신 이가 본래 그
> 들을 남자와 여자로 지으시고 5 말씀하시기를 그러므로 사람
> 이 그 부모를 떠나서 아내에게 합하여 그 둘이 한 몸이 될지
> 니라 하신 것을 읽지 못하였느냐 6 그런즉 이제 둘이 아니요
> 한 몸이니 그러므로 하나님이 짝지어 주신 것을 사람이 나누
> 지 못할지니라 하시니 마 19:4-6

창세기 2장의 하나님의 에덴 주례사 내용과 예수님의 주례사의 내용
은 본질상 같다. 하나님의 주례사와 예수님의 주례사의 앞부분은 남자가
부모를 떠난 한 몸을 이루라는 내용으로 같다. 거기에 예수님의 결혼 주례
사는 좀 더 확장되었다. '죽어야 부부는 갈라진다'라는 것이다. 죽어야 부
부가 갈라진다는 것에는 크게 다음의 3가지 의미가 있다.

첫째는, 하나님께서 짝지어 주신 부부의 한 몸 된 것을 인간이 나눌 수
없다. 그러니 두 사람이 이혼하면 안 된다는 의미가 있다.

크래그 힐은 『결혼 언약인가, 계약인가?』에서 예수님의 주례사 내용을 언약의 관점으로 다음과 같이 말했다.

> 죽음이 우리를 갈라놓을 때까지 나는 취소 불가능하게 당신에게 위탁되어 있습니다. 내가 당신에게 위탁되어 있는 것은 당신이 하는 행위나 선택에 따라 달라지는 게 아닙니다. 이것은 우리가 죽을 때까지 하나님 앞에서의 편무적(片務的, 반대말은 쌍무적-雙務的)인 위탁입니다.

> 내가 결코 너희를 버리지 아니하고 너희를 떠나지 아니하리라 히 13:5

크래그 힐은 계약적 결혼이 예수님의 주례사를 다음과 같이 변질시키고 타락시켰다고 말한다.

> 우리 거래에 있어 당신이 행할 바를 행하면 나도 내가 행할 바를 행하겠습니다. 당신이 나를 행복하게 해 주지 않거나 약속을 지키지 않으면 나는 당신을 떠나서 나를 행복하게 해주면서 말한 대로 약속을 지키는 다른 사람을 찾을 겁니다. 그

리고 당신이 나를 떠나면 나도 당연히 당신을 떠나서 다른 사
람을 찾을 겁니다. 이것은 우리가 서로 만족할 때까지 한정하
며 유한으로만 쌍무적(雙務的, 반대말은 편무적-片務的)인 위
탁입니다.

죄성은 부부를 갈라지게 한다. 예수님의 주례사는 갈라지지 말라고 한
다. 부부는 결혼 이후 갈라지면 안 된다. 배우자와 사별하지 않았는데 이혼
했다면 회개해야 한다. 하나님은 아직 이 땅에서 배우자로 보고 계시기 때
문이다. 서로의 별거나 재판에서 이혼서류가 통과되어도 하나님은 아직
두 사람이 부부라고 하신다. 죽어야 갈라지는 것인데, 죽지 않았으니 아직
부부인 것이다.

사별이 아닌 이혼으로 재혼해야 한다면 하나님께 이혼의 죄를 회개해
야 한다. 죽음이 아니고 갈라진 죄를 인정하고 한 번은 회개해야 한다. 그
러면 하나님은 이혼한 죄도 용서하신다. 그러면 재혼하는 사람을 하나님
도 배우자로 인정하신다. 좋으신 아버지 하나님이시기 때문이다.

물론 다른 곳에서 배우자가 바람을 피우고 음란할 경우, 회개하지 않
고 의도적으로 당당하게 괴롭힐 때는 이혼하라고 하신다. 또 생명이 위태
로울 때나 지속적인 괴롭힘과 학대를 당하는 경우에도 원하면 이혼하라고
하신다. 그럴지라도 살아 있으면서 이혼하기에 꼭 한 번은 회개해야 한다.

결혼이 단순하지 않고 하나님 나라를 드러내는 큰 비밀과 중요성을 가지고 있기 때문이다.

사별이 아닌 재혼자는 교회 공동체에도 교회가 정한 절차에 따라 자신이 재혼임을 밝히고 하나님께 회개했다고 고백해야 한다. 소속 공동체에 "나를 용납하고 수용해 달라. 그리고 재혼을 허락해 달라"라고 하면 담당목사가 주례하고 교회가 재혼도 축복해 줄 수 있다. 담임 목사, 당회, 교회 공동체 대표단, 교회 책임 리더 등 ⋯ 교회마다 재혼을 허락하는 소속 공동체 그룹은 다를 수 있다.

둘째는, 죽으면 이 땅의 부부관계는 없어진다.

결혼은 이 땅의 삶에 제한된다. 죽으면 부부관계는 없어진다. 각자가 천국에서 영원한 그리스도의 신부로만 영원히 산다. 그래서 사별을 한 배우자가 재혼하는 것은 자유이다. 죄가 아니다. 목사가 주례해 주어도 된다. 죽어서 천국에 간 배우자는 이미 남아있는 자의 배우자 신분이 아니기 때문이다. 부부는 갈라진 것이기 때문이다. 그래서 재혼은 자유롭다.

셋째는, 이 땅의 결혼은 영원한 예수님과 우리의 결혼을 드러내는 것이다.

이 땅의 결혼은 예수님이 신랑이시고 성도가 신부인 하나님 나라를 드러낸다. 그래서 이혼이 안된다. 두 사람이 이혼하면 안 된다는 윤리성 정도

보다 결혼의 더 깊고 넓은 의미가 있다.

예수님을 성도가 믿어서 둘이 연합하면 갈라질 수 없다. 부부도 결혼에서 영원성을 나타내는 언약으로 서로에게도 약속했기에 갈라질 수 없다. 다만 죽으면 원 결혼인 예수님과 믿는 이들의 영원한 하나님 나라 혼인 잔치에 들어간다. 그래서 이 땅의 부부관계는 이 땅에 제한된 결혼 관계이다. 하지만 영원한 하나님 나라 예수님과 우리의 관계를 부부가 나타내기에 갈라지지 말라는 것이다. 그 고백을 결혼반지나 약혼반지, 결혼서약서로 고백한다.

이혼이 요즘 급속하게 증가하고 있다. 이혼의 증가는 하나님이 짝지어 주신 것을 인간이 받아들이기를 거부한다는 말이다. 예수님의 십자가 보혈 레드카펫을 지나 성령의 충만을 입었으면 이혼하면 안 된다. 결혼은 피의 언약, 생명을 건 언약이다. 오로지 죽음만이 부부를 갈라지게 한다.

하나님께서 짝지어 주신 것을 인간이 어찌할 수 없다. 우리는 예수님의 주례사처럼 부부가 나누어지지 않고 온전히 잘 연합해야 한다. 부부가 온전히 연합하기에 죽어야만 비로소 갈라진다.

성경의 주례사 3편 : 바울의 주례사

31 그러므로 사람이 부모를 떠나 그의 아내와 합하여 그 둘이 한

육체가 될지니 32 이 비밀이 크도다 나는 그리스도와 교회에 대
하여 말하노라 33 그러나 너희도 각각 자기의 아내 사랑하기를
자신 같이 하고 아내도 자기 남편을 존경하라 엡 5:31-33

바울의 주례사는 하나님의 에덴 주례사(창 2장), 예수님의 주례사(마 19장)와 전반부의 내용은 같다. 끝부분은 좀 더 깊고 넓고 자세하게 결혼 언약을 확장한다. 복음이 더 진보하고 선명하게 드러나면서 결혼 언약도 좀 더 선명하고 구체적이다. 우리가 더 자세하고 쉽게 알 수 있도록 바울이 설명했다. 바울의 주례사가 결혼 주례사의 종합 편이다.

첫째, 신랑·신부가 지금 하는 결혼이 예수님과 교회(믿는 우리)의 관계와 같은 것이다.

결혼 언약과 예수님의 새 언약이 일치되어야 한다. 이는 놀라운 관점이다. 바울의 주례사는, 부부관계란 예수 그리스도와 교회의 관계와 같아야 한다는 것이다. 결혼생활도 그렇게 해야 한다는 것이다. 바울은 우리에게 이렇게 말하고 있다.

아내는 남편에게 예수님께 복종하는 것과 똑같이 하라. 예수님
이 영원한 남편으로 십자가 대속으로 아내인 당신을 사랑하셨

다. 아내는 예수님을 섬기듯 남편을 그렇게 섬기고 복종하라.

남편은 아내를 사랑하기를 예수님이 십자가 지시며 죽으시기까지 남편인 당신을 신부 삼아 사랑하심같이 하라. 남편은 이제 이기심과 자기중심성과 완고함을 모두 내려놓아라. 남편은 기쁘게 아내에게 헌신하고 아내를 귀하게 대하라. 예수님이 당신에게 하신 것처럼 아내를 귀하게 대하라.

남편과 아내가 예수님이 십자가에서 대속하신 그 사랑으로 서로 사랑하라. 성령께서 온전하게 하고 놀라운 하나님 나라 사랑을 이루실 것이다. 이로써 거룩하고 흠 없는 신앙이 될 것이다. 그렇게 하면 수치심이 없어지며 완벽주의도 없어지고 외로움도 죄성도 자기중심성도 모두 없어질 것이다. 온전한 하나님 나라가 부부 가운데 이루어질 것이다.

교회인 성도들은 그리스도와의 관계를 떼고 싶어도 뗄 수가 없다. 마찬가지로 한 번 맺어진 부부의 관계도 떼어지지 않는다. 결혼은 이 땅에 임하는 하나님 나라이기 때문이다.

하나님의 주례사와 예수님의 주례사를 바울이 주례사에서 종합하였다. 세 가지 차원으로 결혼이 무엇인가를 더 입체적으로 설명한다. 하나님 나라를 만드는 결혼은 너무나 신비롭다는 것이다. 그래서 바울은 "이 비밀이 크다"라고 하면서 결혼과 하나님 나라가 연결되는 신비를 3가지로 겹쳐서 다음과 같이 결혼 언약의 삼중주로 설명했다.

일차적으로, 결혼은 지금 눈에 보이게 부부가 하나 되는 결혼을 말한다. 신랑 신부가 입장하여 하나 되어 하나님 나라를 이루는 신비로운 결혼이라고 말씀한다.

이차적으로, 결혼은 하나님과 아브라함의 언약 결혼, 하나님과 이스라엘이 했던 모세 언약(시내산의 결혼 언약과 모압 언약)이 지금 우리가 하는 결혼예식에서 드러난다는 것이다. 결혼예식을 통해 예수님이 신랑 되시고 우리가 신부가 되는 언약과 하나님 나라를 영적으로 고백하는 것이다.

삼차적으로, 결혼은 앞으로 이루어질 진정하고 영원한 결혼인 어린양 혼인 잔치를 결혼식으로 드러낸다. 부부도 죽으면 갈라져서 성도로 천국에서 예수님과 영원히 산다. 모두 예수님의 신부로 사는 영원한 어린 양의 혼인 잔치만 이 땅의 결혼을 넘어서서 영원하게 된다.

지금 하는 결혼식은 참 천국 자체이신 영원한 예수님과 신부인 우리의 영원한 결혼을 미리 경험케 한다. 그러므로 바울은 3가지 결혼식이 입체적으로 놀랍고 신비롭게 하나로 결합하여 나타난다고 말한다. 그래서 결혼식은 신비로운 하나님 나라의 복음을 나타낸다. 동시에 신비로운 하나님 나라 현현이라고 한다. 그래서 결혼은 비밀이 크다고 했다. 우리들의 결혼의 잃어버린 큰 비밀을 온전히 드러내는 결혼이 되자.

둘째, 부부가 결혼 언약을 이루라는 것이다.

예수님과 믿는 성도가 새 언약을 이루는 방식으로 부부가 결혼 언약을 실천하라는 것이다. 남편은 아내를 자기를 아끼듯 사랑해야 한다. 아내는 남편을 예수님을 존경하듯이 존경해야 한다. 이 두 가지 실천 사항은 놀랍게도 남녀차이가 다 반영된 것이다. 남편과 아내 각자의 소원까지도 반영된 것이다.

결혼식이란 성령으로 부부가 하나 되는 결혼 언약이 놀라운 복음의 비밀을 나타내는 것이다. 결혼은 놀라운 하나님 나라를 드러내기에 바울은 비밀이 크다고 했다. 성령이 아니면 알 수 없으니 비밀이 크다. 예수님과 내가 한 결혼을 이 땅에 결혼으로 드러내고 이루라고 하니 비밀이 크다. 우리의 결혼이 이제는 하나님 나라의 비밀이 풍성히 드러나는 결혼이 되어야 한다.

4. 아담의 간절한 호소

"결혼을 통해 내 나라가 아니라 부디 하나님 나라를 이루세요."

상담 사례 – 괜히 결혼했나 싶습니다.

소장님, 결혼생활에 갈등이 많이 생깁니다. 더 행복하고 더 좋은 일이 많을 줄 알고 결혼했는데, 더 힘든 일만 많고 갈등도 많아지고 괜히 결혼했나 싶습니다. 결혼, 왜 해야 할까요? 후회됩니다.

답변

결혼의 목적과 주제가 하나님 나라를 이루는 것을 각자가 정확히 모르고 결혼한 것 같습니다. 결혼을 통해 성경적인 의미와 하나님 나라를 이룬다는 것을 알면 부부 갈등이나 가정 문제 해결에 큰 도움이 됩니다.

결혼에서 부부는 자신들이 원하는 것을 채움 받는 '배필'로서 존재하는 것이 아니라 '돕는 배필'로서 존재해야 합니다. 하지만 서로 자신이 원하는 것을 채워달라고만 하므로 부부 갈등의 주된 원인이 됩니다.

결혼은 사랑이 전제됩니다. 그 사랑은 다른 사랑이 아닌 하나님이 우리를 위해 하늘 보좌를 버리시고 예수님으로 이 땅에 오셔서 죽으심으로 하나님 나라를 주신 것이라고 합니다(요한 1서). 다른 말로 십자가 복음과 하나님 나라의 은혜를 입지 못하면 진정한 사랑은 불가능하다는 것입니다.

결국 부부가 사랑하지 못하는 것은 하나님 나라를 세우기보다는 자기만 사랑해 달라고 하기 때문이라고 성경은 정확하게 가르쳐 주고 있습니다.

아담의 간절한 호소 1 : "부부가 부디 하나님 나라를 이루세요."

아담이 천국에서 이 땅에 잠시 내려와 첫 번째 결혼하신 사람으로 결혼 주례사를 부탁한다면 간절하게 호소할 말이 몇 가지 있을 것 같다.

첫 번째 간절한 호소는 "부부가 부디 하나님 나라를 이루세요"이다. 부부가 하나님 나라를 이루려면 부부에게 '에덴'과 '예루살렘'이 있어야 한다.

먼저, '에덴동산'이다. '에덴동산'도 하나님 나라이다. 따라서 아담과 하와 부부도 하나님 나라를 이루는 것이 제일 중요했다. '에덴'(Eden)은 히브리어로 '기쁨', '만족', '행복', '희락'이다. 그리고 'Pleasant Delight'(환희의 동산, 태고의 정원)이다. '에덴'은 페르시아어 '헤덴'(Heden)에서 유래했다. 그 뜻은 '하나님 나라'이다. 성경은 성령이 충만하면 희락이 충만하다고 한다. 하나님 나라로 기쁨이 넘치는 곳이 에덴이다. 다음으로 '예루살렘'이다. '예루살렘'은 히브리어로 '평화의 터'이다.

이 두 말인 '에덴'과 '예루살렘'은 결국 같은 뜻이다. 하나님은 죄로 잃었던 에덴동산을 처음에는 예루살렘, 이스라엘을 선택해서 이루어 가셨다. 이제 예수님 안에서는 우리를 '새 예루살렘'으로 이루신다. 그러니 '에덴'을 다시 번역하면 "기쁨과 만족인 하나님 나라, 잃어버린 에덴을 예수님을 통해 오늘 우리와 우리의 결혼을 통해 이루신다"이다.

하나님은 에덴동산에서 아담과 하와를 짝 지워서 가정을 이루게 하셨다. 에덴의 완벽한 나라, 가정 천국을 이루라 하신 것이다. 성경은 우리가 예수님의 십자가 복음으로 새로운 에덴동산을 이루라고 한다. 우리가 결혼 생활을 통해 에덴동산을 이루어야 하는 것이 성경 전체의 주제이다. 성경은 거룩한 교회(예수님의 신부)가 되게 하시는 결혼 이야기이기 때문이다.

십자가에서 예수님이 못 박혀 돌아가실 때 지성소와 성소를 구별 짓는 휘장이 찢어졌다. 이제 십자가 복음을 믿는 우리 모두가 예수님으로 인해 성령이 거하시는 지성소가 되었다. 에덴, 천국, 하나님 나라가 이루어졌다 (눅 12:32). 하나님 나라는 이미 이 땅에 이루어졌다. 현재도 이미 이루어지고 있다.

아담은 죄짓기 전에는 부부생활에서 이미 하나님 나라를 이루며 살았다. 우리들의 부부생활에서도 하나님 나라를 이루며 사는 것이 하나님의 뜻이다. 이런 경험을 한 아담은 우리에게 간절하게 호소한다. "내 나라가 아니라, 부부가 부디 하나님 나라를 이루세요."

아담의 간절한 호소 2 : "부부가 부디 내 나라를 만들지 마세요."

두 번째 아담의 간절한 호소는 "부부가 부디 내 나라를 만들기를 이젠 그만두세요", "상대방의 나라, 하나님의 나라를 이루세요"이다.

필자의 상담은 부부 상담이 전체 상담의 40% 정도를 차지한다. 30년이 넘게 상담하면서 놀라운 점을 발견한다. 부부가 갈등으로 이혼할 수밖에 없는 이유를 많이들 하소연한다. 상대가 자신을 더 섬겨주지 않고, 이해해 주지 않아서 이혼해야 한다는 것이다. 어떤 부부도 더 사랑하지 못해서 갈등하는 것을 보지 못했다.

모든 부부가 이렇게 호소한다. "내가 억울하다", "내가 손해가 많다", "내가 무시당한다", "내가 이해받지 못한다", "내가 피해를 보았다", "상대의 잘못과 나쁨을 더 이상 두고 볼 수가 없다." 결국 함께 살던 부부가 이혼하는 이유는 부부 사이에 하나님 나라를 이루지 못해서이다. 부부 각자가 하나님 나라 대신 자기 나라를 세웠기 때문이다.

부부 사이에 내 나라를 고집할 때 결혼생활은 지옥이 된다. 내 나라를 만들기 시작하면 자기중심성을 철저히 드러낸다. 불화가 시작된다. 결국은 각자가 주인이 되어 상대방을 내 것으로 소유하겠다고 선포하게 된다. 중단 없는 전쟁을 하다가 이혼하겠다고 한다.

아담 부부도 서로를 수단으로 여기면서 갈등을 일으켰다. 가정이 지옥이 되었다. 이런 것을 경험한 아담이 간절하게 호소한다.

"부부가 부디 내 나라 만들기를 이제 멈춰 주세요."

부부가 부부생활을 통해 하나님 나라를 이루려면 상대방을 더 아끼고 섬기는 상대 중심성을 가져야 한다. 부부에게 하나님 중심성이 먼저 되면 자연스럽게 상대 중심성이 가능해진다. 자연스럽게 하나님 나라가 부부에게 이루어진다.

아담의 간절한 호소가 지금의 모든 부부에게 큰 울림으로 들려야 한다. 부부는 자기 나라를 세우려는 투쟁을 그만 멈춰야 한다. 상대방의 나라, 하나님의 나라를 이루기 위해 더 노력해야 한다.

"부부가 부디 내 나라 만들기를 이젠 그만두세요."

아담의 간절한 호소 3 : "부부가 무엇을 위해 사는지 점검하세요."

세 번째 아담의 간절한 호소는 "부부가 무엇을 위해서 사는지 수시로 점검해 보세요"이다.

부부가 왜 결혼하고 무엇을 위해 사는지를 점검하려면 '결혼의 메타인지'를 바르게 가져야 한다. "결혼생활의 메타인지가 하나님 나라인가?"라는 질문을 하자. 부부생활에서 메타인지가 정말 중요하다. 메타인지는 삶에서도 중요하다. 사람은 '메타인지(meta-cognition)'가 좋아야 잘 산다. '메타인지'가 무엇인가? 바로 자신의 인지 과정에 대해 한 차원 높은 시각에서 관찰·발견·통제하는 정신 작용이다. '상위인지'(上位認知), '초인지'(超認知)이다.

쉽게 말하면 메타인지란 '자기 생각 전체를 관리할 수 있는 능력'이다. 탁월하게 살아가는 모든 사람은 생각을 전체적으로 잘 관리하는 능력인 메타인지가 있다. 메타인지는 '생각에 관한 생각'이다. 인간의 뇌가 동물의 뇌와 다른 것은 '메타인지'가 가능하기 때문이다. 동물에게는 '메타인지'가 없다. '리처드 레스택'(Richard M. Restack)은 『인간적인, 너무나 인간적인 뇌』(2012)에서 다음과 같이 말한다.

> 높은 수준의 메타인지는 인간과 다른 동물 사이의 차이가 훨씬 더 극명해진다. 오직 인간의 두뇌만이 '사느냐 죽느냐, 그것이 문제로다'를 가늠할 수 있다.

결혼생활의 메타인지는 바로 '하나님 나라를 드러내고 추구'하며 살아가는 것이다. 그리고 이 땅에 임하는 하나님 나라를 가정 속에 이루는 것이다.

'하나님 나라 메타인지'로 살아가는 것을 방해하는 것이 있는데, 바로 사단이다. 사단은 부부의 하나님 나라 메타인지를 변질시키려고 유혹한다. "네가 하나님처럼 돼라. 너 중심으로 살고, 연애하고, 결혼해라. 그러면 행복할 것이다", "신혼부부일 때 상대를 길들여야 한다. 상대가 하자는 대로 하면 안 된다. 평생 고생한다."

이런 변질된 메타인지로 사단은 아담과 하와를 유혹했다. 사단은 결혼에 대한 변질된 메타인지로 결혼생활을 잘하겠다고 하는 지금의 부부들도 유혹한다. '데이비드 디살보'(David DiSalvo)는 『나는 결심하지만 뇌는 비웃는다』(2012)에서 다음과 같이 말했다.

정상적인 사고 과정을 넘어서서 우리가 왜 그런 생각을 하게 되는지 생각하는 능력은, 뇌가 진화를 거치면서 얻게 된 경이로운 능력이다. 인간의 뇌 중에서도 가장 최근에 발달한 전전두엽피질 덕분에 우리는 자신을 돌아보고 추상적 사고를 할 수 있는 능력을 갖추게 되었다. 하지만 이 능력은 양날의 검이다. 이 능력 덕분에 우리의 생각에 대해 생각해 볼 수 있지만, 한편으로는 이 능력이 우리를 존재론적으로 혼란스럽게 만들기도 하기 때문이다.

인지심리학자들은 다음과 같이 말한다.

세상에는 두 가지 종류의 지식이 있다. 첫 번째는 내가 알고 있다는 느낌은 있는데 설명할 수는 없는 지식이다. 두 번째는 내가 알고 있다는 느낌뿐만 아니라 남들에게 설명할 수도 있

는 지식이다. 두 번째 지식만 진짜 지식이며 내가 쓸 수 있는
지식이다.

과연 우리는 결혼, 연애, 사랑, 삶, 가정, 자녀 양육을 모두 하나님이 창조하시고 운영하시는 방법으로 선택하며 살아가는가? 그렇다면 결혼과 삶에 대한 메타인지를 잘 준비하고 있는 것이다.

임영익은 『메타생각』(2014)에서 메타인지가 최근에 학문적인 중요성이 있기 전부터 오래전 선현들은 이미 그 중요성을 알았다고 말한다. 소크라테스의 '너 자신을 알라'라는 그 유명한 말은 메타인지의 중요성을 잘 말한 것이다. 공자는 "아는 것을 안다고 하고 모르는 것을 모른다고 하는 것, 이것이 바로 아는 것이다"라고 했다. 메타인지의 본질을 말한 것이다.

우리는 결혼의 메타인지가 '하나님 나라를 이루는 것'이라는 성경적 메타인지를 정확히 가져야 한다. 필자는 연애학교, 결혼예비학교, 부부학교의 목표도 결혼생활 메타인지인 '하나님 나라를 이루는 결혼'을 목적으로 한다.

아담 부부의 간절한 호소는 부부가 무엇을 위해서 살아가는지, 무엇을 위해 결혼하는지, 바른 성경적인 결혼 메타인지인 '하나님 나라를 이루는 결혼'인지를 수시로 점검하라는 것이다.

결혼 언약에서도 동일하게 십자가 복음이 강하게 고백된다. 남남이었

던 두 남녀가 가로막힌 것을 헐고 서로 한 몸으로 하나가 되는 것이다. 십자가 복음으로 하나님과 우리 사이에 막힌 담이 헐리고 하나가 되어 하나님 나라를 이룬 것과 같다.

결혼의 메타인지인 '하나님 나라가 결혼 가운데 임하는 방법'이 있다. '성령 충만'과 '예배'가 대표적이다. 하나님은 '성령 충만'과 '예배'를 통해 우리를 이 땅의 '새 예루살렘'이 되게 한다. 우리의 결혼 예배에서도 하나님 나라를 이루는 방법이 두 가지이다. 성령의 '보증함'(계약금, The earnest, 헬-알라본 ἀρραβών)과 성령의 '인 침'(너는 내 것이라 하신 하나님 나라 백성 됨의 보증)은 하나님 나라를 오늘 우리가 살아가게 한다. 결혼이 하나님 나라가 되게 한다.

이는 우리 기업의 보증이 되사 그 얻으신 것을 속량하시고 그의 영광을 찬송하게 하려 하심이라 엡 1:14

곧 이것을 우리에게 이루게 하시고 보증으로 성령을 우리에게 주신 이는 하나님이시니라 고후 5:5

이는 그리스도 예수 안에 있는 생명의 성령의 법이 죄와 사망의 법에서 너를 해방하였음이라 롬 8:2

"부부가 무엇을 위해서 사는지 수시로 점검하세요."

"하나님 나라를 이루고 사는 바른 성경적 메타인지가 맞는지 수시로 점검하세요."

아담의 간절한 호소 4 : "저희의 실패한 결혼을 다시는 반복하지 마세요."

상담 사례 - 부모님과 교회 어른들을 보면 그들 안에 하나님이 없는 것 같은 데요.

질문

소장님, 우리 부모님과 교회 어른들 보면 교회 다니기 싫어요. 교회에서 자기중심적이기에 늘 싸우는 것 같습니다. 심한 것은 거친 모습이 종종 나타납니다. 가장 심각한 것은 부부생활도 행복해 보이지도 않습니다. 하지만 교회 생활은 열심히 합니다. 기도도 많이 하고 성경을 많이 읽습니다. 그렇지만 삶에 본이 되지 않습니다. 부모님과 교회 어른들처럼 살 바에는 교회 다니기 싫습니다. 부모님이나 교회 어른들 삶에서 하나님이 계시지 않은 것 같게 느껴지는 것은 저의 문제일까요?

답변

부모나 교회 다니는 어른들의 부족한 부분은 공감합니다. 하지만 다음의 5가지를 생각하면 도움이 될 것입니다.

첫째, 사람이 잘못된 행동으로 하나님의 잘못이나 하나님이 안 계신 것으로 생각하면 안 됩니다. 부모님이나 교회 어른들 삶을 통해 사고의 과잉 일반화를 일으키면 안 됩니다. 이는 마치, 어느 병원이 실수했다고 다시는 모든 병원에 가지 않는 것과 같은 논리입니다.

둘째, 부모님이나 교회 어른들의 행동을 지금 모습으로만 판단하면 안 됩니다. 전에는 어떤 사정으로 더 미숙하다가 하나님을 만나 조금씩 좋아지고 있는 과정으로 보자는 것입니다. 상처가 많아 잘 극복 못하다가 지금은 그래도 전에 보다는 조금 더 회복되는 과정으로 보자는 것입니다. 하지만 잘못 보기 쉬운 것은 "잘 살지 못하는 그들 역시 피해자로 힘든 여건을 견디다 생긴 모순된 행동을 하는 것입니다. 지금 그래도 교회 다니며 조금 좋아진 것이다"라고 잘 이해하고 보면 좀 더 덜 고통스럽게 느낄 수 있습니다.

교회에 다니는 많은 분들은 삶이 힘들어서, 몸이 아주 아파서, 외로움이 지나쳐서, 허무함을 하나님으로 달래기 위해 교회를 다니는 분들이 더 많습니다. 이런 분들은 교회에 다닌 뒤 하나님의 도우심과 은혜로 이전보다는 조금 삶이 나아졌습니다. 자녀들이 원하는 기준에는 미치지 못할 수 있지만 말입니다. 그러니 함부로 지금 본이 되지 않는다고 정죄하지 않아야 합니다.

셋째, 출발선이나 비교하는 기준점이 매우 다르다는 것을 고려해야 합니다. 일반적으로 세상에서도 잘 사는 이들은 대체로 첫 출발이 이미 어느 정도 괜찮은 부모나 환경에서 시작한 경우가 많습니다. 그래서 같은 비교 기준선을 정하면 무리가 뒤따릅니다.

넷째, 이런 고민과 질문을 하는 분들도 교회의 지체입니다. 그러니 이런 고민과 문제를 깨달았으면 스스로는 하나님의 나라를 드러내는 모델로의 삶을 살아내면 됩니다.

다섯째, 아담 부부는 하나님의 창조하심과 은혜를 입고도 죄를 범했습니다. 그런데도 하나님은 가죽옷을 입히며 은혜를 베풀었습니다. 아버지는 돌아온 탕자를 위해 잔치를 베풀었습니다. 하나님도 우리에게 하나님 나라 잔치를 은혜로 베풀어주십니다. 예수님의 십자가 복음으로 우리에게 예수님으로 옷을 입히신 뒤 하나님 나라 잔치를 배설하셨습니다. 우리가 장차 죽어서 가는 영원한 나라에서는 완벽한 어린양 혼인 잔치에 참여합니다.

부모님과 교회 어른들을 보면 그들 안에 하나님이 없다고 질문하신 분과 우리가 모두 예수님의 신부가 됩니다. 그러니 질문하신 분부터 예수님의 십자가 복음을 의지하고 이 땅에서 하나님 나라를 누립시다. 그리고 하나님 나라를 확장하는 일에 귀한 역할을 하신다면 좋을 것입니다.

아담의 마지막 간절한 호소는 자신들의 실패를 반복하지 말라는 것이다. 어떤 실패를 했는지 들어보고 부디 우리의 결혼생활에는 어리석은 짓을 따라 하지 않아야 할 것이다. 아담 부부는 서로 돕는 배필이 아니라 서로의 원함을 채우는 잘못된 부부였다. 돕는 배필이 아닌 바라는 배필로 잘못된 결혼생활을 한 것이다.

결혼생활에서 성공하기 위해서 우리는 아담 부부의 4가지 실패 원인을 정확히 알고 반복하지 말아야 한다. 아담 부부의 실패를 교훈 삼아서 하나님 나라를 세우는 행복한 결혼생활을 하자.

5. 아담의 결혼 실패로 배우는 4가지

아담이 결혼에 실패한 원인을 바로 전에 4가지로 간절하게 호소했다. 이런 호소를 들었으면 우리 결혼에서는 실패를 반복하지 않기 위해 배워서 조심해야 한다. 결국 아담의 결혼 실패는 돕는 배필이 되지 못하고 바라는 배필이 된 것이다. 우리의 결혼에서도 돕는 배필이 되어야 한다. 아담의 실패에서 배우는 돕는 배필로서의 4가지 방법은 다음과 같다.

하나, 하나님을 잘 예배하도록 돕는 일이다.

아담 부부는 하나님을 예배하는 것에 실패했다. 아담 부부는 서로 하나님을 잘 섬기며 예배하며 사는 일에 서로 돕는 배필이었다. 하지만 돕는 배필의 삶에 실패했다. 아담 부부는 하나님의 말씀을 저버리고 선악과를 따먹은 원인을 제공했다. 돕는 배필이어야 하는데 서로를 바라는 배필이 되면서 서로 핑계를 말했다. 망하는 배필이 되었다.

아담은 선악과를 먹는 하와를 사단으로부터 미리 지켜내지 못했다. 이는 하나님의 말씀을 가볍게 여긴 탓이다. 하나님의 말씀을 가볍게 여기는 순간 행동도 가볍게 한다. 그래서 하와를 포함한 에덴을 사단으로부터 지키지 못했다. 하와도 다르지 않았다. 돕는 배필이 아니라 바라는 배필로 죄를 같이 짓게 했다. 하와는 먼저 선악과를 따 먹으므로 하나님을 떠났다. 그리고 선악과를 먹지 않도록 해야 할 책임을 저버리고 남편에게도 주어서 하나님을 떠나도록 했다.

부부는 상대가 하나님을 더 잘 예배하도록 적극적으로 돕고 지지해 줄 책임이 있다. 이것이 돕는 배필의 역할이다. 부부는 서로가 하나님의 말씀을 지키며 사는 사람이 되도록 도움으로써 진정한 돕는 배필이 되어야 한다.

둘, 하나님의 관계성을 드러내는 일이다.

아담 부부는 하나님과 관계를 잘하기 위해 서로 돕는 배필이어야 했다. 이를 하나님으로부터 배워야 했다.

하나님은 관계성을 가지고 계신다. 관계의 달인도 넘어서신다. 하나님은 삼위일체라는 독특한 관계를 지니셨다. 홀로 3위의 공동체성을 가진다. 동시에 홀로 사랑이 가능한 하나님이시다.

하지만 인간은 홀로는 사랑이나 공동체성을 가지지 못하는 피조물이다. 그러므로 부부는 삼위일체의 하나님처럼 돈독한 두 사람의 하나가 된 관계를 드러내야 한다. 돕는 배필로 하나님의 형상을 온전히 드러나게 해야 한다.

하나님은 삼위일체로 관계성을 드러낸다. 아담 부부도 돕는 배필로 서로 다른 두 사람이지만 동시에 한 몸으로 하나 됨의 관계성을 드러내야 한다. 부부가 하나님의 형상을 닮았기에 부부가 온전한 하나 됨으로 하나님의 관계성을 드러내야 한다. 부부는 다른 사람이었는데 돕는 배필로 놀라운 일체를 이루어야 한다. 그럴 때 하나님의 공동체성을 온전히 드러나게 된다.

이제 부부가 진정으로 하나 됨으로 하나님의 삼위일체 공동체성을 드러내자. 그럴 때 잘 돕는 배필이다.

셋, 하나님의 사랑을 드러내는 일이다.

아담 부부는 하나님의 사랑을 드러내는 일에 실패했다. 그것은 하나님이 사랑이시라는 것을 한순간 잃어버린 것이라고 말할 수 있다.

하나님은 사랑의 하나님이시다. 아담과 하와가 하나 되려면 서로 사랑하라고 하신다. 부부가 사랑함으로 사랑이신 하나님을 알기 때문이다. 사람이 혼자 힘으로 하나님의 사랑을 드러내는 것은 한계가 있다. 그것은 결혼이라는 방법을 통해서 온전히 가능해진다.

아담 부부는 하나님의 사랑에 힘입어 배우자를 긍휼히 여기고 사랑하는 것에 실패했다. 사랑과 용서와 긍휼에 실패했다. 하나님의 사랑을 드러내는 돕는 배필이 아니었다.

혼자 좋은 신앙보다는 부족한 둘이 서로 사랑함으로 만들어내는 신앙이 훨씬 더 하나님을 닮은 것이다. 혼자 뛰어난 신앙보다 둘이 서로 맞추며 부족한 신앙이 훨씬 더 좋은 신앙이다.

부부가 사랑으로 하나님의 사랑을 드러낼 때 하나님을 닮은 부부가 된다. 서로의 부족한 신앙을 하나님의 사랑으로 서로 메꾸어주게 된다. 부부가 하나님의 사랑을 드러내면 자녀나 주변 사람들이 부부를 통해 하나님의 형상을 볼 수 있다. 하나님을 자랑하는, 잘 돕는 배필이 된다.

넷, 내 나라를 내려두고 하나님 나라를 완성하는 것이다.

아담 부부는 내 나라를 내려놓고 하나님 나라를 세우는 데 실패했다. 하나님 나라 완성하는 데 돕는 배필을 실패했다. 돕는 배필이 아니라 서로 자기를 채워주는 배우자를 원하니 불만이 생기고 불행이 되었다.

우리는 내 나라를 내려두고 하나님 나라를 완성하기 위해 서로 힘을 합하는 돕는 배필이 되어야 한다. 야명조(夜鳴鳥)와 같은 존재가 되면 안 된다. 야명조는 히말라야의 눈 덮인 깊은 산에 사는 새이다. 이 새는 밤이 되면 혹독한 추위를 이기지 못해 내일은 꼭 집을 지어야겠다고 다짐한다. 하지만 날이 밝아 따뜻한 햇살이 비치면 어제저녁의 결심을 까맣게 잊는다. 야명조는 이 같은 결심과 후회를 반복한다고 한다.

우리들의 결혼도 혹시 이 야명조의 어리석음 같지는 않은지 돌아봐야 한다. '다음부터는 잘해야지' 하면서 현재의 일을 내일로 미루는 행동은 설산의 야명조와 크게 다르지 않다. 부부생활에서 나를 더 중요하게 여기고 나만 채워달라는 것은 야명조의 어리석음이다. 부부는 내 나라를 내려두고 하나님 나라를 완성해야 한다.

로드 바이런은 다음과 같이 말했다.

"내가 딴 가시들은 내 손으로 심은 나무에 붙어 있던 것들이다."

사무엘 울만도 다음과 같이 말했다.

"세월은 피부를 주름지게 하지만 열정을 포기하는 것은 혼을 주름지게 한다."

필자도 이 말에 조금 더 덧붙이고 싶다.

"게으름은 삶을 가난하게 하고 불편하게 하지만 하나님 나라를 포기하는 것은 연애와 결혼을 불행하게 하고 주름지게 한다. '내가'가 결혼을 망친다."

아담 부부의 결혼이 '하나님 나라'가 아니라 죄로 인해 '내 나라'를 만들다가 갈등과 불행이 시작되었다. '너'보다 '내'가 중요하다고 하는 순간 지옥과 같은 결혼생활이 된다.

하나님의 소원은 부부가 하나님 나라를 세우는 것이다. 하나님 나라를 세우면 행복한 결혼생활은 따라온다. 성경 전체의 주제가 '하나님 나라'이듯 부부 결혼생활의 주제도 '하나님 나라'여야 한다. 하나님의 소원이 우리의 행복(하나님 나라)과 소원(눅 12:32)으로 이루어지게 된다.

아담 부부가 하나님을 사랑할 때는 하나님의 사랑이 서로의 사랑으로 이어져 아름다운 부부였다. "뼈 중의 뼈요 살 중의 살이다"라고 고백하는 놀랍도록 행복한 부부였다. 하지만 하나님과의 사랑이 깨지니 둘 사이도 멀어졌다. 둘 사이가 멀어지자 아담은 치사하게 아내 하와에게 본인의 죄를 전가한다. 아내를 사랑하지 못하고 자기중심성을 드러냈다. 아내 하와도 아담에게 선악과를 먹이는 불행으로 유도한다.

우리도 아담 부부처럼 실패하는 결혼생활이 되지 않으려면 하나님 나라를 만들려고 해야 한다. 혹여 자기 나라를 만들겠다는 꿈조차 꾸어서도 안 된다. 하나님을 떠나는 순간 자기중심적으로 된다. 자기밖에 모르게 된다. 자기밖에 모르게 되면 더 비참한 것은 자기도 바르게 사랑하지 못하게 되는 것이다.

예수님의 십자가 복음은 단순히 우리의 죄만 해결한 것이 아니다. 우리를 하나님의 자녀와 그리스도의 신부로 온전히 하나 되게 하셨다. 십자가 복음이 부부 사이에도 강력하게 드러나야 한다. 그렇게 되면 부부는 내 나라를 만들려 하지 않을 것이다. 하나님 나라를 이루게 될 것이다.

아담 부부를 통해 기억하자. 하나님 나라의 반대는 지옥이 아니라 '내 나라'이다. 하나님께서 선악과를 따 먹지 말라는 것은 아담과 하와가 하나님 나라를 살아내고 드러내라는 것이지 자기 나라를 살아내라는 것이 아니다. 하지만 사단이 하와를 처음 유혹하며 선악과를 따 먹게 했다. 사단의 유혹에는 핵심이 있었다. "이것을 따 먹으면 하나님처럼 된다"라는 것이다.

우리는 하나님처럼 되려고 하면 안 된다. 하나님처럼 되려고 하는 것은 내 나라를 세우려 하는 것이다. 우리에게 하나님의 사랑이 사라지면 나도 모르게 아래와 같이 잘못된 생각을 할 수 있다.

"하나님 나라, 그거 하나님만 좋고 나는 그저 종이 되고 불행해지는 것 아닌가? 내가 나를 위하면 제일 행복하니 내 나라만 위하자. 하나님도 나를 이용하는 것이니 적당히 내 나라를 위해 사는 것에 하나님을 이용하자. 그게 제일 잘사는 길이야."

부부가 하나님 나라를 만들면 나와 우리 부부도 제일 행복해진다. 아담 부부는 내 나라를 내려놓고 하나님 나라를 완성하는 것에 실패했다. 그 결과 서로에게 바라는 배필로 전락했다. 돕는 배필이었던 아담 부부가 돕는 배필을 저버림으로 결혼생활도 실패했다. 우리가 이 실패를 따라가면 안 된다. 하나님이 창조한 목적대로 돕는 배필이 되자. 하나님 나라를 세우고 살아가는 진정한 돕는 배필이 되자.

6. 잃어버린 결혼, 하나님 나라로 다시 찾자

상담 사례 - 부부 싸움

아내 질문

제 남편이 자기 잘못한 것은 잘 모르고 제 잘못한 것만 따지고 화를 냅니다. 사실 남편이 더 잘못한 것이 많아서 싸움이 되었는데도 말입니다. 남편이 자기 잘못을 깨닫게 해 주시고 저의 억울함을 도와주세요.

남편 질문

제 집사람은 제가 잘한 것은 당연하다 생각합니다. 하지만 조금만 잘못하면 잔소리를 퍼붓습니다. 제가 완벽하기를 요구합니다. 이젠 포기하고 싶습니다. 집사람이 저를 너무 무시합니다. 집사람이 제게 잘하도록 도와주세요.

답변

부부는 결혼이 '언약'임을 알지 못하는 것 같습니다. 그렇게 되니 자기 나라를 세우고 상대 중심과 하나님 나라를 이루지 못하게 됩니다. 상대에 대한 공감과 이해 그리고 사랑이 부족한 것 같습니다. 사랑과 공감이 부족하니 본인의 힘든 것만 드러내게 되니 잦은 갈등이 일어납니다. 두 분 모두 상대방의 힘든 것에는 깊이 공감하지 못하고 있습니다.

상대방에 대한 공감이 이루어지려면 '언약 결혼'이 뭔지를 알아야 합니다. 성경이 말하는 '언약 결혼'을 알면 상대방을 이해하고 공감하게 될 겁니다. 언약 결혼을 알면 '자기중심성'에서 '배우자 중심성'으로 변하기 때문입니다. 하나님 나라로의 결혼생활이 될 것입니다.

부부가 자기중심에서 배우자 중심으로 바뀌려면 세 가지가 이루어져야 합니다.

첫 번째는 먼저, 하나님과 하나 됨입니다. 자신 속에 비로소 타인을 사랑할 힘이 하나님에게서 나오기 때문입니다.

두 번째는 바른 십자가 복음의 충만입니다. 피 바른 곳에 기름을 바르는 레위기 말씀이 지금도 이루어집니다. 보혈로 덮어진 믿음 위에 삶 위에 성령의 기름이 부어집니다. 그러면 성령의 하나 되게 하시는 능력이 부부 사이에도 일어납니다.

세 번째는 성령님으로 인해 나타나는 하나님 나라 복음의 회복입니다. 부부간에 하나님 나라가 이루어지려면 성령이 충만하면 됩니다. 자연히 하나님 나라 복음으로 회복될 것입니다. 그러면 부부생활은 하나님 나라가 능력있게 이루어지고 실현될 것입니다.

부부가 성령 충만으로 하나님 나라 복음이 강력하게 이루어지지 않으면 남편은

남편대로, 아내는 아내대로 지속적으로 자기만을 방어하고 자기 입장만 고수하려

할 것입니다.

마지막으로, 남녀차이나 부부의 역할 이해나 대화법 등도 별도로 배우시면 부부

가 온전히 하나 됨에 더 도움이 될 것입니다.

십자가로 덮으면 회복된다

잃어버린 결혼은 다시 잘 회복해야 한다. 회복하는 방법은 예수님의 십

자가이다. 하나님은 우리의 결혼이 처음 에덴동산처럼 온전한 결혼이 되

기를 요청하신다. 즉 하나님 나라로의 풍성한 결혼으로 회복하기를 원하

신다. 그 방법은 노력만으로는 안 되고, 십자가 복음으로 덮어지면 된다.

아담과 하와에게 가죽옷을 덮어주시듯이 우리들의 결혼에도 십자가 보혈

을 덮어서 회복하신다.

"너는 내 뼈다. 내 살이다."

"너 없으면 못 산다."

아담 부부는 온전하게 행복한 부부였다. 아담과 하와는 행복한 부부생

활을 했다. 선악과를 따 먹으면서 이런 온전한 행복이 깨졌다. 아담 부부가

죄를 지어 하나님을 떠나자마자 행복한 결혼은 끝나고, 불행한 결혼이 시

작되었다.

아담 부부가 하나님과만 멀어진 것이 아니다. 사랑의 본체이신 하나님

을 떠나니 사랑도 불가능해졌다. 배우자 중심의 하나님 나라 참사랑도 멀어졌다. 자기 자신만 중요해졌다. 불행이 시작되었다. 에덴의 원래 결혼의 행복을 잃게 되었다.

"저 여자가 저를 꼬드겨서 먹었습니다. 진짜 마음에 들지 않습니다."

"뭐 나 때문에 선악과를 먹었다고 이 인간아, 내가 선악과 따먹을 때 왜 마귀에게서 나를 안 지켜줬냐? 준다고 자기가 먹어 놓고 이제 와서 나 때문에 선악과 먹었다고 하냐? 어이구, 자기밖에 모르는 저런 남편을 내가 믿고 살아야 하나?"

아담 부부 최초의 갈등이다. 우리들의 부부 싸움의 내용과 일치한다.

이때 하나님이 찾아오셨다. 다시 아담 부부를 회복시키기 위해서였다. 하나님은 아담에게 이렇게 물으셨다.

"아담아, 네가 어디 있느냐?"

하나님이 물으실 때 하나님은 아담에게 "어디 숨었느냐?"고 물으신 것이 아니다. "아담아, 너와 나 사이는 어찌 되었느냐?", "아담아, 너와 하와의 사이는 또 어찌 되었느냐?"라고 물으신 것이다. 이때 아담은 다음과 같이 말해야 했다.

"하나님, 제가 아내를 사단으로부터 지키지 못했습니다. 다 제 잘못입니다. 집사람은 불쌍히 여겨 용서해 주시고 제가 모두 벌 받게 해 주십시오."

갈등으로 불행해진 오늘날 부부들도 회복되어야 한다. 바로 진정한 가죽옷인 십자가의 보혈을 입어야 한다. 예수님 보혈을 덧입으면 부부는 서로에 대해 "살 중의 살이요 뼈 중의 뼈다"라고, 회복된 하나님 나라의 고백을 하게 된다.

첫 번째 잃어버린 에덴동산의 회복은 가죽옷으로 덮어지면서 해결되었다. 두 번째로 부부의 회복도 예수님의 십자가를 통해서 회복된다. 예수님의 사랑을 힘입어 나보다는 상대를 더 사랑하게 된다. 잃어버린 에덴 결혼이 회복된다.

야곱이 하나님을 먼저 만나고 나서 자신을 죽이러 오는 형 에서를 만날 때 놀라운 말을 한다. "하나님 얼굴을 뵌 것 같습니다." 하나님과 먼저 회복되니 사람과의 관계에서도 하나님 나라가 이루어진 것이다. "당신 얼굴을 보니 하나님 얼굴을 뵌 것 같습니다"라고 부부끼리도 고백하면 결혼이 하나님 나라가 될 것은 당연하다.

스데반이 돌에 맞아 죽으면서 돌 던진 원수를 위해서도 이런 놀라운 말을 했다. "저들에게 죄를 돌리지 마옵소서." 성령이 충만한 스데반이 예수님의 보혈을 덧입어 원수도 사랑한 것이다. 스데반이 자기 아내를 얼마나 사랑했을지는 추측이 된다.

우리의 잃어버린 에덴 결혼은 십자가로 회복하자. 부부 사이도 십자가 가죽옷이 덮이면 회복되기 때문이다.

왕의 식탁으로 초대되어 회복된다

잃어버린 결혼은 하나님 나라로 회복되어야 한다. 시작은 예수님의 십자가로 회복되어야 한다. 다음으로는 왕의 식탁인 하나님 나라의 잔치에 초대되면 온전한 회복이 된다.

다윗왕의 식탁에 폐 왕족 '므비모셋'이 초대되어 자녀로 음식을 먹는다(삼하 9:13). 우리는 하나님의 형상을 잃어버린 므비보셋 같은 폐 왕족이다. 예수님이 복음으로 하나님 나라 식탁에 초대하셨다. 하나님 나라를 주시는 자리에 초대하셨다.

왕의 식사 테이블에 초대받았다는 것은 왕의 자녀로의 관계 회복이다. 하나님이 우리를 하나님 자녀로 회복하여 하나님 나라를 주신다. 우리가 결혼식을 할 때 하나님과 결혼 언약을 이루면 참 왕의 식탁으로 초대된 것과 같다. 우리들의 결혼도 하나님의 식탁에 은혜로 초대받는 것이다. 하나님의 나라가 이루어지기 때문이다.

폐 왕족 므비보셋 같은 우리가 진정한 왕의 식탁에 초대된 것이 신앙이고 결혼 언약이다. 하나님 나라를 누림이다. '다윗왕의 식탁'(The King's Table)은 '하나님 나라 잔치'가 우리에게 십자가 복음으로 이 땅에 이미 이루어지는 것의 예표이다.

필자인 '서상복'도 므비보셋과 같은 존재였다. 초라한 인생을 살던 필자를 예수님이 하나님 나라 잔치로 초대해주셨다. 예수님의 십자가 복음으로 하나님 나라를 풍성하게 누리도록 해 주셨다.

필자는 나병 할아버지의 슬하에서 자랐다. 아버지는 초등학교까지는 나를 돌보지도 않으셨다. 아버지의 알코올 사용 장애는 어머니와 저를 매우 힘들게 했다. 그런 나를 하나님의 밥상에 초대해주셨다. 하나님은 나와 같이 식사하며, 같이 한집에서 살아가는 은혜를 주셨다. 고통 중에서 다가오신 하나님은 나에게 마치 므비보셋이 받은 것 같은 놀라운 은혜를 주셨다. 필자의 전 생애에 이루어진 하나님 나라 잔치이다.

어릴 때부터 교회를 통해서 하나님 나라 왕의 식탁에 초대받는 사랑을 받았다. 이때 교회에서 누린 왕의 식탁은 저에게 상처 하나 받지 않은 사람의 깨끗함을 누리게 하였다. 진리가 주는 자유와 풍요로움을 누리게 해 주셨다. 예배를 통해 왕의 식탁에 초대받은 후부터 지금까지도 필자는 하나님 나라 잔치를 풍성하게 누리고 있다. 필자는 아내와 31년 결혼생활을 하면서 하나님 나라 식탁의 풍성한 잔치를 누리고 있다.

우리의 결혼은 왕의 식탁에 초대받은 것이다. 하나님 나라의 잔치로 초대받은 것이다. 결혼은 하나님의 테이블에 우리를 초대하신 것을 가장 많이 누리는 놀라운 신비다.

그리스도의 신부가 되어 회복된다

잃어버린 결혼은 하나님 나라에 의해 회복된다. 십자가를 통해 그리스도의 신부가 됨으로써 회복된다.

그리스도의 신부가 되면 하나님의 형상을 덧입는다. 인간은 하나님의 형상으로 태어났기에 하나님의 형상으로 온전히 회복돼야 한다. 이러한 인간관은 조성국 교수가 말한 바에 따르면 개혁주의 인간관이라고 한다. 하나님의 형상으로서의 인간관은 칼빈(John Calvin)과 카이퍼(Abraham Kuyper), 도예벨트(Herman Dooyeweerd) 등에 의해 발전되고 수정되었다. 기독교 철학(Cosmonomic Idea)에서도 인간 이해를 이렇게 했다. [2]

인간은 하나님과 바른 관계에서만 제대로 인간답게 존재한다. 그 후에야 연애, 결혼생활, 다른 모든 인간관계도 잘 이루어진다. 부부관계가 좋아지는 것도 마찬가지이다.

'하나님의 형상'(the imager of God)으로서의 인간이 비로소 진정한 인간이다. 모든 능력과 재능과 시간과 수단과 힘을 다 동원해 하나님을 사랑하며 순종하고 능동적으로 반응할 때 인간은 가장 행복하다. [3] 마치 물고기가 물에 있을 때 가장 행복하고 물고기끼리의 관계도 순조롭게 이루어지는 것과 같다.

부부 불행의 원인도, 인간 모든 불행의 원인도 같다. "선악과를 먹는 날에는 하나님처럼 될 것이다"라는 사단의 유혹에 넘어갔기 때문이다. 스스로 신이 되고 자신이 가장 중요하여 하나님도, 배우자도 수단이 되는 것이 부부 불행의 근본 원인이다. 하나님 형상을 드러내지 못한 것이다.

스피크먼(Gordon J, Spykman)이 말한 바에 따르면 예수님의 십자가 구속은 인간의 통전적인 왜곡상태를 치료하는 유일하고 최종적인 확실한 해독제다. 돌아온 탕자 비유도 이것을 말한다. 인간은 예수님의 구속으로 '하나님을 재형상하는 자'(the re-imager of God)가 된다. [4]

신앙과 삶에서도 그렇지만 결혼에서도 진정한 행복을 이루는 원리는 같다. 하나님과의 관계 회복이 행복한 결혼의 필수조건이다. 최근에 와서 파울러, 올타이스, 판델발트 등의 기독교 철학자들은 인간관계에서 그 대상 영역을 결혼, 성, 가족, 우정, 상황과 같은 구체적인 문제로까지 확장했다. [5]

결국 예수님 안에 속하면서 인간은 비로소 회복된다. 하나님의 형상으로서의 온전한 기능과 모습이 결혼은 물론 삶의 전반적인 것에서 다 회복된다. 잃어버린 인간의 형상을 하나님은 십자가를 통해 온전히 회복하게 하신다.

게리 토마스는 "그리스도께서 교회를 사랑하시는 것처럼 배우자를 사랑하는 것이 결혼생활이다. 배우자를 그리스도처럼 사랑하는 것이 결혼 언약이다"라고 말했다. 여기에 덧붙여 "결혼의 목적은 하나님이 우리와 결혼한 것을 본받고 그리스도를 기쁘시게 하는 것(고후 5:9)이며, 그리스도와 하나 된 놀라운 사랑이 부부의 온전한 친밀감의 원동력이 된다"라고 했다.

교회가 세속적인 계약으로서의 결혼 가치관을 받아들인 것에서 문제가 생기게 되었다. 그 결과 신앙에서도 하나님 나라를 이루는 것이 힘들게 되었기 때문이다. 월터 트로비쉬는 『나는 너와 결혼하였다』에서 언약이 아니라 세속적 가치관인 계약으로 결혼한 것을 '공허한 결혼', '도둑맞은 결혼', '충족되지 못한 결혼'이라고 정의했다.

예수님의 십자가 복음을 믿고 누림은 창세기 3장의 아담 부부가 입은 가죽옷을 입는 것이다. '빛의 갑옷', '예수 그리스도의 옷'(롬 13:12-14)을 입는 것이다. 성도는 그리스도로 옷 입어야 한다(갈 3:27). 장차 그리스도의 신부인 구원받은 성도들은 흰옷을 입을 것이다(계 21:4).

우리의 결혼이 먼저 예수님과의 결혼이 되어야 한다. 우리가 먼저 예수님의 신부가 될 때 각자가 하나님 나라가 된다. 이렇게 그리스도의 신부로 회복된 두 사람이 결혼할 때 결혼생활에도 행복이 있다. 세상에 없는 놀라운 행복도 있다.

휘장이 찢어지는 복음으로 회복된다

잃어버린 결혼은 하나님 나라에 의해 회복된다. 십자가 복음으로 회복된다. 휘장이 찢어짐으로 우리는 하나님 나라로 회복된다. 진리가 우리를 자유롭게 한다(요 8:32).

우리가 진리 안에서 어떻게 자유롭게 되는가? 바로 지성소를 가리는 휘장이 찢어짐으로써 된다. 예수님이 십자가에서 죽으실 때 휘장이 찢어졌다. 휘장이 찢어짐은 십자가 보혈로 아담과 하와에게 참 가죽옷을 입히는 것이다. 이로 인해서 아담과 하와가 잃어버린 에덴을 회복하게 된다(창 3:24). 이제부터 우리가 성전이 되고 하나님의 임재가 이루어진 하나님 나라가 된 것이다.

잃어버린 하나님의 형상을 찾는 것과 마찬가지로 잃어버린 결혼의 영광도 예수님이 십자가에서 똑같이 하신 일이다. 우리가 잃어버린 하나님 나라를 예수님이 휘장을 찢으시면서 회복하셨다(눅 23:45; 막 15:38; 마 27:51). 휘장은 성막 안에 있다. 휘장은 성소와 지성소를 구분한다. 휘장이 찢어짐으로 새로운 살길이 열린 것이다.

> 그 길은 우리를 위하여 휘장 가운데로 열어 놓으신 새로운 살
> 길이요 휘장은 곧 그의 육체니라 히 10:20

예수님이 십자가에서 자기 몸을 찢으셨기에 우리와 하나님 사이에 막힌 담이 무너지고 하나님께로 직접 나아갈 길이 열렸다(히 10:19). 그리고 잃어버린 에덴동산을 찾게 되었다.

휘장이 찢어짐으로 잃어버린 하나님 나라가 회복된다. 결혼도 회복된다. 모든 사람이 예수님의 이름으로 지성소에 들어갈 수 있게 되었다. 지성소는 하나님의 임재를 상징한다. 신학자들이 지성소가 하나님이 신랑 되시고 백성 전체가 신부 되는 '부부의 침실'이라고도 해석하는 것도 바로

이런 이유이다. 정말 놀라운 복음이다. 신비한 결혼의 본질도 잘 드러난 내용이다.

그 제단을 증거궤 위 속죄소 맞은편 곧 증거궤 앞에 있는 휘
장 밖에 두라 그 속죄소는 내가 너와 만날 곳이며 출 30:6

휘장이 찢어짐으로 우리의 잃어버린 결혼도 하나님 나라로 회복되었다. 그렇다면 우리는 '행복교'를 그만두어야 한다. '내 나라'를 그만두어야 한다. '하나님 나라'로 충만하게 해야 한다. 자기를 위해 사는 것이 진짜 자기를 위하는 것이 아니라고 바울은 정확히 말했다. 하나님 나라를 위해 사는 것이 가장 자기를 위하는 삶이라는 것을 바울은 환히 깨달았다(롬 14:7).

인간은 자기를 위해 살지 않아야 한다. 그래야 진짜 자기를 위하는 삶이 된다. 바른 신앙은 자기 욕구를 채우려고 하지 않는다. 하나님 나라를 세우기 위해 살아야 한다. 하나님을 이용하는 신앙은 이제 그만해야 한다. 상대를 이용하는 연애와 결혼도 그만두어야 한다.

결혼을 자기만 행복해지려고 하면 불행해진다. 부부와 가정 그리고 이웃들까지 행복하게 만들어야 비로소 자신도 행복하다. 자기의 행복을 위해 상대를 수단으로 삼는 것을 그만두자.

성소 휘장이 찢어졌듯이 자아와 욕망을 찢어버리자. 잃어버린 결혼이

하나님 나라로 회복된다. 결혼의 갈등 해결도 나의 휘장을 찢고 예수님을 초청할 때 회복된다. 그러므로 나의 휘장을 찢어서 부부가 하나님 나라를 이루어 회복하자.

성령 충만으로 회복된다

잃어버린 결혼은 하나님 나라에 의해 회복된다. 아래 <그림 5> '십자가와 성령과 하나님 나라의 관계'처럼 십자가를 통해 성령이 부어진다. 부어진 성령 충만으로 하나님 나라를 보증하고 인치며 이루게 된다. 하나님 나라로 온전히 회복된다.

십자가로 회복   성령충만   하나님 나라
십자가 은혜   이 땅에

<그림 5> 십자가와 성령과 하나님 나라의 관계

하나님은 구약의 요엘과 에스겔 선지자를 통하여 성령을 보내주실 것을 미리 약속하셨다. 보혜사 성령이 예수 그리스도를 믿는 사람들에게 임하여 영원토록 함께하실 것을 약속해주셨다. 성경은 성령을 '약속의 성령'

이라고 한다.

성령 충만은 '성령의 기름 부으심'의 줄인 말이다. 레위기를 보면 피 바른 곳에 기름을 바르는 곳이 몇 군데 나온다. 신약적으로 해석하면 십자가 보혈을 믿은 사람에게 성령의 기름 부으심이 일어난다는 것이다. 성령이 임하면 하나님 나라를 이룬다는 것이다. 하나님 나라를 살아내는 강력함과 초월성도 일어난다는 것이다.

성령님으로 인(印)치심을 받았다는 말씀이 신약성경에 세 번이나 기록되어 있다(고후 1:22; 엡 1:13, 4:30). '인 치시고'에 해당하는 헬라어 '스프라기조'(σφραγίζω)는 '공문서의 효력을 보장해 준다'라는 의미이다. 인(印)은 봉인된 서류가 변조되거나 수송 중에 내용물이 변경되지 않았다는 증거가 된다. 또한 소유권의 표시이다.

하나님께서 성도들을 성령으로 인치셨다는 것은 성도들을 하나님의 소유로, 자녀로, 신부로 보증하신다는 것이다. 구원의 확실성도 보증해 주는 것이다(엡 4:30). '보증'(디파지트 Deposit, 어니스트 The earnest. 보증료)이라는 단어를 바울이 사용했다. '보증'은 헬라어로 '알라본'(ἀρραβών)인데, 히브리어 '에라본'에서 유래한 고대 상업용어이다(창 38:18). 어떤 물건을 매입하기 위하여 지불해야 할 대금의 총액 중 '첫 번째 분납금'(down payment)이다. '공탁금', '지불예치금', '최초의 분할 납부금'이다. 지금의 '계약금'이다.

하나님께서는 성도들을 당신의 소유로 삼기 위해서 보증금을 지불하셨다. 십자가 보혈로 인해 주어지는 성령 충만이 바로 계약금이다. 성령 충만은 하나님 나라를 미리 이 땅에 주는 '보증금', '계약금'이다. 결국 교회를 오래 다니고 오래 신앙생활을 해도 가정과 사회에서 삶으로 하나님 나라를 드러내지 못하는 까닭은 보증금인 성령 충만을 받지 못한 까닭이다.

결혼도 마찬가지이다. 결혼으로 하나님 나라를 이루어야 한다. 반드시 성령 충만을 받아야 하나님 나라를 이룬다. 하나님의 나라는 말에 있지 아니하고 오직 능력에 있기 때문이다(고전 4:20).

필자가 아내와 살아온 지난 30년을 누가 묻는다면 "이미 하나님 나라를 살았습니다"라고 말할 수 있다. 집사람과 두 아들도 그렇게 말해 준다. 바울은 물론이고 예수님의 제자들과, 따르던 사람들의 가르침도 모두가 '하나님 나라'를 이 땅에서도 이루는 것이다.

하나님을 믿는 우리는 자기 행복만 추구하는 세속적인 삶을 벗자. 세상의 '행복'은 'happiness'로서 '우연히 발생하다'(happen), '우연히 일어나다'가 어원이다. 우연히 행복해졌으니 우연히 불행해지기도 할 것이다. 결국 실존하지도 않는 허상의 행복일 뿐이다.

성경적 행복은 '축복'이다. 'blessing'의 어원은 '피 흘리다'(bleed)이다. 성경적 행복은 십자가 보혈, 그리스도의 피로 된 십자가 복음으로 축복이 된다. 성령으로 충만해진다. 우리가 성령 충만하니 하나님 나라를 누리게 된다. 그리고 그것을 최고의 복이라고 한다. 다른 말로 행복이라고 한다.

하나님은 잃어버린 에덴 결혼의 축복을 우리에게도 주시는 것을 가장 기뻐하신다(눅 12:32). 그 선물을 주기 위해 성령 충만하라고 하신다. 그래서 성령을 구하는 것을 가장 좋은 것을 구하는 것이라고 말씀하셨다. 이 성령 충만은 이미 임한 하나님 나라를 결혼에서 보증하고, 인 쳐서 누리게 되는 것이다.

이런 내용을 쓴 필자의 시 일부를 소개한다.

축복을 받는 것이 행복이 아니다.
복 자체가 되는 것이 행복이다.
행복은 신기루여서 잡을 수 없다.
다만 하나님 나라를 받아 살면
행복은 손에 잡힌다.

아브라함아 복(브라카)이 되거라.
복 받는 것이 아니라 복 자체가 되거라.
아하, 연애도, 결혼도 하기 때문에 행복한 것이 아니다.
하나님 나라 이루니 연애도, 결혼도 천국이다.
하나님 나라 이루니 연애도, 결혼도 행복하다.

1. 결혼은 하나님 나라로 꽃 피우기

1) 결혼은 내 나라가 아니라 하나님 나라를 이루는 것이다.

결혼은 내 나라가 아니라 하나님 나라여야 한다는 것을 자기 말로 설명해 보자. 그리고 지금 자신은 무엇이 내 나라에서 하나님 나라로 되도록 노력해야 할까?

2) 결혼식 식순의 4가지 순서에 따른 진짜 의미를 알아보자.

① 레드카펫 - 십자가 보혈

② 신랑의 어두운 옷 - 십자가 보혈로 자기 부인, 상대만을 위한 삶

③ 신부의 흰옷 - 그리스도의 신부 됨, 순결, 수용성, 부활 신앙

④ 신랑, 신부의 입장 - 예수님 먼저 오심, 부모를 떠나는 성숙, 부부가 1순위가 되는 것, 하나님을 온전히 의지하고 사는 것

3) 결혼식 식순의 4가지 순서의 의미에 맞는 나의 실천을 한가지씩 적어서 나누어 보자.

① 레드카펫

② 신랑의 어두운 옷

③ 신부의 흰옷

④ 신랑. 신부의 입장

2. 성경에 하나님 나라 결혼 주례사 3편이 있다.

핵심 내용은 무엇이고 나는 무엇을 적용할 것인가? 적고 나누어 보자.

1) 성경의 3가지 주례사 핵심을 정리해 보자. 간단하게 나누어 보자.

① 하나님의 (에덴) 주례사

② 예수님의 주례사

③ 바울의 주례사

2) 성경의 3가지 주례사와 우리가 보통 하는 주례사와 어떤 차이가 있는가?

3) 성경의 3가지 주례사에 맞는 나의 적용은?

① 하나님의 (에덴) 주례사

② 예수님의 주례사

③ 바울의 주례사

3. 아담의 간절한 호소 4가지를 자신은 잘 실천하는지 써보고 실천하기
위해 해야 할 것을 나누어 보자.
"부부가 내 나라가 아니라 하나님 나라를 이루세요."

1) 부부가 내 나라를 내려두고 하나님 나라를 이루세요.

　① 하나님 나라를 이루자. 결혼의 메타인지는 바로 하나님 나라 이루기다. 죄짓기
　　전 부부는 하나님 나라를 살았다. 배우자나 부모, 자녀에게 하나님 나라를 본인
　　이 이루고 있나 물어보자. 그리고 그렇지 않은 것은 무엇인지 가족에게서 확인하
　　고 결혼 행복을 위해 내려놓을 내 나라를 적어보자. 그것을 3개 정도 적어보자.

　　❶
　　❷
　　❸

　② 위에 적은 결혼 행복을 위해 내려놓을 내 나라 3개 정도를 개선하는 결단과 구
　　체적인 계획을 잡아보자. 나누고 결심하자.

　　❶
　　❷
　　❸

2) 아담 부부는 왜 결혼에 실패했는가?

　'내 나라 > 하나님 나라'가 원인이다. 아담 부부가 실패한 돕는 배필 역할을 보
　고 우리 부부는 어떤지 점검하고 나누어 보자.

하나. 하나님을 잘 예배하는 하나님의 사람으로 살도록 하는 일.

둘. 하나님의 관계성을 드러내는 일.

셋. 하나님의 사랑을 드러내는 일.

넷. 내 나라를 내려놓고 하나님 나라를 완성하는 것.

4. 잃어버린 결혼, 하나님 나라로 다시 찾자.

1) **결혼을 하나님 나라로 회복하기 위한 다음 5가지마다 핵심 한 가지를 적어보자.**

① 십자가로 덮어서 회복된다.

② 왕의 식탁으로 초대되어 회복된다.

③ 그리스도의 신부로 회복된다.

④ 십자가 복음의 휘장을 찢음으로 회복된다.

⑤ 성령 충만으로 회복된다.

2) **결혼을 하나님 나라로 회복하기 위한 다음 5가지 각각에 자신의 결혼을 위한 실천 계획 한 가지를 적고 나누어 보자.**

① 십자가로 덮어서 회복된다.

② 왕의 식탁으로 초대되어 회복된다.

③ 그리스도의 신부로 회복된다.

④ 십자가 복음의 휘장을 찢음으로 회복된다.

⑤ 성령 충만으로 회복된다.

MARRIAGE
PLATFORM

2장

결혼 나무의
6가지 요소

1장은 필자의 가정사역이나 결혼과 연애 상담의 기본 이론이다. 이제 2장은 연애학교, 결혼예비학교, 부부학교의 첫날에 하는 결혼과 가정의 기본 원리와 이론 내용이다. 성경이 말하는 결혼의 6가지 핵심 요소를 나무로 비유하여 이해하기 쉽게 정리하였다.

질문

결혼과 가정이 너무 복잡해서 어렵습니다. 너무 많은 의견이 있습니다. 성경적으로 깊이와 넓이를 담아 제대로 한 눈에 이해되기 쉽게 잘 정리해 주세요

답변

성경이 말하는 핵심을 결혼 나무의 6가지 요소로 말씀드리겠습니다. 사실 성경적인 가정이 너무 신비하고 역동적이라 전체적으로 이해하기가 너무 어렵습니다. 그래서 물으신 것 같습니다. 결혼과 가정을 전체적으로 성경이 말하는 대로 파악하는 데 도움을 드리기 위해서 그림으로 정리해 보았습니다. 아래 <그림 6>의 '성경적인 결혼과 가정, 한눈에 보기'가 그것입니다.

<그림 6>은 하나님 나라로 안내하는 결혼을 위한 6가지 핵심 요소의 관계와 연관성과 역동성을 이해하기 쉽게 잘 보여 줍니다. 그 6가지 핵심 요소는 '자기 부인', '하나 됨', '사랑', '관계', '책임짐', '하나님 나라'입니다.

결혼과 가정을 한눈에 이해되기 쉽게 정리한 것이 바로 이 결혼 나무입니다. 결혼의 핵심 6가지 요소는 자연스럽게 유기적으로, 순서대로 연결됩니다. 마치 나무가 유기적으로 연결되는 것과 같습니다.

1요소인 '자기 부인'이 되면 하나님이 다스리는 사랑이 가능해집니다. 그렇게 되면

하나님과도 하나가 되지만 2요소인 부부가 온전히 '하나 됨'이 이루어집니다. 온전히 하나 된 부부는 언약 결혼의 핵심인, 조건을 넘어서는 3요소인 참 '사랑'을 하게 됩니다.

성령의 도우심으로 하나 된 부부의 참사랑은 4요소와 5요소인 '삼위일체 하나님'을 잘 드러냅니다. 삼위일체는 너무 어려워 그나마 조금 쉽게 두 가지로 정리하면, 4요소는 '온전한 관계'를 이루는 것입니다.

5요소는 '온전한 책임'입니다. 관계는 공동체성을 이루며 원수도 사랑하는 온전한 관계를 회복하는 것입니다. 책임은 각자가 헌신과 봉사로 끝까지 책임을 지는 것을 말합니다.

그렇게 5가지 요소가 이루어지면 가장 중요한 마지막 6요소인 '하나님 나라'가 결혼과 가정에서 이루어집니다. 그토록 우리가 꿈꾸던 에덴의 행복한 결혼이 이루어지게 됩니다. 하나님 나라를 보여주는 꽃을 피우고 열매도 맺게 됩니다.

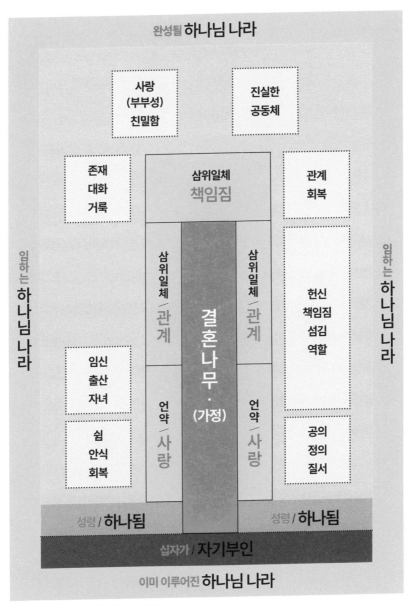

<그림 6> 성경적인 결혼과 가정, 한눈에 보기

1. 결혼 나무의 뿌리는 '자기 부인'

상담 사례 – 남편이 저를 무시합니다. 아내가 저를 인정하지 않습니다.

아내 질문

남편은 아내인 저를 너무 무시합니다. 말을 끝까지 전부 듣지도 않고 함부로 말해서 기분을 망칩니다. 남편은 집에 들어오면 자기 하고 싶은 것은 전부 다 합니다. 그러면서도 아이 돌보는 일과 집안일이 많아서 부탁하면 잘 안 해줍니다. 하더라도 투덜거리며 합니다. 꼭 중학생 사춘기 아들 같습니다. 남에게는 인정도 받고 좋은 사람이라고 칭찬도 듣는데 왜 자기에게 제일 중요한 저에게는 함부로 대하고 화도 쉽게 내고 말도 거칠까요? 잘 삐질까요?

남편 질문

아내는 잔소리가 너무 심합니다. 제가 무엇을 노력하면 칭찬과 인정을 잘 하지 않고, 더 많이 요구합니다. 그래서 하기가 싫습니다. 아내가 남에게는 엄청 친절한데 저에게는 주로 요구만 합니다. 아내의 칭찬과 인정이 그립습니다. 목마릅니다. 이젠 아이들 앞에서까지 저를 무시합니다. 집이 이제 답답하고 아내가 무섭기까지

합니다. 저도 다 잘하는 것은 아니지만 아내의 잔소리와 무시하는 싸늘한 태도를 받을 만큼은 아닌데 아내는 무엇이 문제일까요? 에고, 너무 답답합니다.

답변

남편과 아내가 서로 힘들어하고 배우자에게 불만을 느끼는 것은 당연합니다. 힘들고 억울한 것이 사실이니까요. 하지만 중요한 질문을 자신에게 해 보시길 바랍니다. 내가 억울한 것보다 상대가 힘들다고 하기에 먼저 지속적으로 하지 않으려고 애썼는지, 또 상대가 고치라는 것을 열심히 고쳐보셨는지, 상대가 부탁하는 것을 먼저 지속적으로 잘 들어주셨는지를 생각해 보시길 바랍니다. 특히 상대가 해 달라고 한 것을 더 잘해주려고 상대가 느낄 만큼 잘해주시긴 하셨는지 각자 자신에게 질문해 보시길 바랍니다. 상대가 얼마나 힘들고 외롭고 애쓰는지 위로해 주고 인정하고 칭찬하고 감사하며 존중하는 것을 먼저 해 보셨는지를 자신에게 질문해 보시길 바랍니다.

결국 이런 부부 갈등과 싸움은 자기 상처는 크고 심각하게 느끼고, 배우자의 상처나 힘든 것은 작고 하찮게 느끼는 자기중심성이 핵심 문제라고 여겨집니다. 자기 부인이 되지 않고 자신의 자존심과 이기심과 자기 옳음이 너무 강하게 살아있는 자기중심성 말입니다.

이제 반대로 상대 중심과 하나님 중심으로 관심사와 중요성을 바꾸시면 부부 갈등은 해결될 것입니다.

결혼의 불행은 자기 부인이 없기 때문이다

결혼 나무의 뿌리는 자기 부인이다. 이 자기 부인은 사실 자신의 힘만으로는 되지 않는다. 자기 부인의 최고인 예수님의 십자가 복음을 온전히 덧입으면 자기 부인이 된다.

부부 상담에서 이혼하는 부부의 100% 공통점이 있다. 바로 위에 질문한 부부처럼 자기 부인이 안 되기 때문이다. '해피가정사역연구소'(해가연 상담센터)의 상담실에 부부가 상담하러 와서도 대부분 다음과 같이 싸우신다.

"네가 잘해 봐라. 내가 잘하지 못하나!"

"내가 더 억울하다."

"내가 잘못하는 것도 있지만 너의 잘못이 더 크고 심해서 너를 사랑할 수 없다."

때로는 상담하는 내게도 이런 부탁을 한다.

"소장님 저 사람 제정신이 아닙니다. 정신 차리게 해 주시면 살만하겠습니다."

결국 자기는 문제가 없고 상대만 고치면 된다는 것이다. 이혼하는 가정의 근본 뿌리에도 자기 부인이 없다. 성격 차이가 이혼 사유 1위이다. 하지만 필자는 사실 자기중심성이 이혼 사유 1위라고 말한다. 서로 주장하고 자기 부인이 없어서 이혼한다.

자기 부인이 없는 부부의 위에 말한 종류의 말과 행동은 배우자와 그 가족들에게 폭력에 가까운 괴로움을 준다.

자기 부인이 된 가정에도 갈등이 있다. 하지만 그 갈등의 종류가 다르다. 싸우는 목적도 다르다. "너보다 내가 먼저 고칠게", "네가 그렇게 화내는 이유가 내가 잘못해서이니 미안하다. 내가 고칠게. ~ 하게 고치면 될까?", "당신은 어떤 부분에 내가 변하면 되는지 말해줘, 내가 고쳐볼게"라고 갈등을 주제로 말한다. 갈등으로 오히려 부부가 더 협의를 많이 하고 상대방을 더 깊이 알아가게 된다.

부부는 자기 부인이 제대로 되어야 한다. 부부가 자기 부인이 되면 이렇게 저에게 말했을 것이다. "소장님, 제가 무엇을 고치면 될까요?", "제가 어떻게 하면 저 사람을 행복하게 해 줄 수 있을까요?"

자기 부인이 되는 삶을 살아갈 때 진짜 자기가 살아나고 배우자도 살아난다. 그래서 결혼식 때도 붉은 카펫을 밟고 입장하며, 십자가 복음으로 자기를 부인하겠다며 신랑, 신부가 입장하는 것이다. 자기 부인은 결혼 나무의 뿌리이다.

자기 부인은 진정한 사랑의 시작이다

십자가 복음이 대인관계에서 나타나는 방법은 자기 부인이다. 부부가 자기 부인이 되어야 비로소 진정한 사랑이 시작된다. 자기 부인이 안 되면 자기중심성을 그대로 가지고 있어서 상대 중심의 사랑은 불가능하다.

진정으로 사랑하면 배우자를 위해 자기를 부인하는 것이 괴롭거나 손해라고 생각하지 않는다. 자기 부인이 안 되면 사랑과 헌신은 한없이 괴롭다. 손해 보는 것 같고 억울하다고 느낀다. 결정적으로 상대를 수단으로 여기게 된다. 결국 결혼의 행복 여부는 자기 부인이 되었는가에 달려있다. 그래서 결혼 나무의 뿌리도 자기 부인이다. 행복한 가정을 꿈꾼다면 반드시 자기 부인이 첫 시작이다.

자기 부인을 오해하는 사람이 많다. 자기 부인은 자기학대가 아니다. 모든 것을 포기하는 것도 아니다. 자기도 사랑하고 존중하는 상태에서도 상대를 온전히 수용하고 사랑하는 것이 자기 부인이다. 자기 부인은 자신의 힘으로는 사실 불가능하다. 자기중심성 때문이다. 선악과를 따 먹고 인간이 하나님을 떠나면서 가장 첫 번째 나타난 것은 자기중심성이다.

하와는 자기도 먹고 남편에게도 선악과를 권했다. 그 결과 남편도 함께 망하는 길로 끌어들였다. 그렇게 하는 것은 사랑이 아니다. 아담도 마찬가지다. 선악과를 먹고 나서 "하와가 먼저 꼬드겨서 먹었으니 내 잘못이 아니라 하와가 잘못한 것입니다"라고 변명했다. 여기에는 사랑이 없다. 자기보호와 자기방어를 위해 기꺼이 아내를 비판하고 고발하는 못난 남편 아담을 본다.

연인들을 상담하다 보면 "소장님, 상대가 나를 사랑하는 것을 어떻게 알 수 있나요?"라고 많이들 묻는다. 나는 별로 어렵지 않게 사랑을 증명하는 방법을 알려 준다. 상대가 자기를 부인하면서까지 자신을 사랑하는지를 보라고 한다. 또한 자신도 자기를 부인하면서까지 상대를 사랑하려고 하는지 보라고 한다. 진정한 사랑이라면 상대를 힘들게 하지 않고, 자기만 기쁘게 하려고 하지 않기 때문이다.

"사랑하니까 성관계하자", "네가 아무리 바빠도 나와 만나줘야 한다", "내가 잘못한 것은 실수이고 네가 잘못한 것은 실수가 아니라 미숙함이고 부족함이다", "사랑하니까 나에게 이렇게, 이렇게 해 줘. 대신 나에게 … 는 강요하지 마. 자유이니까", "신앙은 자유이니 네가 나가는 것 반대하지 않을 테니 내가 교회에 가지 않는 것도 강요하지 말아줘"라고 하는 것은 자기 부인이 아니고 자기중심성이다.

이런 말은 사랑이 아니라 자기를 위해 상대에게 집착하는 말이다. 상대방을 자기를 위한 수단으로 여긴 것이다. 자기 부인은 진정한 사랑을 확인하는 바로미터(barometer)이다. 자기 부인은 행복한 결혼의 시작이다.

자기 부인은 자기 노력만으로는 안 된다

자기 부인은 자기 노력만으로는 안 된다.

"여보, TV 3시간째다. 좀 끄고 주무세요. 피곤하다면서…. 그것도 목사가…."

나는 발끈 머리에 열이 오르는 것을 느꼈다. "내가 오늘 자살 상담도 하고 강의도 하고 얼마나 중요한 일을 많이 하고 이제 좀 쉬면서 스트레스 좀 푸는데…. TV 볼 자격도 안 되나! 진짜 마누라가 너무 하네"라는 생각이 치밀어 올랐다.

사실 돌아가신 필자의 아버지가 중고등학교 때 핍박하며 때릴 때도 참고 용서한 것이 나다. 한센씨병(나병)으로 힘들어하는 할아버지를 더럽다고 하지 않고 잘 돌보고 사랑한 것이 나다. 그런 필자가 아내의 충고(잔소리?)에 발끈하는 것에서 충격을 받았다. 속 좁은 사람이기 때문이다.

이상하게 아내에게만은 위와 같은 말을 들으면 아래로부터 뭐가 올라온다. 이런 반응을 보이는 이유는 필자도 자기 부인이 덜되었기 때문이다. 자기 부인이 덜 되면 내 속에 아직도 '내가 난데' 하는 자기 고집과 자아가 시퍼렇게 살아 있다.

이후 서재에 가서 혼자 울었다. "주님 저를 불쌍히 여기소서. 아내의 좋은 의도의 충고를 잔소리로 곡해하고 기분 나빠하는 저의 고집과 자기중심성이 아직도 남아있습니다. 주님!" 이렇게 간절히 가슴 치며 회개 기도를 했다.

우리는 자기 부인이 자기 힘으로 안 된다는 것을 인지하고 시인도 해야 한다. 자기 노력으로는 자기 부인이 도무지 되지 않는다. 자기 부인은 오직 십자가 복음으로 거듭난 사람만 가능하다. 성령의 기름이 부어질 때만 가능하다.

스데반은 자기 부인을 했다. 스데반이 성령으로 충만하면서 자기를 돌로 쳐서 죽이는 자들을 용서하는 놀라운 사랑을 보여주었다. 이처럼 자기 부인은 십자가의 복음으로 성령 충만할 때 가능하다.

우리도 성령으로 충만해야 자기 부인이 된다. 성령으로 충만하면 서로 잔소리하고 아프게 해도 잘 받아들인다. 상대의 선한 의도를 먼저 보게 된다. 부부가 온전히 사랑하려면 십자가 복음으로 주어지는 성령을 기름 부음 받아야 한다.

그렇게 되면 자기 부인으로 상대 중심성이 된 결혼이 된다. 이 땅에도 하나님 나라를 이룬다. 자기 부인은 교회의 기본 원리만이 아니다. 결혼과 가정도 행복하게 하는 근원이며 힘이다. 뿌리이다. 자기 부인은 자기 노력만으로 안 되고, 십자가 은혜를 입고 성령의 기름 부으심으로 가능하다.

자기 부인이 안 되면 배우자 사랑도 짐이 된다

'평생 원수!',

어느 노부부가 평생 자기의 부부관계를 짧게 정리한 말이다. 그냥 웃기에는 너무 핵심을 찌른 말이다.

왜 이렇게 부부가 치열하게 싸우고, 사랑하기가 힘든 것일까? 배우자는 가장 사랑하고 가장 행복한 관계이지만, 가장 멀고 가장 괴로운 상대이

기도 하다. 가장 가까운 배우자를 사랑하기가 가장 힘든 것은 자기 부인이 없기 때문이다. 자기 부인이 안 되면 배우자 사랑이 가장 힘들게 된다. 배우자 사랑도 짐이 된다.

다른 사람과의 관계는 속일 수도 있다. 다른 사람에게는 기대치도 작다. 하지만 배우자는 서로가 가장 많이 안다. 기대치도 아주 높다. 그래서 실망도, 상처도, 억울함도 더 크다. 부부간에는 서로가 자기중심적인지, 이기적인지, 고집이 센지, 사랑하지 못하는 부분이 무엇인지, 뭐든지 다 안다. 그래서 잘하는 부분이 눈에 들어오기보다 잘하지 못하는 부분이 훨씬 많이 들어와서 만족이 되지 않는다.

부부는 너무 가깝기에 각자의 미숙함과 부족함의 가시가 서로를 찌른다. 다른 사람들과는 어느 정도 거리를 두니 자기의 웬만한 가시는 찌르지 않아 가시가 없는 좋은 사람인 줄 안다. 다른 사람은 거리를 두니 자기 가시로 덜 찌르는 것이다. 우리가 가장 가까운 배우자에게 정말 잘 대하고 온전히 사랑한다면 다른 사람과의 사랑은 매우 쉽게 된다. 가시가 없으니까 그렇다.

'평생 원수'에서 '평생 연인'인 부부가 되려면 반드시 자기 부인이 되어야 한다. 그렇게 되면 자기 안의 가시가 빠지거나 닳아서 서로 온전히 사랑하는 부부로 살게 된다. 하나님 나라를 온몸으로 누리게 된다. 자기 부인이 되면 배우자 사랑이 가장 쉽게 된다. 그렇게 되면 배우자 사랑은 짐이 아니라 자유가 된다. 힘이 된다.

자기 부인의 천국 향기, 가장 가까운 이에게 먼저

자기 부인은 아름다운 하나님 나라 향기이다. 그렇기에 향기를 가장 진하게 풍겨야 할 첫 번째 대상은 배우자이다. 예수 그리스도의 초월적인 사랑을 해서 천국 향기를 진하게 부부에게 먼저 풍겨야 한다.

바울은 부부 안에 먼저 자기 부인이 이루어져야 함을 말한다. 바울은 교회 재직이나 사역자의 핵심 자격 세 가지 중에 두 가지나 가정에서 자기 부인이 이루어지고 있는지를 보라고 한다. 경건한 남편(아내), 복종하는 자녀 둔 아버지, 선한 덕을 끼치는 사람이다. 이 중에 좋은 배우자나 복종하는 자녀를 둔 자는 모두 가정에서 자기를 부인하고 살 때 가능하다.

지금까지 한국교회의 리더는 외적인 것을 기준으로 삼은 경향이 있다. 선한 덕을 끼치는 사람, 헌신 봉사하는 사람 등의 신앙 외적인 모습이 많았다. 교회 리더는 자기 부인이 된 사람이 뽑혀야 한다. 배우자와 자녀에게 하나님 나라 향기를 드러내는 사람을 뽑아야 한다. 그렇지 않고 자기 부인이 되지 않은 사람이 교회 리더가 되면 교회는 자기 나라로 고통받는 곳이 된다.

가정에서도 마찬가지이다. 남편은 자기 부인이 먼저 되어야 한다. 남편은 예수님이 성도와 교회를 사랑하듯 아내를 사랑해야 한다. 예수님이 하신 것처럼 모든 헌신과 죽음까지 내놓는 사랑을 해야 한다.

남편들은 자신을 사랑하는 정도라도 아내를 사랑해야 한다. 이런 사랑은 자기 부인이 될 때 가능하다. 그래서 남편은 결혼 때 레드카펫을 걸으며 예수님의 십자가 보혈을 통과하여 자기를 부인하겠다고 선언하는 것이다. 그렇게 되면 성령의 기름 부으심이 일어나 자기 부인이 가능하게 된다. 자기 정신으로는 너무나 자기가 소중해서 자기 부인이 되지 않는다.

아내도 자기 부인이 먼저 되어야 한다. 아내는 교회가 예수님께 순종하고 존경하듯이 남편을 순종하고 존경해야 한다. 아내가 남편을 순종하고 존경하려면 자기 부인이 되어야만 한다. 아내의 노력만으로는 안 된다. 본 정신으로는 남편의 부족이 너무도 많이 보이기 때문이다. 그래서 아내도 결혼하면서 레드카펫이 상징하는 십자가 보혈을 통과하여 자기 부인을 하는 것이다. 성령의 기름 부으심으로만 가능하다. 자기 부인은 신앙생활에도 그렇지만 부부의 행복한 삶에서도 가장 기본이다.

두 물체를 결합할 때 모래와 먼저를 제거하지 않고 잔뜩 본드만 발라서 붙이면 붙지 않는다. 접착제가 아무리 강해도 더러운 이물질을 이기지 못한다. 부부도 마찬가지다. 둘이 하나가 되려면 반드시 각자가 십자가 복음 앞에 자기 부인이 온전하게 되어 죄와 더러움을 제거해야 한다. 본인이 먼저 정결하고 깨끗하고 거룩해야 온전한 사랑으로 하나가 될 수 있다.

결혼의 불행은 시퍼렇게 자기 자아가 살아서 상대를 자기에게 맞추라고 하기 때문이다. 자기중심성을 그대로 가지고 있어 상대를 수단으로 여긴다. 결혼의 행복을 위한 성패의 첫 시작은 '자기 부인을 하느냐?', '자기 중심이냐?'이다. 그러니 결혼 나무의 뿌리는 자기 부인이다.

2. 결혼 나무의 물과 영양분은 '하나 됨'

상담 사례 - 사랑하려고 해도 왜 잘 안되는 걸까?

답변

사랑은 하나 되는 것입니다. 혼자 노력만으로는 안 됩니다. 성령의 기름 부으심으로 되는 것입니다. 부부 사랑, 부모 자식의 사랑, 형제의 사랑, 성도의 사랑, 이웃을 사랑하는 것 나라와 다른 여러 나라를 사랑하는 것 자연을 사랑하는 것까지 하나 되게 하는 힘의 원천은 모두 성령입니다. 성령의 기름 부으심이 있으면 심지어 원수까지 사랑합니다. 결국 사랑이 되지 않는 것은 상대방의 잘못이 크기보다는 내가 성령의 기름 부으심이 부족하기 때문입니다.

사랑은 하나님에게서 오는 것입니다. 인간 자신의 노력으로 하는 사랑은 불가능합니다. 인간 스스로 노력하는 사랑은 정과 집착과 소유에 더 가깝습니다.

스데반은 돌을 던지는 이들에게 도리어 용서를 선언하며 "주여, 이 죄를 저들에게 돌리지 마십시오"(행 7:60)라고, 원수까지 사랑하는 놀라운 하나님 나라의 사랑을 보여주었습니다. 이것은 스데반이 자기 노력으로 용서하고 사랑한 것이 아니라 성령의 기름 부으심을 힘입어 한 것입니다.

이에 예수께서 이르시되 아버지 저들을 사하여 주옵소서 자기들이 하는 것을 알지 못함이니이다 하시더라 눅 23:34

주여, 이 죄를 저들에게 돌리지 마옵소서 이 말을 하고 자니라 행 7:60

부부의 사랑도 성령의 기름 부으심이 일어날 때 비로소 가능합니다. 그래서 성령의 기름 부으심은 하나 됨의 원리이며 하나님 나라를 이 땅에 당겨 사는 보증입니다. 그리고 계약금입니다. "성령의 하나 되게 하신 것을 힘써 지키라"(엡 43) 라고 하셨습니다.

그럼, 하나의 질문이 생깁니다. "어떻게 성령의 부으심을 받냐고요?" 우리가 십자가 복음에 충만하면 약속하신 성령은 부어집니다. 성령으로 기름이 부어지면 그 힘으로 배우자를 사랑하게 됩니다.

필자는 돌아가신 아버지로부터 예수님을 믿는다고 청소년 시기에 학대와 핍박을 많이 받았습니다. 하지만 성령으로 기름 부어지니 핍박하는 아버지가 밉지 않았습니다. 그리고 사랑할 수 있었습니다. 사실 원수는 가장 가까이서 힘들게 하는 가족이 원수일 때가 제일 많습니다.

여러분도 가능합니다. 결혼의 물과 영양분은 성령의 기름 부으심입니다. 성령의 기름 부으심으로 강력한 하나 됨이 이루어집니다. 물과 영양분을 공급받아 건강한 나무처럼 결혼은 행복으로 물이 가득 차오를 것입니다.

하나 됨은 노력만으로 안 된다

결혼 나무의 물과 영양분은 하나 됨이다. 그런데 이 부부의 온전한 하나 됨은 노력만으로 안 된다. 나무와 나무가 붙으려면 접착제가 있어야 한다. 부부의 접착제는 성령의 기름 부으심이다.

부부는 성령과 하나 되지 않으면 상대방의 부족과 힘듦까지 수용하지 못한다. 필자는 세미나를 진행하다가 구호를 외치게 한다. "본(제)정신으로는 사랑하지 못한다." 이 말에 부부 모두가 동의한다.

그럼 어떻게 하나가 되고 사랑이 되는가? 자기중심성보다 더 강력한 무엇인가가 있어야 한다. 바로 성령의 기름 부으심이다. 부부가 성령의 기름 부으심이 가득하면 하나가 된다. 심지어 원수까지도 사랑할 수 있다. 현실적으로 부부가 최고의 원수이지 않은가?

성령의 기름 부으심은 냉기가 도는 결혼에 훈기가 돌게 한다. 삭막함에서 생명력의 생기가 돌게 한다. 결혼의 각박함이 풍성함으로 넘치게 한다. 마른 뼈에 생기가 돌아 군대가 되는 에스겔 골짜기의 환상처럼 성령은 결혼에 그렇게 생명력이 넘치게 한다. 부부가 하나 되게 한다.

부부의 온전한 하나 됨은 예수님의 십자가로 주어지는 성령으로 이루어진다. 십자가의 속성인 자기 부인으로 성령이 임하여 하나 됨이 비로소 이루어진다. 십자가로 자기 부인이 일어난 후 첫 번째로 일어나는 일이 성령의 부으심이다. 성령의 힘으로 하나님과 배우자와 온전히 하나 되어 온전한 사랑이 가능해진다. 원수도 사랑하는 바른 관계가 이루어진다.

우리의 자연적인 본성은 자기중심적이다. 그래서 온전히 하나 되는 것은 불가능하다. 그래서 성령의 기름 부으심으로만 하나가 되는 것이다. 물과 영양분이 나무를 자라게 한다. 마찬가지로 부부의 온전한 하나 됨은 결혼이 행복해지도록 하는 결혼 나무의 에너지원이 된다. 부부의 온전한 하나 됨은 성령과 십자가로 통과할 때 또한 가능하다.

하나 됨은 자녀 양육에도 핵심이다

부부의 하나 됨은 자녀 양육에도 가장 중요한 핵심을 이룬다. 가정에 하나님 나라가 이루어지기 때문이다. 부부에게 하나님 나라가 이루어지면 자연스럽게 자녀들에게도 하나님 나라가 이루어진다. 자녀가 부모를 통해 하나님 나라를 눈으로 보고 확인하게 된다. 자기들도 부모의 신앙을 사모하며 하나님과의 관계도 잘 이어간다.

부부가 임신하면 그 자녀도 부모의 바른 태교로 하나님 나라를 이미 이룬다. 가장 좋은 태교는 부부가 하나 됨이다.

부부가 하나 되면 자녀를 시기마다 더 적절하게 잘 양육하게 된다. 교육 전문학자들의 말에 따르면 자녀들은 83%가 보는 것으로 큰다고 한다. 부모의 하나님 나라를 보는 것으로 자녀도 하나님 나라를 살게 가르치는 것이다. 부모가 성령으로 하나 됨을 보는 것만으로 이미 자녀는 83% 행복하다는 것이다. 신앙교육도 83%는 저절로 되는 것이다. 부부가 하나 되지 못하면 이미 83% 자녀교육에 실패한 것이다. 부부의 하나 됨은 자녀 양육의 핵심이다. 자녀가 다시 결혼하게 되면 부모처럼 또 하나님 나라를 이루며 살게 될 것이다.

많은 믿음의 자녀들이 부모의 하나님을 거부하는 추세이다. 많은 다음 세대가 교회를 떠나고 있다. 자녀들이 부모에게서 하나님 나라를 보지 못한 까닭이다. 부모들의 힘겨운 종교적 열심만을 보고 사실 질린 것이다.

자녀의 입에서 "아빠, 엄마는 진짜 행복해 보입니다", "부모님의 사이가 너무 좋으시고 하나님 나라를 살고 계십니다", "저도 아빠와 엄마처럼 살고 싶습니다"라는 말을 들어야 한다. 자녀들이 하나님 나라를 보았으니 그대로 하나님 나라를 꿈꾸고, 이루며 살 것이다. 당신의 자녀들에게 과연 그런지 질문해 보라. 미혼이라면 당신의 부모님들께 자신의 삶이 하나님 나라 같은지 질문해 보라. 부부의 하나 됨은 자녀 양육에도 가장 중요한 핵심이다.

31년간 부부가 하나가 된 비결은 무엇인가요?

강의, 집회, 상담 때 자주 받는 질문이 있다.

"아내와 31년 꾸준히 행복을 유지하는 부부의 하나 됨의 비결은 무엇인가요?"

필자의 부부가 하나 됨으로 천국 가정을 이루는 비결은 성령님의 임재를 날마다 느끼는 것이다. 십자가 복음의 은혜로 가슴이 늘 뜨거운 것이다.

첫째, 아내가 내게 하는 어떤 것과도 상관없이 무조건 사랑하는 일이 가능하다. 나를 무조건 사랑하신 십자가 복음과 성령의 하나 되게 하시는 힘 때문이다.

둘째, 아내의 실수나 잘못보다 내가 주님께 더 큰 죄를 용서받은 것이 늘 더 크게 감격이 되고 은혜가 된다. 동시에 아내의 잘못이 너무 작게 여겨진다. 내 죄와 잘못이 월등히 더 커 보인다. 아내의 실수와 잘못에 마음이 흔들리지 않게 된다.

셋째, 아내를 예수님이 사랑하는 것을 강하게 느낀다. 예수님이 아내를 용서하고 용납하며 가장 귀한 딸로 사랑하고 계심을 느낀다. 그래서 아내를 사랑하는 것이 아니라 아내를 사랑하는 예수님을 결국 사랑한다는 것을 확신하게 된다.

이 3가지가 필자의 부부가 하나 되는 비결이다. 싫은 것이 불가능한 아내 사랑의 비결이다.

"주 예수와 동행하니 그 어디나 하늘나라~"

3. 결혼 나무의 첫째 줄기는 '사랑'

결혼 나무의 세 줄기는 사랑과 관계와 책임짐이다

행복한 결혼 나무의 줄기는 3가지이다. 첫째 줄기는 언약으로 인한 '온전한 사랑'이다. 둘째 줄기는 삼위일체를 드러내는 '온전한 관계'이다. 셋째 줄기는 '온전한 책임짐'이다.

가정은 부부의 노력도 중요하다. 하지만 더 중요한 것은 하나님의 언약에 따라 사랑하는 것이다. 하나님의 언약은 가정의 하나 됨을 이루는 핵심이고 힘이다.

김희석의 『언약 신학으로 본 구약의 하나님 나라』에서 언약은 성경의 핵심이고 하나님 나라의 근본 원리라고 말한다. 하나님의 언약의 핵심은 하나님이 우리를 사랑하신다는 것이다. 우리도 하나님을 사랑한다는 것이다. 이 사랑으로 조건과 소유를 넘어선 존재적 사랑이 부부에게도 이루어진다. 무조건적 사랑이 이루어진다.

예수님과 우리의 관계도 언약으로 맺어졌다. 마찬가지로 결혼한 부부간의 관계도 이런 언약 사랑으로 맺어져야 한다. 언약의 기반은 당연히 예수님의 사랑이다. 이 언약적 부부 사랑의 기초 위에 자녀 양육도 이루어진다.

안타깝게도 필자가 볼 때 지금의 가정교육, 연애 교육, 결혼예비학교 교육 프로그램에는 이런 언약의 관점이 없거나 부족하다. 언약으로 이루는 하나님 나라 관점이 부족하다. 삼위일체의 하나님과 예수님의 새 언약이 잘 반영되지 않는다. 너무 인본적이고 세속적인 것과 혼합된 것도 제법 많다. 일반 상담이론과 일반 치유이론이 성경적 기준 없이 혼합되어 있다. 안타깝다.

성경 구절을 많이 인용하고 예수님을 언급한다고 해서, 혹은 기도를 한다고 해서 성경적인 결혼 교육이라고 할 수는 없다. 삶에서도 당연한 일이지만, 결혼에서도 성경의 구속사적 적용이 깊이 이루어져야 한다. 언약과 삼위일체의 중요한 성경적 두 가지 핵심을 잘 적용해야 한다. 하나님 나라를 결혼과 삶에서 잘 이루고 증거하는 결혼이 되도록 잘 배우고, 교육해야 한다. 그렇지 않다면 성경적인 결혼을 모르는 것이다. 성경적인 결혼을 제대로 모르면서 결혼 교육을 하는 것은 우려스러운 일이다.

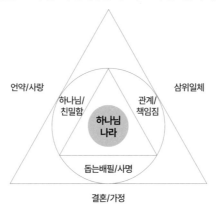

<그림 7> 언약과 삼위일체에 근거한 결혼과 가정

결혼 나무는 <그림 7>과 같이 언약과 삼위일체의 두 줄기로 되어 있다. 필자가 좀 더 쉽게 보여드리기 위해 그림으로 나타내 보았다. 이 언약은 사랑으로, 삼위일체는 관계와 책임으로 나타난다. 이 두 줄기를 잘 이루어 내면 결혼은 든든히 서게 된다.

언약은 부부의 사랑이다. 곧 부부의 하나 됨과 친밀감이다. 하나님 나라로의 결혼이 된다. 삼위일체는 진실한 공동체를 드러내는 교회로서의 부부가 된다. 하나님 나라로서의 부부가 된다. 온전한 관계와 바른 질서를 결혼에서 이루는 것이다. 부부 서로에게 책임감을 온전히 이루는 것이다. 부모가 되어서는 자녀에게 책임을 다하는 것이다. 그래서 하나님 나라로 결혼이 꽃을 피우고 열매를 맺게 된다.

결국 두 가지 요소를 이룰 때 부부는 비로소 돕는 배필이 된다. 각자 부르신 사명을 잘 돕는 진정한 돕는 배필이 된다. 하나님 나라를 이 땅에서 이루게 된다.

결혼은 미친 짓이다?

교수이며 소설가인 이만교는 장편소설 『결혼은 미친 짓이다』에서 결혼에 사랑이 없는 것을 비판했다. 사랑이 없는 결혼은 미친 짓이라는 말일 것이다.

이만교는 소설에서 주인공들을 사회적 관습에서 일탈한 연인으로 그린다. 그들 사이의 솔직하고 적나라한 대사를 통해 위선에 가득 찬 도덕론과 결혼 풍습을 고발한다. 작가는 현대 사회에서 사랑, 결혼, 가족이 지나치게 신성시되는 것을 나쁜 것이라고 말한다. 개인의 다양한 욕구를 교묘히 관리하고자 하는 지배 이데올로기에 불과하다는 것이다.

이만교의 주장대로 예수님과 우리의 언약이 기반이 된 존재적 사랑, 초월적 사랑이 없는 결혼은 매우 결핍된 결혼이 맞다. 자연적으로 그저 둘이 좋아서만 하는 결혼은 미친 짓이라는 것에 어느 정도 동의한다. 이분이 신앙인은 아니지만, 인간적인 것으로 결합한 결혼은 미친 짓이라는 그의 주장에 일정 부분 동의가 된다.

하지만 하나님의 설계대로 하는 결혼은 가장 제정신이며 가장 하나님 나라를 많이 누리는 좋은 것이 된다. 그래서 결혼은 미친 짓이 아니다. 결혼을 언약적 사랑으로 시작하지 않으면 온전한 사랑도, 온전한 관계와 책임짐도 없는 결혼이 되니 어느 정도 결혼이 미친 짓일 수는 있다. 그런 결혼은 허무, 무기력, 그리고 불행을 보여주니 미친 짓이 맞다.

이만교의 책과 비슷한 내용의 영화가 결혼의 슬픈 현실을 드러낸 엄정화 주연의 '결혼은 미친 짓이다'이다. 이 책과 영화는 결혼을 미친 짓이라고 공통적으로 말한다. 이것을 좀 더 정확히 필자가 정리하고 수정해서 말하면 다음과 같다.

"언약적 사랑을 기반으로 하지 않는 결혼은 미친 짓이다. 하지만 언약적 사랑으로 결혼하면 하나님 나라가 이루어진다. 놀라운 행복이고 복이다."

미친 짓을 증명하려고 결혼하는 것은 아니다. 우리는 하나님 안에서의 결혼은 행복임을 증명하려고 결혼하는 것이다.

결혼은 사랑이 가능한 사람과 하는 것이다

결혼이 미친 짓이 아니라 행복한 결혼이 되려면 먼저 할 질문이 있다. "결혼은 어떤 사람과 해야 하는가?"이다. 그렇다. 결혼은 사랑이 가능한 사람과 해야 한다. 사랑이 가능한 사람은 혼자 있을 때도 행복한 사람, 부모나 공동체와 대인관계를 잘하는 사람, 사회와 직장에서 책임을 다하는 사람이다. 연애할 때는 자신보다 상대를 더 배려해 주는 사람인지를 반드시 확인하고 결혼해야 한다. 물론 본인이 먼저 그런 사람이 되어야 함은 당연하다.

영국의 정치개혁가이자 의사인 새무얼 스마일즈(Smiles Samuel)는 『결혼은 어떤 사람과 해야 하는가?』에서 결혼은 반드시 사랑이 가능한 사람과 하라고 다음과 같이 조언한다.

> 명랑한 사람과 결혼하라. 배우자는 따뜻하고 명랑한 성품이
> 다. 호쾌하고 매력적인 성격의 남자도 따뜻하고 명랑한 마음
> 이 없으면 결혼 후 애정과 관심이 생겨나지 않는다. 여자의

예쁜 얼굴은 결혼 후에 곧 잊혀진다. 순수하고 명랑한 기질을 가진 신중하고 소박한 여자는 남편에게 신의 축복이다.

새무얼 스마일즈는 『인격론』에서 이렇게 말한다.

사람의 참된 인격을 가장 잘 알 수 있는 곳은 다름 아닌 가정이다. 한 사람의 지혜를 가장 잘 볼 수 있는 것은 공무 처리나 사업 활동에서 보여주는 태도가 아니라 가정에서 보여주는 태도이다. 생각은 전부 일에 쏠려 있을 수도 있다. 하지만 행복한 사람이라면 마음은 온통 가정에 쏠려 있어야 한다.

사랑이 가능한 사람은 명랑한 사람이다. 명랑함은 자신을 사랑하고 타인도 건강하게 사랑해야 가능하다.

우리가 명랑할 수 있으려면 하나님 앞에서 자기 존재 이유와 정체성을 정확히 알아야 한다. 자존감이 높은 사람은 명랑하다. 범사에 감사하고 항상 기뻐하는 바른 신앙의 사람, 찬송가 438장('내 영혼이 은총 입어')을 자기 고백으로 부를 수 있는 사람이 명랑한 사람이다. 성령의 열매 중 하나가 '희락'이다. 명랑은 결국 성령 충만이다.

결국 참된 명랑함은 미숙함과 철없음을 넘어서는 성숙함이다. 잠깐 기분 좋은 명랑이 아니라 언제나 행복한 상태를 유지하는 명랑함이 되려면 성숙해야 한다. 그 힘과 여유로 나보다 상대를 지속적으로 더 위하는 언약 사랑을 하는 것이다. 성숙한 언약 사랑이 바른 명랑함이다.

결혼은 사랑이 가능한 사람하고 해야 한다. 사랑할 수 있는 사람은 명랑한 사람이다. 명랑한 사람이 사랑할 수 있다.

성경은 언약이고 언약은 사랑이다

성경의 핵심이 언약이다. 신학자들은 언약이 성경의 핵심이라고 주장한다. 세일해머(John H. Sailhamer)는 『모세오경신학』에서 언약 신학은 모세 율법과 그리스도인 사이의 신학적 연속성이라고 했다. 모세 율법은 언약 신학이 중심이라고 했다.

언약은 예수님이 우리에게 하신 십자가 사랑으로 절정을 이룬다. 그래서 성경 구약은 옛 언약, 신약은 새 언약, 즉 예수님의 십자가 복음의 새 언약이라고 하는 것이다. Lillback[6]과 Muller[7], 원종천[8], 조성국[9], 이병돈[10], Pink[11]도 성경의 핵심이 언약이라고 했다. Blaising, Craig, Bock, Darrell은 『하나님 나라와 언약』[12]에서, Arthur는 『언약 신실하신 하나님의 약속 : 신구약 성경을 관통하는 하나님의 비밀 병기』[13]에서 성경의 가장 중요한 핵심이 언약 사상이라고 했다.

김윤태[14], 정요석[15], Horton과 유해무, 이상규[16], Niesel[17]도 삼위일체와 언약이 칼빈의 신학 핵심이고 성경의 핵심이라고 했다. 도지원은 『성도가 알아야 할 언약』에서 "아담, 노아, 아브라함의 언약이 모세의 시내산 언약 으로 통일성을 가지고 있다. 이것이 다윗의 언약으로 발전되고 예수님의 새 언약으로 완성되었다"라고 했다.

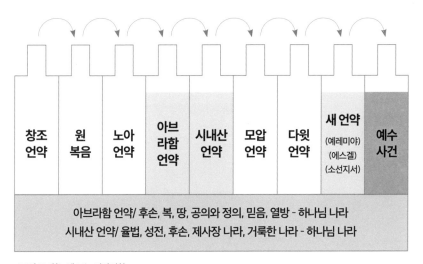

<그림 8> 한눈에 보는 언약신학

<그림 8> 한눈에 보는 언약신학[18](Covernant Theology)은 김희석이 『언약신학으로 본 구약의 하나님 나라』에서 말한 내용이다. 김희석은 안 식의 의미, 가죽옷을 입히심, 여자 후손이 뱀의 머리를 상하게 함(창 3:15), 가나안 땅이 안식의 땅이 됨은 하나님 나라의 회복, 하나님 나라의 완성[19] 이라고 했다.

이 그림은 언약신학을 한눈에 설명한다. 구원 계시의 점진적 발전 (Progress of Redemption; Progress of Revelation)을 보여준다. 특히 언약의 점진적 발전이 하나님 나라의 완성이라는 주제로 연결됨을 잘 설명한다. 계시의 다중적 성취(부분적 성취)와 이 모든 것을 예수님의 사건(초림, 십자가 사건, 부활 성령강림, 재림)이 단회적으로 최종적인 성취를 한다는 것이다. 언약과 하나님 나라 주제로의 통합적인 발전 양상을 잘 보여준다.

성경의 중심에는 언약 사상이 흐른다. 바른 결혼을 하려면 언약을 이루는 성경적인 결혼을 해야 한다. 성경적인 결혼은 반드시 결혼 언약이 전제된다. 결혼 언약에는 조건을 뛰어넘는 십자가 그 사랑이 담겨있다. 결혼 언약은 무조건 사랑하는 존재적 사랑이 되게 된다. 이렇게 결혼해야 하나님 나라가 이루어진다.

바른 사랑은 계약 사랑이 아니라 언약 사랑이다

상담 사례 – 성경의 부부 사랑과 하나님을 믿지 않는 사람들의 부부 사랑과 무엇이 다를까요? 사실 열심히 서로 사랑하면 행복해지는 것은 똑같은 것 아닌가요?

답변

성경에서 언약은 하나님이 이스라엘과 우리 모두를 사랑하신 방식입니다. 결국 십자가 위에서까지 대속하시고 수용하시며 당신의 모든 하나님 나라까지 주시는 사랑이 언약의 사랑입니다. 이를 믿는 사람은 예수님의 영이신 성령을 받아 그 성령으로 동일하게 이런 조건을 초월하는 언약 사랑을 하게 됩니다. 인간끼리 한 조건적인 사랑과 결정적으로 다른 것입니다. 바로 언약과 계약의 차이로 더 잘 설명이 됩니다.

결혼과 가정도 하나님이 설계하시고 운행하시기에 언약 사랑을 드러내어야 합니다. 세상적인 계약으로 변질하면 안 됩니다.

언약은 십자가에서 예수님이 우리에게 하신 최고의 하나님 나라 사랑입니다. 조건이 없습니다. 상대 중심적입니다. 존재적 사랑입니다. 끝까지 변함없이 하는 사랑입니다. 결국 하나님 나라입니다.

하지만 계약은 상대적입니다. 조건적입니다. 자기중심적입니다. 상대의 아픔과 힘듦보다 본인의 손해나 억울함이나 힘듦이 더 중요합니다. 결국 자기 나라를 이루고자 하는 것입니다. 상대가 잘하지 않으면 나도 잘하지 않습니다. 계약 관계는 장사하는 관계와 같은 관계입니다. 슬픈 것은 부부도, 부모 자식도, 연애도 사랑한다면서 사실 언약이 아니라 계약 관계로 하는 것입니다. 물론 교회 다닌다고 다 되는 것은 아닙니다. 그렇게 좀 더 변해 가는 중일 뿐입니다.

계약 관계는 자신의 상태에 따라 때로는 거칠고 무례할 때도 있습니다. 변화와 기복이 많습니다. 하지만 언약 관계는 예수님과 우리의 관계처럼 성령의 충만한 부부에게서 뚜렷하게 나타납니다. 성경이 말하는 사랑은 언약 관계입니다. 예수님과 교회인 성도의 사랑하는 관계입니다. 십자가 보혈로 하신 그 사랑을 언약 사랑이라고 합니다. 성도가 그 은혜에 조건 없는 사랑을 하나님께 드리는 것이 예배이고 삶의 예배입니다.

하나님을 믿는 부부는 부족하지만 조금씩 계약 사랑에서 언약 사랑으로 변화하고 성장해 가는 것이 결정적으로 다릅니다. 이 땅에 존재하지 않는 하나님 나라의 누림을 부부가 누리게 되는 것입니다.

예수님은 우리의 신랑이시다. 크게는 교회, 작게는 나를 신부 삼기 위해서 하늘 보좌를 버리셨다. 이 땅에 오셔서 죽기까지 낮아지시고 헌신하셨다. 바로 십자가 사랑이다.

남편들도 결혼하면서 예수님처럼 자기를 죽여야 한다. 특히 레드카펫을 지나면서 자신이 죽는 선언을 해야 한다. 자신을 십자가에 못 박아서 죽고 오직 아내를 위하는 남편으로만 부활하여 살겠다고 결단해야 한다. 신부도 신랑이 입장하면서 하는 이 고백과 언약을 같이 고백한다. 신부 입장을 기다리면서 같이 동의하고 서약하며 참여해야 한다. 그래야 언약 결혼이다.

결혼이란 처음 에덴으로 돌아가는 것이다. 남편이 아내를 사랑할 때 가정이 처음 에덴으로 돌아간다. 아내가 남편을 주님처럼 사랑할 때 처음 에덴으로 돌아간다. 교회가 예수님을 머리 삼은 몸이 되어 기꺼이 복종하고 존경하며 섬기듯 아내들은 남편을 주님처럼 섬기고 헌신하고 복종할 때 가정이 처음 에덴으로 돌아간다. 처음 에덴으로 돌아가는 것은 부부의 언약을 통해 이루어진다.

사랑은 계약이 아니라 언약이다. 하나님 나라는 이런 언약적 관계로 이루어진다. 먼저는 예수님과 성도인 교회의 언약이다. 다음으로 부부의 결혼 언약이다. '강겔', '샤르띠에', '앤더슨', '겐세이', '맥리언', '볼스윅' 부부(볼스윅의 사이클)는 모두 언약적 관점에서 가정 구조와 역할을 강조했다.

아래 <그림 7>에서 보는 것처럼 성숙한 언약을 유지하면 부부의 삶도 하나님 나라를 드러내게 된다. 부부 언약이 예수님과 교회와의 원 언약에 가장 가깝기 때문이다. 부부간에 문제가 생기는 이유는 결혼 언약에 금이 가기 때문이다. 부부간의 결혼 언약이 결혼 계약으로 변질한 것이다. 이 변질에 대해 황성철은 이렇게 말한다.

> 예수님과 믿는 자들과의 언약의 요소인 은혜는 율법적이고 상대적으로 바꾸어져 가는 것이다. 부부가 초기 무조건적인 언약에서 조건적으로 변질이 되어 가는 것이다. 온전한 친밀함에서 거리를 두기 시작하는 변질이다. 부부 서로 균형을 가지고 힘을 평등하게 나눠 가지고 있다가 점차 이기심으로 한쪽으로 서로 힘을 기울이게 되고 일방적인 이익을 위하는 쪽으로 변질이 되어 가는 것이다. [20]

결혼은 변질하지 않아야 한다. 결혼이 계약 관계가 아니라 언약 관계가 되면 변질하지 않는다. 결혼이 언약 관계가 될 때 부부간에 바른 사랑이 시작된다. 바른 사랑, 바른 결혼을 하려면 계약 결혼에서 언약 결혼으로 환승해야 한다. '나 나라'에서 '하나님 나라'로 환승해야 한다. 결혼 플랫폼에서 말이다.

성숙한 사랑만이 결혼을 더 온전하게 한다

결혼은 사랑이 변하면 안 된다. 변하지 않는 사랑은 성숙한 사람이 되어야 가능하다. 성숙한 사람만이 성숙한 사랑을 하기 때문이다. 성숙한 사랑만이 결혼을 더 온전하고 풍성하게 한다.

부부간의 사랑이 식으면 사랑이 아니라 집착으로 전락한다. 결혼에서 사랑이 없어지면 상업적인 계약 사랑이 된다. 결혼이 주님과 나의 언약 사랑을 드러내게 되면 부부의 사랑은 절대 식지 않는다.

<그림 9>는 사랑이 언약으로 성숙해지는 것을 한눈에 잘 보여준다. 성숙한 사랑은 4가지로 성숙해야 한다.

첫 번째로, 상대적인 것에서 은혜의 법으로 전적인 사랑을 하는 것이 성숙한 사랑이다. 상대가 잘하면 나도 잘하는 상대적인 사랑, 율법적인 사랑에서 어떤 경우라도 조건 없이 사랑하는, 은혜를 베푸는 사랑으로 성장하는 것이다.

두 번째로, 힘이 한쪽으로 쏠리다가 양쪽 모두가 균등하게 되는 것이 성숙한 사랑이다. 이기적이고 자기중심적인 사랑에서 이타적이고 상대 중심적인 사랑으로 변해 가는 것이다.

세 번째로, 거리가 있고 잘 이해가 되지 않는 것들이 깊은 친밀감을 느끼고 이해가 잘되는 사랑으로 되는 것이 성숙한 사랑이다. 친밀감의 정도가 더욱 깊어지는 것이다. 전인격적인 하나 됨이 되는 것이다. 수치감이나 아픔도 다 드러내고, 서로 덮어주고 용납되는 것이 성숙한 사랑이다.

네 번째는, 상대에게 요구가 많다가 이제는 요구 없이 상대의 존재만으로도 사랑이 되는 것이 성숙한 사랑이다. 계약과 조건이 점점 더 없어지는 것이다. 바라는 것보다 베풀고 돕는 욕구로 가득 차는 것이다. 자기 부족은 이미 하나님으로 충분해서 상대가 있는 것만으로 고맙고 만족하는 것이 성숙한 사랑이다.

성숙한 사랑은 <그림 9>와 같이 네 단계로 성숙해진다. 부부의 성숙한 사랑은 상대의 존재만으로도 사랑할 수 있는 마지막 단계에까지 이르러야 한다. 상대가 나에게 잘해야 나도 잘해주는 것은 미숙한 사랑이며 계약 사랑이다. 조건 없는 사랑으로 성숙해져야 결혼을 온전하게 한다. 하나님 나라가 되게 한다. 부부의 사랑에서는 성숙한 사랑이 되어야 비로소 사랑한다고 할 수 있다.

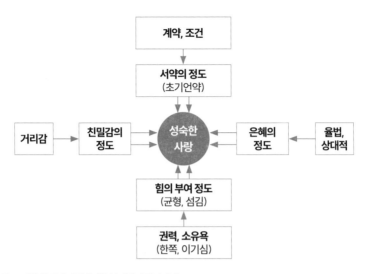

<그림 9> 성숙한 언약 사랑과 미숙한 계약 사랑의 관계 21)

유치원 아이나 중학생은 결혼할 수 없다. 그들이 나빠서가 아니라 아직 미성숙한 사랑밖에 할 수 없기 때문이다. 어른이 되어서도 성인 아이인 상태이면 마찬가지로 상대 중심적인 사랑을 할 수 없다. 이런 사랑의 단계에서는 결혼도 온전할 수 없다. 그러므로 우리의 부부 사랑이 성숙한 사랑이 되기까지 자라자. 성숙한 단계, 조건을 넘어 존재만으로도 사랑하는 그 성숙한 사랑이 하나님 나라의 부부 사랑이다.

진짜 사랑을 위해 계약적 요소를 제거하자

부부는 진짜 사랑을 해야 한다. 부부가 진짜 사랑을 하려면 사랑처럼 모양은 가지고 있으나 사랑이 아닌 계약적인 것을 골라내어 버려야 한다. 계약 사랑을 골라 버리고 언약 사랑을 해야 한다. 부부는 참사랑인 언약으로 다시 리모델링하여 결혼생활을 해야 한다.[22]

아래 <표 3>은 사랑의 두 종류인 언약 사랑과 계약 사랑의 특징을 정리한 것이다. 아래의 표를 통해 부부생활이 진정한 언약의 특징인지 점검하자. 미혼은 장차 자기의 결혼에서 언약 사랑으로 바른 결혼을 하도록 점검하며 훈련하고 준비하자. 어떻든 사랑 같지만, 사랑이 아닌 계약적 요소는 모두 골라내고 버리자. 또 점검해서 참 언약적 사랑을 하는 결혼생활을 준비하자. 하나님 나라 결혼생활을 준비하자.

우리의 결혼이 참사랑을 제대로 하고 있는지 점검하기 위해 아래 표는 매우 유익하다.

<표 3> 언약 사랑과 계약 사랑의 특징 [23]

언약 사랑의 특징	계약 사랑의 특징
한 번 헌신하면 영원히 헌신한다. 룻이 나오미에게 한 언약(룻 1:16~17), 노아와 맺으신 하나님의 언약(창 9:12~16), 아브라함의 언약(창 17:8), 다윗과 요나단이 맺은 언약으로, 요나단이 죽은 후 다리 저는 자가 된 므비보셋을 다윗이 왕자와 같이 끝까지 대우한다(삼하 9:11).	단기간 효력. 계약 맺는 이유는 쌍방 모두의 이익 때문, 한쪽 유익이 사라지면 위약금 물며 파기할 수 있다.
언약의 기초는 변함없는 사랑. '성실하신 하나님 사랑'을 구약은 헤세드, 신약은 아가페로 표현. 헤세드는 히브리어 성경에서 긍휼 [24]로 번역(애 3:22~23), 하나님의 언약의 특성임을 말한다. 특별히 사랑하는 사람과 언약을 맺는다(삼상 18:1, 3; 창 6:9).	특정 행동에만 관련 있다. 전체적인 것에 책임지지는 않는다.

언약은 자신의 유익이 아니라 다른 사람의 유익을 위해 맺는다. 요나단은 언약을 맺은 후 모든 소유를 다윗에게 준다(삼상 18:2~4). 시어머니 나오미가 룻에게 아무것도 줄 것이 없음에도 룻은 오직 나오미에게 헌신한다(룻 1:16~17). 하나님이 노아에게 무지개 언약을 맺으실 때 아무것도 바라지 않고 하신다(창 9:11~13).	조건 있는 협상. 원하는 것 얻기 위해 협상. 당신이 내게 잘해준다면 나도 당신에게 잘해준다.
언약은 무조건적인 약속이다. 아무런 조건이 없는 대신 책임이 없는 것은 아니다. 노아는 방주를 만들어야 했다. 이스라엘 백성이 하나님을 섬기도록 했다. 하지만 순서상 죄인인 인간을 먼저 사랑하신 것이 하나님의 언약 사랑이다. 구약의 '남은 자' 사상이 하나님의 무조건적 사랑이다. 언약에 잘 반응하면 풍성하다. 그렇다고 반응하지 않는다고 해도 언약은 취소되지 않는다.	원하는 걸 얻으려 할 때 잘해 준다. 어떤 말이나 요구를 할 때 이득 챙기려는 의도로 한다. 더 이상 이득이 생기지 않으면 노력하지 않는다.
언약은 정직하게 대면하는 일과 용서를 포함한다. 노아(창 9장), 아브라함(창 12장), 모세(출 19장), 여호수아(수 24장), 다윗(삼하 7장). 언약에 맞게 살지 못할 때 징계하시지만 용서와 대면을 준비하신다. – 시 89장, 결혼 언약은 누군가 잘못했을 때, 책임지겠다는 의지와 용서하는 행위에 기초한다. 언약은 한 번 파괴되더라도 회개, 용서를 거치고 갱신한다. 야곱이 벧엘로 돌아가 하나님과 언약 갱신한다(창 35:1~15).	명확하고 투명하지 않은 계약도 있다. 서로 다 알고 있는 것 같으나 모른 체 거래한다. 일반적으로 다 체결한 것처럼 하지만 자기 유익을 더 위한다.

언약(Covenant)이 계약(Contract)으로 전락했다.

예수님이 하신 주례사의 '죽음이 우리를 갈라놓을 때까지'가 '내가 행복한 경우만 당신과 함께하겠다'로 바뀌었다.

웨스트민스터 신앙고백에서도 참된 신자는 행위 언약의 율법 아래 있지 않아 더 이상 정죄를 받지 않는다. 다만 율법의 삶의 규칙으로 하나님의 뜻을 알게 하는 정도라고 말한다(19장 6항). 하나님과의 만남이 계약이 아닌 언약임을 말하고 있다.

윔비디 워카사, 신학자 폴 E, 팔머, 크래그 힐 등은 언약과 계약의 차이를 잘 설명했다. 도지원은 『성도가 알아야 할 언약』에서 "언약은 계명을 지키는 헌신이 있다. 조건을 넘어선 인자를 베푼다. 성경의 모든 언약은 통일성이 있다"라고 말한다.

그것을 필자 나름대로 수정하고 종합 정리하면 다음과 같다. 각자의 부부관계도 언약으로 사는지 계약으로 사는지 잘 점검해 보자.

프레드 로워리가 『결혼은 하나님과 맺은 언약입니다』에서 말한 두 상반된 태도를 필자가 조금 더 보충하여 다음과 같이 정리했다.

언약(Covenant)의 특징	O X	계약(Contract)의 특징	O X
상대방을 온전히 신뢰하며 약속한다.		상대방을 의심하며 약속한다.	
상대방보다 자신의 책임을 최대화한다. 무한책임		상대방의 책임을 최대화하고 자기 책임은 최소화한다. 유한책임	
사랑과 충절로 지속된다.		의무와 법적 구속력으로 유지된다.	
당신이 내게 어떻게 하든지 당신에게 사랑하고 헌신하겠습니다.		당신이 내게 잘할 때만 나도 잘해주겠습니다.	
당신이 얼마를 내게 하든지 내가 전부 헌신하겠습니다.		당신에게 최대 반만 하겠습니다. 당신도 내게 반은 해야 합니다.	
내가 모두 양보하겠습니다.		절반만 양보하겠습니다.	
내 일이 아니라도 당신 행복과 필요라면 기꺼이 하겠습니다.		내 일만 하겠습니다. 당신 일을 요구하지는 마세요.	
무조건적이다.		조건적이다.	

다른 사람의 유익을 위한 약속이다.		자신의 편의를 위한 약속이다.	
파기할 수 없다. 영원함		파기가 가능하다. 기간이 있다.	
약속을 하나님이 보증하신다.		약속을 사람이 보증한다.	
개인적인 온전한 친밀함과 깊은 관계를 이루어야 가능하다.		개인적인 온전한 친밀함과 깊은 관계가 없어도 되고 상대를 수단으로도 가능하다.	
마음을 요구하고 마음에 약속을 새긴다.		서명과 보상을 요구한다. 계약서에 약속을 새긴다.	
포용과 수용과 용서를 한다.		배타적이고 보복한다.	
죽음이 갈라놓을 때까지 유효		유효기간만, 효력 있을 때만 유효	
하나님의 사랑으로 상대를 사랑한다. 무조건적 사랑이다.		내 본능으로 상대를 사랑한다. 조건적 사랑이다.	
세월이 갈수록 더 간절하고 깊다.		세월 갈수록 약하고 지겹다.	
자족하고 만족한다.		상대 허물이 크고 불만이 생긴다.	
원수도 사랑하는 능력이 생긴다.		손해가 생기면 미워한다.	
자신이 주는 것에 초점이 있다.		자기 성장에 초점이 있다.	
서로의 관계와 과정이 중요하다.		결과가 중요하다.	
인격적이다.		법과 규칙이 중요하다.	
자발적으로 헌신한다.		반드시 해야 하기에 한다.	
나는 너고, 너는 나다. 한 몸		나는 나고, 너는 너다. 다른 몸	
한쪽이 언약을 어겨도 취소되지 않는다.		실행하지 않은 약속은 다른 상대편도 지키지 않고 파기해도 된다.	

언약 결혼 한 사람 태도	O X	계약 결혼 한 사람 태도	O X
제가 어떻게 당신을 섬기면 될까요?		당신은 나한테 더 잘해야 해	
제가 당신에게 더 줄 것 무엇일까요?		내가 받아야 할 것은 무엇일까?	
당신이 먼저 선택하세요		내가 먼저 선택할 거야	
제가 이 일을 하게 되어 행복합니다.		이것은 내가 할 일이 아니다. 억울하다.	
이것은 제 잘못입니다.		이것은 당신은 잘못이다.	
당신의 요구는 모두 들어주겠습니다.		당신의 요구는 절반만 들어주어도 잘하는 것입니다.	
영원토록 당신에게 충실하겠습니다.		언제까지 당신에게 충실할지 모르겠습니다.	
언제나 당신을 믿습니다.		언제나 당신을 믿지는 못합니다.	
저는 ~ 를 당신에게 해 주고 싶어요.		나는 나를 위해 ~ 를 해야 됩니다.	
결혼은 변할 수 없는 관계이다.		결혼은 일종의 거래다.	
결혼하면 이 사람에게 내가 무엇을 줄 수 있을까?		결혼하면 이 사람은 내게 무엇을 줄까?	
제가 변화겠습니다.		당신이 먼저 고쳐라.	

결혼을 언약 사랑으로 개혁하자

결혼을 개혁해야 한다. 계약 사랑에서 언약 사랑으로 개혁해야 한다. 종교개혁을 하듯 결혼 개혁도 이젠 해야 한다. 그 시작은 바른 결혼언약식을 하는 것에서부터 시작되어야 한다. 수렁에 빠진 결혼식을 결혼 언약으로 건지는 일부터 해야 한다.

결혼에서 하나님의 통치가 이루어지게 되면 하나님 나라가 이루어진다. 가정에서 드러나는 헐벗음이나 약점도 덮어지는 것이 하나님 나라이다. 인간의 모든 문화, 제도, 소유물, 결혼까지 인간의 업적이 아니라 하나님의 선물이기 때문이다.[25]

하나님께서 다스리시는 모든 영역에서 하나님의 주되심을 고백해야 한다. 결혼도 마찬가지이다. 그래서 인간이 주인공인 인본적 결혼식이 아니라 그리스도의 언약이 고백되는 결혼언약식이 되게 하자. 결혼식에서 진정한 하나님 나라를 드러내는 결혼 예배가 되게 하자.

고신대 명예교수인 강용원의 말처럼 기독교적 세계관으로 결혼 교육을 해야 한다.[26] Charles R. Swindoll의 말처럼 성공적인 결혼생활은 저절로 되지 않고 계획적인 의도와 결단 그리고 연습으로 되는 것[27]이다. 그렇게 하는 두 사람이 온전히 하나님의 다스림을 받을 때 되는 것이다.

원효식은 "인류 최초로 사탄이 제일 먼저 공격한 것이 가정이었고, 끝까지 하나님 나라를 무너지게 하려고 공격하는 대상이 가정이다"[28]라고 말했다. 그런 점에서 사탄의 공격을 막아내는 연애와 결혼을 준비해야 한다.

연애와 결혼이 하나님 나라를 드러내며, 하나님께 영광을 돌리는 것이 목표가 되게 하고, 준비하게 하여야 한다. 가정이 하나님 나라를 이루는 것에 핵심 목표를 두는 연애학교, 결혼예비학교, 부부학교가 되어야 한다. 필자는 이 일에 31년을 애써 왔고 앞으로도 그렇게 할 것이다. 이 책도 그런 목적으로 집필하는 것이다.

설은주는 "한국교회의 많은 병리 중 하나가 교회와 가정 사이의 심각한 단절 현상이다"[29]라고 지적했다. 연애학교, 결혼예비학교, 부부학교에서 성경에서 가르치는 본질과 바른 가르침으로 결혼과 가정을 교육하면 된다. 즉, 내 나라가 아니라 하나님 나라를 목적으로 결혼생활이 이루어지게 하면 교회와 가정의 단절은 없다. 모두 하나님 나라가 이루어지는 곳이 되기 때문이다.

이제 결혼식부터 결혼 언약으로 개혁하자. 그러면 하나님 나라가 결혼생활에서 이루어진다. 그 시작점이 결혼식에서 결혼 언약이 되게 하는 것이다. 이것을 돕기 위해서 필자는 31년이 넘게 준비하고 실천하여 온 성경적인 결혼과 가정의 핵심 모델도 만들었다. 성경과 상담과 가정사역의 전문성을 모두 통합하였다.

4. 결혼 나무의 둘째 줄기는 '관계'

결혼 나무의 둘째 줄기는 온전한 '관계'이다. 사랑은 언약에 기반하고 관계와 책임짐은 삼위일체 하나님 아버지께 기반한다. 결혼은 언약으로 사랑한다. 관계와 책임짐으로 사랑한다. 관계와 책임은 사랑을 온전하게 한다. 사랑과 온전한 관계와 책임짐이 결혼의 핵심 뼈대이다.

하나님의 삼위일체는 진실한 공동체성에서 가장 잘 드러난다. 가정은 하나님이 창조하셨기에 하나님의 삼위일체의 공동체성이 온전히 이루어지는 곳이다. 삼위일체라고 하면 너무 어렵게 느껴진다. 쉽게 말하자면, 결혼에서 삼위일체는 '관계와 책임짐'으로 이해된다.

하나님 아버지, 성자 예수님, 성령 하나님이 삼위일체이다. 결혼에서도 삼위일체는 하나님 아버지를 아버지와 남편이 관계와 책임짐으로 드러낸다. 예수님을 어머니와 아내가 관계와 책임짐으로 드러낸다. 성령 하나님을 부부가 온전히 하나 됨으로 관계와 책임짐으로 드러낸다.

그래서 삼위일체의 구조와 뼈대는 가정의 기준이 된다. 부모의 자녀 양육에 대한 역할의 기준이 된다. 부모에 대한 자녀의 역할의 기준이 된다.

삼위일체가 너무 어렵다. 사람은 아무도 이해할 수가 없다. 그래도 어느 정도 우리 수준에서 이해를 조금 한다면 3위의 온전한 '관계성'이다. 또한 서로에게 책임지고 헌신하고 섬기는 것이다. 질서를 지키면서 말이다.

성경적인 결혼, 하나님이 최초로 설계하신 원 결혼은 당연히 언약과 삼위일체를 두 축으로 이해된다. 하나님이 창조하신 결혼도 언약과 삼위일체로 이루어진 것이다. 결과적으로 결혼에서도 하나님 나라가 이루어지게 된다.

다음은 삼위일체가 성경의 핵심이라고 주장한 신학자들이다.

> 박경수는 "루터신학에서 삼위일체론의 위치"[30], Young은 『삼위일체 하나님』[31], 안택윤은 『삼위일체 조직신학』[32], 유태화는 『삼위일체론적 구원론』[33], 유해무는 『신학: 삼위일체 하나님을 향한 송영』과 『삼위일체론』[34]에서 삼위일체가 성경의 정통적 핵심이라고 했다.

'온전한 관계'가 결혼을 온전하게 한다

삼위일체 하나님은 결혼에서 부부 서로가 '온전한 관계'와 '온전한 책임짐'으로 드러나고 실현된다.

삼위일체 하나님을 인간이 잘 이해하는 것은 사실 불가능하다. 하나님은 다른 차원이며 신비이기 때문이다. 다만 삼위일체를 부족하지만 조금이라도 알게 되면 결혼생활에서도 중요한 지침이 된다. 그래서 삼위일체 하나님을 신학자들이 연구하고 이해한 것을 어느 정도 정리하는 것도 필요해서 간단히 말해 보려고 한다.

성경이 말하는 삼위일체는 하나님의 관계성으로 인한 공동체성이다. 하나님이 확실하게 책임지심이다. 그래서 결혼에서도 관계를 잘 이루고 책임을 잘 져야 한다. 그러면 하나님이 의도하신 진짜 행복한 결혼을 유지하게 된다.

'로버트 W 파즈미뇨'(Pazmino, Robert W)[35]는 "삼위일체에 의해 인간에게 계시된 생명의 빛 아래에서 그리스도인들은 우리의 삶을 만드는 공동체의 헌신에 다시 초청된다"[36]라고 했다. 삼위일체가 진실한 공동체가 되도록 헌신하게 하고 바른 공동체를 이루게 한다는 말이다. 이는 공동체와 하나님 나라 및 삼위일체의 상호연관성을 말한 것이다.

몰트만을 비롯한 초대교회 신학자들도 창조를 나타내는 표현에서 단수와 복수로 사용한 부분에서 모두 삼위일체를 발견했다.[37] 몰트만의 삼위일체론에 의하면[38] 공동체 안에서 상호 내주, 상호 침투를 통해 하나의 공동체를 이룬다. 서로 사귀면서 자신을 내어 주면서 관계 안에서 공동체를 이룬다.

따라서 몰트만의 삼위일체론에서 가정도 더 잘 이해할 수 있다. 가정은 서로의 인격체를 존중하면서, 아내, 남편, 자녀가 가정 공동체에서 삼위 하나님을 나타내는 것이다. 가족은 삼위일체 하나님을 가장 잘 나타낸다. 서로가 하나가 되는 공동체를 이루는 것이다.[39]

바르트의 인간 인격에 대한 설명도 관계를 잘 설명한다. 하나님과 관계를 맺는 주체인 인간은 바른 관계 속에서만 제대로 존재한다.[40] 인간은 하나님의 삼위일체를 닮았기 때문이다.

세 위격이신 하나님이 삼위일체(페리코레시스, perichorésis)이다. 성삼위(聖三位)의 상호내재(相互內在)성, 관계성으로 존재하신다. 인간의 관계에도 삼위일체 존재 양식을 그대로 가지고 있음은 당연하다.

한 몸이 된 부부에게 하나님이 자녀를 허락하셔서, 어머니의 태에서 자녀가 자라고 열 달 동안 태중에 머무른다. 임신한 여인은 눈으로 보기에는 한 명이지만 분명 둘이다. 게다가 태중에 있는 아기는 아버지의 정자, 어머니의 난자로 출발한다. 완전한 '페리코레시스', '상호내재(相互內在)성', '관계성'이다.

분명 셋은 개별적 존재지만 그 가운데 공유적 내재와 상호호혜적 교류가 나타난다. 그래서 인간에게 삼위일체의 형태적 모습이 가정이다. 가정은 운명 공동체이다.

그러나 죄인 된 인간은 가정을 운명 공동체(Gemeinschaft)가 아니라 이익 공동체(Gesellschaft)로 바꾸었다.[41] 아버지는 아버지대로, 어머니는 어머니대로, 자녀는 자녀대로 각자의 다양성만을 찾으며 일치를 이루지 못하게 되었다. 결국 불행하게 되었다. 결혼의 하나 됨이 사라졌다. 고독한 개인만 쓸쓸히 남게 되었다.

몰트만은 삼위일체 하나님을 인간이 나타내는 방식을 관계성, 평등성, 개방성으로 정리하였다. 한마디로 삼위일체는 하나님의 관계성과 하나님의 책임지심으로 나타난다. 이것은 결혼에서 관계를 잘 이루고 책임을 잘 지면 진정한 행복이 결혼에서 이루어진다는 것이다. 하나님이 의도하신 진짜 행복한 결혼이 된다는 것이다.

결혼에서 부부 서로가 '온전한 관계'와 '온전한 책임짐'으로 하나님의 삼위일체성을 드러내고 실현한다.

전문가들도 관계는 바른 사랑의 핵심이라고 말한다

각 분야의 전문가들도 관계야말로 바른 사랑의 핵심이라고 했다. 성공학자 나폴레옹 힐은 "성공의 70%는 인간관계에 달려있다"라고 말했다. 대인관계의 중요성을 말한 것이다.

하버드대에서 79년 동안 연구한 세계 최장기간의 연구보고서가 2017년 발표되었다. 성인 724명을 79년간 추적 조사 연구한 것이다. 폭넓고 깊이 있는 인간관계는 육체적 정신적 건강을 매우 높게 증진한다고 한다. 또한 정신적 능력과 기억력까지 향상하게 한다고 보고서는 말한다. 네 번째 연구 책임자 로버드 월딩거 박사는 다음과 같이 연구 결과를 발표했다.

가족, 친구, 공동체의 대인관계를 잘하는 사람이 좀 더 행복하고 성공적인 삶을 살았다. 외로움은 삶에서 독이 된다. 대인관계는 양보다는 친밀도와 깊이가 더 중요했다.

미국의 성격심리학자 해리 스텍 설리번(Hary Stack Slivan)은 성격이 "개인이 대인관계에서 다른 사람을 다루는 특징으로 구성된다"라고 했다. 이것은 결국 건강한 성격은 건강한 대인관계에서 시작된다는 것이다. 개인의 생활 만족도와 안녕감에 대인관계가 가장 중요하게 영향을 미친다고 하였다. 또한 정신병리 문제나 심리적 문제의 대부분이 대인관계에서 유래된다고 했다. 다르게 말하면 대인관계를 잘하면 심리적 문제와 정신병리적 문제가 거의 없다는 것이다.

이처럼 인간관계를 바르게 하는 것은 모든 바른 사랑의 핵심이다. 전문가들도 모두 동의하고 있다. 부부도 사랑을 열심히 하려는 노력보다 모든 사람과 온전한 관계를 잘 맺는 것이 행복의 매우 중요한 기초가 된다.

관계를 잘하면 사랑의 고민도 해결된다

하나님과의 관계, 인간관계, 나와의 관계, 자연과 국가, 사회, 문화와의 관계를 잘하면 부부 사랑의 고민도 해결된다. 연인과의 고민도 해결된다.

차를 주행하다 보면 차 간 거리가 매우 중요하다. 너무 가까우면 사고가 난다. 정신과 의사 윤홍균의 『자존감 수업』에서 "적당한 거리가 나를 지켜 준다"라고 하였다. 또 너무 멀면 느려서 흐름을 막는다. 갈 곳에 너무 늦게 도착한다. 차를 통한 누림도 없어진다.

대인관계에서의 거리도 마찬가지이다. 너무 가까우면 집착이고 관계 중독이 된다. 상대를 자기의 수단으로 여기게 된다. 너무 멀면 가족이나 공동체가 아니게 된다. 무관심과 방관자가 된다. 본인도 고립이 된다. 각자의 인간관계의 정도에 맞게 대인관계의 거리를 잘 조절해야 한다. 거리에 맞게 잘 관계를 맺어야 한다. 그러면 삶이 풍요로워진다. 대인관계도 풍성하고 깊게 된다.

개인심리학, 성격 이론을 정립한 아들러(Alfred W. Adler)는 "모든 고민은 인간관계에서 비롯된다"라고 했다. 환경이나 초기 양육자보다 전체 모든 유기체적인 대인관계에 의하여 인간의 성격이 형성되고 행복과 불행이 결정된다고 했다. 모든 중요한 문제들은 사회적이기 때문에 개인을 사회와 분리하여 생각할 수는 없다.

윌리엄 글래서(William Glasser)는 대인관계의 중요성을 주장했다. 인간이 생존하고 잘 살아가는 데는 기본 욕구(Basic Need) 5가지가 있다고 했다. 생존 욕구와 나머지 4가지의 심리, 정서적 욕구가 있다. 사랑과 소속의 욕구, 힘과 성취의 욕구, 자유의 욕구, 즐거움의 욕구이다. 이 5가지 모두가 사실 건강한 대인관계를 통하여 이루어지는 것이다. 대인관계를 잘

하는 것이 행복한 삶에 가장 중요한 요소라고 본 것이다.

아리스토텔레스는 인간을 사회적 동물이라고 했다. 이는 인간이 대인관계를 통하여 비로소 자신이 되는 존재라는 뜻이다. 부부가 하나 되는 관계를 이룰 때 자신이 가장 건강하게 회복된다.

기시미 이치로, 고가 후미타케는 『미움받을 용기』에서 "인간의 모든 고민들은 대인관계에서 비롯된다. 대인관계를 못 하는 제일 큰 걸림돌은 바로 자신과의 관계가 원활하지 못하기 때문이다"라고 말했다. 자신과의 관계가 원활해야 자존감이 높다는 것이다. 건강한 자아상을 갖고 있다는 말이다. 이런 사람은 타인에게 미움받는 것을 두려워하지 않는다는 것이다. 결국 행복을 충분히 누리게 되며 대인관계도 계속 더 좋아진다는 것이다.

문은식, 박선환은 『대인관계 심리학』(2018)에서 "인간의 행복은 대인관계가 가장 결정적으로 영향을 미친다"라고 말했다. 고려사이버대학교 상담심리학과 교수 김원경은 『대인관계 심리학』(2019)에서 이렇게 말했다.

대인관계 개선을 통해 보다 행복한 삶을 누릴 수 있는 실천적 노력을 해야 한다. 그리고 심리학적 지식과 이해는 상대방을 이해하기 이전에 자신에 대한 이해를 위해 매우 필요하다. 대인관계의 어려움을 해결하기 위한 방안으로 상대방을 분석하기 위해 심리학을 적용하기 이전에 자신을 분석하고 이해하는 데 적용하는 것이 우선되어야 한다.

우리가 맺는 모든 인간관계를 잘 해결하면 부부 사랑, 자녀 사랑의 고민도 대부분은 해결이 된다. 성경은 세상을 이기는 힘이 믿음이라고 말한다(요일 5:4). 이 믿음도 본질은 하나님과 온전한 관계를 잘 회복하는 것이다.

결국 인생의 성패는 하나님과 어떤 관계를 맺느냐에 달려있다. 부모와 공동체와 어떤 관계를 맺느냐가 배우자와 진정한 하나가 되는 관계를 맺는 데 가장 중요한 것 중 하나이다.

5. 결혼 나무의 셋째 줄기는 '책임짐'

부부와 부모의 책임도 삼위일체 하나님을 잘 알면 된다

상담 사례 – 아버지 역할과 어머니 역할, 부부의 역할의 기준과 근거는?

답변

삼위일체 하나님에게서 가정의 역동과 가족의 역할과 그 책임을 정리할 수 있다. 아버지, 어머니, 부부의 역할이 정확하게 여기에 근원을 가지고 있다. 왜냐하면 삼위일체 하나님이 가정을 만들었고, 하나님을 잘 나타내는 데 가정의 존재 목적이 있기 때문이다. 공동체성과 관계성, 책임감으로 삼위 하나님을 잘 드러내도록 가정이 창조된 것이다.

아버지와 남편은 하나님 아버지를 닮아야 한다. 이것은 가정을 섬기는 바른 리더십으로 책임지는 것을 말한다. 자녀의 훈육과 리더십을 책임진다.

어머니와 아내는 예수님을 닮아야 한다. 가정에 긍휼과 사랑과 인격과 수용과 중재함으로 온전한 회복을 실천해야 한다. 자녀의 인격과 성품을 책임진다.

부부의 하나 됨은 성령 하나님을 드러낸다. 부부의 친밀함과 대화를 통해 부부의 온전한 하나 됨과 성숙함을 이룬다. 이는 성령 하나님을 통해 이루어진다. 부부의 하나 됨은 자녀의 성숙과 좋은 대화와 좋은 대인관계를 하도록 책임진다.

이렇게 책임을 잘 지는 가정에서 자녀가 잘 성장해서 부모를 떠나 결혼하게 해야 한다. 그런 자녀는 또 다른 가정을 이루면서 남편과 아내, 부모로서 책임을 잘 감당하여 좋은 가정을 이루게 될 것이다. 하나님 아버지, 예수님, 성령님을 잘 드러내는 역할과 책임짐을 자녀들도 이루게 될 것이다. 그렇게 되면 이 세상에 존재하지 않는 최고의 가정, 하나님 나라의 임재가 있는, 세상이 알지 못하는 행복한 가정을 이루게 된다.

삼위일체 하나님이 세상과 함께 결혼도 창조하셨다. 그래서 결혼에는 삼위일체 하나님의 속성이 나타나야 한다. 가정의 역동도 하나님의 삼위일체의 요소를 드러내는 것으로 초점을 맞추면 가정의 문제가 잘 해결이 된다. 결혼에서 부부의 역할과 책임도 삼위일체 하나님을 이해하면 정리가 잘 된다. 부모의 책임과 역할도 삼위일체의 속성을 이해하면 선명하게 정리가 된다.

삼위일체 하나님의 대표적인 속성이 온전한 관계성과 온전한 책임성이다. 결혼에서는 부부의 책임, 부모의 책임을 잘 감당하는 것으로 삼위일체를 드러낸다. 부부와 부모의 역할과 책임과 관계성의 기준과 방법도 여기에서 찾는다.

부부가 온전히 하나 되는 관계가 하나님의 삼위일체의 관계성을 드러낸다. 원수까지도 사랑하는 놀라운 관계성을 이루는 것이 바로 부부의 하나 됨이다.

삼위일체 하나님의 두 번째 특징인 책임을 부부와 부모가 다 감당해야 한다. 서로에게 바른 역할을 다하고 헌신과 섬김으로 책임을 다해야 한다. 예수님도 우리에게 그렇게 하셨다. 교회도 예수님께 그리해야 한다.

바울은 에베소서에서 "남편은 예수님이 교회에게 하듯이 해라. 아내는 교회가 예수님께 하듯이 해라"라고 했다. 부부는 상대에 대한 온전한 책임을 다해야 한다. 그럴 때 결혼으로 이루어진 가정이 하나님 나라의 모습을 잘 드러내게 된다. 이것을 본 자녀들도 부모의 하나님 나라를 이루는 실질적인 신앙을 따라 잘 양육될 것이다.

이렇듯 아버지 역할, 남편 역할, 어머니 역할, 아내 역할, 부부의 하나 됨의 역할과 책임이 삼위일체로 잘 이해되어야 한다. 자녀에게 좋은 부모의 기준도 여기에 있다. 필자는 부모 상담과 교육을 바로 이 삼위일체 하나님의 관점에서 하고 있다. 아버지의 역할과 책임, 어머니의 역할과 책임도 삼위일체 하나님의 속성을 드러내는 것에서 시원하게 해답을 얻는다. 바로 부모 각자의 역할에 따른 책임성이다.

결혼의 3가지 책임을 알고 실천하자

삼위일체 하나님의 3가지 속성에서 결혼의 3가지 책임이 나왔다. 그래서 결혼생활에서 3가지를 잘 알고 실천하면 하나님 나라가 임할 것이다. 언약의 3요소도 똑같다. 이것을 기본 틀로 랜돌프(Randolph, Paul)는 '가족 언약 모델'을 만들었다. 필자가 좀 더 쉽게 다음 <그림 10>에 요약하여 나타내어 보았다.

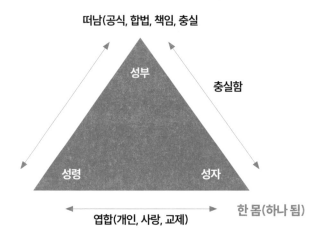

<그림 10> 삼위일체로 본 결혼의 책임 42)

언약의 3요소는 떠남, 연합, 한 몸이다. 이는 하나님의 삼위일체의 모습에서도 똑같이 나오는 요소이다. 언약의 하나님이시면서 삼위일체 하나님이시니 당연하다.

삼위일체 하나님의 3가지 모습은 각각의 고유 사역을 하시면서도 동등하게 존재하며 협력하는 것이다. 부부도 그렇게 각자 잘 존재하면서 협력하고 서로가 자신도 되고 다른 것도 되는 신비를 드러내야 한다.

부부의 결혼 언약 3요소는 떠남과 연합과 한 몸이다. 이 3요소는 서로 협력하며 영향을 주고받을 때 온전한 결혼이 된다.

<그림 10>의 삼위일체로 본 결혼에서 세 변과 세 각은 서로 유기적이고 탄력적이다. 서로 보완·보호하는 관계이다. 어느 한 편으로 기울어져서도 안 된다. 세 각은 올바른 가정 장막을 위한 두 사람 모두의 준비도, 성숙도, 적시성, 적절성 등을 말한다.

떠남(공식적이고 합법적)은 성부 하나님을 드러낸다. 준비됨과 성숙과 거룩함과 훈련을 말한다. 연합(개인적, 사랑)은 성령 하나님을 드러낸다. 대인관계, 대화법, 친밀감을 누리는 방법, 서로 이해하기, 서로 공감하기, 배려하기, 희생하기 등등을 말한다. 한 몸은 성자 하나님을 드러낸다. 부부가 한 몸이 되는 것은 성관계와 마음을 하나가 되게 하는 것과 영적 깊은 교류를 하는 전인적인 하나 됨이다.

이렇게 삼위일체 하나님의 3가지 속성에서 결혼의 3가지 책임이 있다. 떠남, 연합, 한 몸 됨이다. 이 3가지를 잘 알고 각각 잘 실천하고 책임을 지면 하나님 나라가 결혼 가운데 임한다.

하나님 아버지, 아버지와 남편의 책임이다

하나님 아버지를 가정에서 가장 잘 드러내는 사람이 아버지와 남편이다. 아버지와 남편 역할과 책임은 바로 하나님 아버지의 책임지심과 리더십에서 출발한다. 그렇게 되면 부부생활도 좋아지게 하는 좋은 남편이 된다. 자녀 양육도 잘하는 아버지가 된다. 바르게 책임지는 것이 아버지와 남편의 가장 중요한 역할이다.

하나님 아버지는 하나님의 일하심과 사랑하심의 기원이고 근원이다. 하나님 아버지의 뜻은 존재하는 것들의 유일한 근원과 권위가 되신다.[43] 하나님 아버지께서 창조하셨다.[44] 삶의 근원이 되신다. 독생자 예수님의 아버지이시다. 성령의 내쉼의 주체이시다. 권위의 근원이시다.

따라서 가정에서도 자연스럽게 아버지와 남편이 이런 하나님 아버지의 역할을 더 많이 해야 한다. 가정을 창조하고 이끌고 책임지고 보호한다. 바른 곳으로 인도하여 가게 한다. 가정의 지붕 역할을 한다.

구약에서 아버지를 가리키는 말은 '압'[45](ab)이다. 이 단어 어근의 명사는 앗시리아어의 '결정하다'를 뜻하는 'abu'이다. 아버지는 '결정자'라는 말이다. 유대인들은 가정에서 영적 지도자, 제사장의 역할을 했다(창 12:8; 욥 1:5). 아버지는 자신의 가치, 하나님 나라 신앙도 자녀에게 전달했다.[46] 아버지는 성부 하나님을 드러낸다. 결정하고 바르게 지도하며 가정 전체적인 것을 책임지고 보호한다.

남편도 하나님 아버지를 드러내어야 한다. 아내를 이끌고 책임지고 보호하며 섬겨야 한다. 가정을 최종적으로 책임져야 한다. 먼저 종이 되어 섬기며 솔선하여야 한다. 아가서 2장 3-16절에서 술람미는 남편인 솔로몬을 가정의 머리, 부양자, 보호자 및 지도자라고 고백했다.

하나님 아버지의 속성을 가정의 아버지와 남편이 책임지면 된다. 가정에서 아버지와 어머니가 갖는 자녀에 대한 권위, 부부 서로에게 갖는 권위들이 모두 하나님 아버지의 속성에서 시작한다.

그런 점에서 자녀 양육에서 훈육적인 부분은 어머니도 일부 하지만 더 많은 부분을 아버지가 주로 담당하는 것이 좋다. 실제 훈육 효과도 좋다. 그럴 때 자녀는 더 인내하고 예의 바르고 권위에도 순종하는 아이가 된다. 학교나 교회 공동체에도 잘 적응하는 아이가 된다.

성자 하나님, 어머니와 아내가 책임지라

성자 하나님, 예수님의 십자가 사랑을 가장 잘 드러내는 것이 어머니의 모성애와 아내의 사랑이다. 어머니와 아내의 역할과 책임은 바로 예수님의 용서와 사랑과 긍휼과 수용에서 출발한다. 그래서 어머니와 아내 역할과 책임도 예수님을 주로 드러내는 것으로 잘 정리가 된다.

예수님은 보이지 않는 하나님의 뜻을 잘 나타내신다.[47] 하나님을 버리고 죄악 가운데 살아가는 창조의 세상과 인류 구원을 감당하셨다. 이 사역을 위해 인간의 몸을 입으셨다. 탄생하시고 낮아지셨다. 인간이 당할 모든 심판과 저주를 대신 당하셨다. 하나님과 인간을 화해시키고 인간을 구원하셨다. 진리가 우리를 자유하게 하는 것을 이루었고, 그 진리는 예수님이라고 말씀하신다. 그래서 사랑하는 것의 근거가 예수님이 되신다. 하나님과 성도의 사랑, 부부의 사랑, 부모 자녀의 사랑, 형제의 사랑, 연인의 사랑, 성도의 사랑을 모두 예수님의 사역에 근거를 두고 추구해야 한다.

어머니와 아내가 예수님의 사역을 주로 가정에서 드러내야 한다. 자녀의 인격적인 부분과 사랑하는 부분을 주로 어머니와 아내가 감당해야 한다. 남편과 자녀를 칭찬하고 소속하게 하고 돌보고 긍휼히 여기고 인정하는 역할과 책임이 주된 것이다. 예수님의 속성을 가정의 어머니와 아내가 주로 드러내며 책임져야 한다.

성령 하나님, 가정에서 부부가 하나됨으로 책임지라

성령 하나님을 가장 잘 드러내는 방법은 부부가 하나 되는 것이다. 부부가 친밀하고 성숙하여 온전한 하나가 되면 성령님을 제일 잘 드러내게 된다. 자녀도 그런 부부를 보면서 성령님의 임재와 인도를 느끼고 깨닫게 된다. 부부의 하나 됨은 성령님의 "하나 되게 하심을 힘써 지키라!"(엡 4:3)라는 말씀을 가정에서 책임지며 이루는 것이다.

성령님의 사역은 가정에서 가족이 하나가 되는 관계성의 근거이다. 방법이고 원리이다. 소통과 대화에서도 근거와 힘이 되신다. 성령님은 모든 신적인 사역을 성령의 능력으로 효과 있게 하신다.[48] 예수 그리스도 안에서 일어나는 하나님과 인간의 화해를 깨달아 알게 하신다. 믿게 하신다. 복종하게 하신다. 새로운 피조물이 되게 하는 능력이다. 진리를 더 깊이 있게 하고 넓게 하신다. 하나님의 비밀이 성령 안에서 풍성하게 드러난다.

성령님은 하나님과 성도의 하나 됨, 부부의 하나 됨, 부모 자녀의 하나 됨, 형제의 하나 됨, 이성 교제의 하나 됨, 성도끼리의 하나 됨의 핵심 능력과 그 근거가 된다. 대화법, 차이의 이해, 서로의 교제 등의 모든 관계를 온전케 하는 일이 성령님의 사역이다. 그 중심이 된다.

결국 자녀가 대화를 잘못하는 것의 주원인도 부부의 하나 됨이 부족하기 때문이다. 자녀의 대인관계, 자녀의 성숙함, 자녀의 감정표현 능력, 학교와 교회 적응 능력 … 이 모든 교육은 부부가 하나 됨으로 가장 잘 이루어지게 된다.

그러니까 자녀의 대화 부족, 미성숙함, 대인관계능력 결핍은 결국 부모의 부부관계의 부족이 주원인이다. 부부의 하나 되지 못함으로 하나 되게 하시는 성령 하나님을 온전히 드러내지 못함이 자녀 양육 실패의 중요한 원인이다. 그러니 성령님의 속성을 가정에서 부부가 하나 됨으로 책임져야 한다.

책임지는 만큼 사랑하는 것이다

책임은 가장 중요한 사랑의 모습 중 하나이다. 책임지는 만큼만 사랑하는 것이기 때문이다. 책임지지 않는 사랑은 사랑이 아니다. 착취이며 수단이다. 노희경 작가는 드라마 '세상에서 가장 아름다운 이별'에서 이렇게 말한다.

사랑은 책임이야.

적어도 책임지려고 하는 노력이야.

그게 사랑인 거야.

책임 없는 사랑은 가벼워서

봄바람에도 날아가 바람이 되고, 먼지가 돼.

교황 요한 바오로 2세는 『사랑과 책임』에서 성(性)도 책임 없으면 사랑이 아니라고 했다. 책임을 지는 사랑만이 진정한 사랑이다. 책임을 지는 성(性)이 진정한 성이다. 책임지는 만큼만 사랑하는 것이다.

도종환 시인은 '꽃씨를 거두며'라는 시에서 "사랑한다는 일은 책임지는 일임을 생각합니다"라고, 사랑이 책임지는 것임을 노래했다. 도스토옙스키도 "실천적 사랑은 중노동이다. 실천적 사랑은 불굴의 용기다. 실천적 사랑은 견뎌내는 것이다"라고 했다. 실천적 사랑은 결국 책임진다는 것이다.

성경 룻기에서 보아스는 진정한 사랑이 책임지는 것임을 잘 보여준다. 자기 발밑에 있는 룻을 책망하지도 않고 오히려 안심시킨다. 아무 걱정하지 말라고 말하면서 그녀를 위로하고 체면을 세워준다. 양식까지 준다. 기업 무를 자로 책임을 진다. 고엘 제도이다.

놀랍게도 십자가 복음이 바로 이 고엘 제도로 우리를 책임지시는 예수님 사랑이다. 신랑으로 책임지시는 예수님 사랑이다. 십자가 후에도 승천하시면서 성령을 보내어 고아 같이 버려두지 않고 돌보고 인도하고 함께하시겠다고 하셨다. 끝까지 책임지는 사랑을 말씀하신다. 예수님은 "나는 양들을 위해 목숨을 내어놓는다"(요 10:11)라는 말씀으로 책임지는 사랑을 고백하셨다.

> 아버지께서 나를 사랑하신 것 같이 나도 너희를 사랑하였으니 나의 사랑 안에 거하라 요 15:9

정철은 『불법 사전』에서 "우연히 내게 찾아오는 사랑은 있지만 우연히 나를 떠나는 사랑은 없다. 사랑의 시작은 신의 책임일지 모르지만, 사랑의 끝은 내 책임이다"라고 책임지는 사랑을 말했다. 도산 안창호 선생님도 책임이 사랑이라고 말했다. "책임감 있는 이는 역사의 주인이요 책임감이 없는 이는 역사의 객이다"라고 했다.

2016년 한국사회여론연구소의 조사에 따르면 차기 대통령이 갖춰야 할 자질은 정직과 도덕성 40.6%, 책임감 21.9%, 강력한 지도력 19.1% 순이다. 세 개를 합하면 81.6%이다. 대통령 자질에도 책임성이 압도적이다. 이것은 부부 자격에도 마찬가지이다. 부부의 사랑을 서로 책임지고 정직하게 대하는 것으로 증명해야 함은 당연하다.

결혼 적령기의 남녀들은 어떤 성향의 배우자를 선호할까? 결혼정보회사 비에나래(www.bien.co.kr)가 2006년 5월 15일부터 6월 3일까지 전국의 미혼남녀 628명(남녀 각 314명)을 대상으로 '결혼 상대의 성격·생활 자세 중 선호하는 유형'을 설문 조사했다.

'배우자감으로 선호하는 생활 자세'에서 남성은 '성실성(37.3%)'을, 여성은 '책임감(41.8%)'을 1순위로 꼽았다. 반면 '배우자감으로 싫어하는 성격 유형'은 남녀 모두 '이기적인 면'이 가장 높았다. '남성'은 이기적인 면 23.4%, 감정적 11.7%, 부정적 10.2%, 너저분한 9.1% 등의 순이었다. '여성'은 이기적인 면 15.9%, 만사태평형 14.2%, 우유부단함 12.9%, 부정적 12.4% 등의 순이었다. '부부간의 성향이 정반대일 때 어떤 유형 간의 결합이 가장 화합하기 어려울까?'라는 질문에 '책임감 있는 여성-책임감 없는 남성' 커플이 남녀 모두 1위였다.

2021년 사람인(대표 김용환)이 기업 316개 사를 대상으로 '코로나 시대의 인재상 평가'에 대해 조사한 결과는 책임감이 더욱 중요함을 보여준다. 코로나 이후로 중요하게 평가하게 된 인재상 키워드로는 '책임감'이 48.1%(복수 응답)로 1위에 올랐다. 2위는 문제해결 능력 32.4%, 3위가 위기 대응능력 32.4%, 4위가 소통 능력 25.9%, 5위가 성실성 25% 순이다. 중요도가 낮아진 키워드로는 '도전정신'이 30.6%(복수 응답)를 기록했다. '열정'(16.7%), '창의력'(15.7%), 전문성(11.1%), 리더십(9.3%) 등이 그다음이었다.

설문 결과 코로나 시대의 불안정한 위기 상황에서는 도전이나 창의적인 인재보다는 책임감을 가진 안정적 인재를 원하고 있음을 알 수 있다. 배우자로 선호하는 사람도 책임감 있는 사람임이 드러났다. 행복한 부부의 사랑을 유지하는 데도 책임지는 자세가 중요하다는 사실을 확인한 것이다.

사랑은 책임과 의무를 지는 것이라고 하니 사랑이 힘든 일로 보일지도 모른다. 그렇지 않다. "진리가 너희를 자유하게 한다"라는 말씀처럼, 책임지는 것이 가장 쉽고 행복하며 자연스러운 일이다. 우리가 예수님을 사랑해서 예배드리고 수고하고 남을 용서하며 섬기는 실천적 수고를 한다. 이것이 어찌 고달픈 것인가! 이것으로 인해 가장 자유하고 하나님 나라의 풍성함을 누리게 된다. 책임지는 사랑만이 가장 좋고 행복하고 오래간다. 고달프고 힘든 것은 하나님 없는 나만의 사랑을 하기 때문이다.

이은영도 책임지는 사랑이 오히려 제일 자유하고 편안한 것이라고 말했다. '나는 참 늦복 터졌다'에서 "사랑은 책임과 의무가 아니다 사랑은 마음이 가는 것이다. 내 마음이 저절로 상대에게 가닿는 마음이다"라고 했다. 사람은 책임지는 만큼 사랑하는 것이다. 책임이 중요한 사랑의 모습이다.

이렇게 될 줄을 알면서도

조병화

…

나는 온 생명을 바치고 노력을 했습니다.

인생이 걷잡을 수 없이 허무하다 하더라도

나는 당신을 믿고 당신과 같이 나를 믿어야 했습니다.

살아 있는 것이 하나의 최후와 같이 당신의 소중한 가슴에

안겨야 했습니다.

이렇게 될 줄을 알면서도

6. 결혼 나무의 꽃과 열매는 '하나님 나라'

상담 사례 – 자녀들이 교회를 떠나는 이유?

답변

나무는 물과 영양분과 뿌리들은 눈에 잘 보이지 않습니다. 결국 나무를 가장 잘 확인하는 것은 꽃과 열매를 확인하는 것입니다.

부모의 신앙이 꽃과 열매가 부족하거나 거의 없기 때문에 자녀들이 교회를 떠나는 것입니다. 하나님을 거북하게 여깁니다. 부모의 교회 헌신과 종교적 열심으로는 자녀들에게 설득력이 없습니다. 이단이나 사이비 종교도 그런 건 할 수 있기 때문입니다. 자녀들은 이미지 세대입니다. 영상에 익숙하고 게임에 익숙합니다. 그러니 한눈에 부모의 삶을 보고 하나님 나라인지 부모의 나라인지를 판단합니다.

기도도 많이 하고 예배도 많이 드리고 헌신도 많이 하는 부모의 열심이 자녀들에게 큰 설득력을 주는 것이 아닙니다. 성경 많이 본다고 자녀들이 감동하고 도전받지 않습니다. 나무는 그 열매로 좋은 나무인지를 결정됩니다. 나무는 꽃으로 어떤 나무인지를 결정합니다.

부모가 부부끼리 정말 서로 예수님처럼 사랑하는 꽃을 피워야 합니다. 부모가 자녀에게 인격적이고 소유보다 존재론적으로 대하는 뜨거운 사랑으로 좋은 열매를 맺어야 합니다.

결국 부모와 신앙의 선배들이 바른 믿음을 꽃과 열매로 맺어야 합니다. 바로 하나님 나라를 드러내는 것이 가장 좋은 열매이고 꽃입니다. 원수까지도 사랑하는 하나님 나라의 열매와 꽃들을 가정에서 맺어야 합니다. 사람을 차별하지 않고 연약하고 불쌍한 사람을 돌보고 섬기는 공의와 정의와 인애를 살아내야 합니다. 부모의 인격이 좋아서 자녀와 다음 세대를 친절하게 대하고 불쌍히 여기며 존중하여야 합니다. 죄와 죽음과 사단을 정복하고 이기며 세상이 주지 못한 평안을 누리는 초월성도 보여야 합니다.

"엄마, 아빠를 보니 하나님 나라가 보입니다"라는 꽃과 열매로 증명되어야 자녀와 다음 세대가 하나님 나라를 보고 믿게 되는 것입니다.

당신의 자녀에게 "아들아, 딸아 우리를 보면 하나님 나라가 있다는 것이 보이느냐?"라고 물어보시길 바랍니다. 당신이 이루는 결혼생활이 하나님 나라로 열매와 꽃을 피우고 있는 것인지 단번에 확인될 것입니다.

결혼 나무의 꽃과 열매는 하나님 나라이다. 나무를 보면 나무도 기둥도 뿌리도 물도 영양분도 보이지 않는다. 대부분 꽃과 열매가 겉으로 드러나 보인다. 신앙생활은 결국 마지막에 하나님 나라를 드러내고 이루고 전하는 것이다. 결혼도 결국 마지막에 하나님 나라가 잘 드러나면 잘하는 것이다.

꽃과 열매의 특징이 있다. 꽃과 열매는 외부에서 나무를 잘 보여준다. 동시에 나무가 존재하는 목적이다. 결혼에서 증명되어야 할 것은 하나님 나라이다. 부부와 자녀의 바른 신앙의 증거는 하나님 나라여야 한다. 부부, 부모와 자녀 간의 관계로 하나님 나라가 증명되어야 한다.

꽃과 열매로 사람들에게 보이는 결혼 나무는 행복이라 정의된다. 우리의 가정은 하나님 나라가 되어야 한다. 하나님 나라가 세워진 가정은 완벽하다. 행복하다. 하나님 나라처럼 온전하다. 가정은 진실한 공동체이다. 하나님 나라가 세워진 가정은 부부가 행복하다. 부모와 자녀 사이가 행복하다. 결혼 나무가 하나님 나라라는 꽃과 열매로 피워졌기 때문이다.

결혼은 하나님 나라 드러내기이다. 결혼으로 이루어진 가정은 하나님 나라가 드러나는 곳이다. 하나님 나라가 놀랍게 확장되는 곳이다. 결혼은 결혼 나무로 설명된다. 결혼과 가정은 결혼 나무의 핵심 5가지로 설명할 수 있다. 결혼 나무의 원리를 이해하고, 그것에 맞게 살아갈 때 가정에 하나님 나라가 꽃 핀다. 가정에 하나님 나라의 열매가 맺힌다. 이런 결혼이 우리가 해야 할 결혼이다.

결혼을 단순하게 "열심히 사랑하며 살면 되겠지!"라고 쉽게 생각하면 안 된다. 열심히 사랑하고 열심히 일해야 하지만, 그보다 더 중요한 것은 바르게 결혼하고 바르게 살고자 노력하는 것이다. 우리가 결혼 나무 핵심 5가지를 잘 준비하면 결혼 나무가 튼튼하고 풍성하게 자란다.

결혼 나무의 꽃은 하나님 나라이다

결혼 나무의 꽃은 하나님 나라이다. 성령의 기름 부으심이 있으면 하나님 나라가 이미 가정과 교회에 강력하게 임한다.

나무에 꽃이 피면 아름답다. 황홀하다. 십자가로 살아가는 삶이라면 그 인격에서 예수님의 향기와 냄새가 난다. 그것이 바로 꽃이다. 사람들이 작은 예수님 같은 이미지를 느끼게 살아야 꽃이고 하나님 나라이다.

자신을 가장 잘 아는 배우자에게서 "당신은 예수님 같습니다"라는 말을 들으며 사는 것이 하나님 나라이다. 꽃이 가득한 결혼 나무이다. 초대교회 성도들이 '그리스도인'이라는 말을 들은 것은 그들이 세상 사람과 다른 하나님 나라의 꽃과 열매를 드러낸 삶을 살았기 때문이다.

성령이 충만하여 희락이 넘쳐야 한다. 늘 감사와 기쁨이 가득한 것이 꽃이 활짝 핀 하나님 나라를 사는 것이다. 배우자와 가족에게 먼저 감사와 기쁨이 넘치지 못하면 이미 꽃과 열매가 시들거나 없는 초라한 나무이다. 하나님 나라가 드러나지 못하는 것이다.

"평안하뇨?" 예수님이 제자들과 당신의 사람들에게 많이 물으셨던 질문이다. 예수님은 "세상이 주지 못하는 평안을 주노라"라고 하셨다(요 14:27).

평안을 너희에게 끼치노니 곧 나의 평안을 너희에게 주노라

내가 너희에게 주는 것은 세상이 주는 것과 같지 아니하니라

너희는 마음에 근심하지도 말고 두려워하지도 말라 요 14:27

그래서 어떤 경우에도 불안과 두려움 없이 평안과 초월성이 넘치는 것이 꽃이다. 하나님 나라를 이미 이 땅에서 누리는 것이다.

성도라고 하면서 세상 사람들과 같은 이유로 염려하고 두려워하는 것은 꽃이 없는 초라한 나무의 삶이다. 하나님 나라가 아니라 내 나라를 사는 삶이다. 성도라고 하면서 세상 사람들과 같은 이유로 비난과 비판과 화를 내는 것은 꽃이 없는 초라한 나무의 삶이다. 하나님 나라가 아니라 내 나라를 사는 삶이다.

그렇게 되면 자녀들과 다음 세대들의 눈에 초라하고 거짓되어 보이기에 하나님 나라를 느끼지 못한다. 그런 사람들의 종교적 열심은 그저 광신도 같은 모습으로 비쳐서 매력적이지 않게 된다. 결혼 나무의 꽃은 그래서 하나님 나라이다.

결혼 나무의 열매는 하나님 나라이다

결혼 나무의 열매도 하나님 나라이다. 꽃이 귀한 이유는 꽃이 지고 그 꽃에서 열매를 맺기 때문이다. 나무의 최종 목적은 꽃보다도 열매를 얻기 위함이다. 마찬가지로 결혼의 최종 목적은 하나님 나라를 이 땅에 풍성하

게 살아내는 것이다. 하나님 나라를 확장하는 것이다. 하나님 나라를 전하고 증거하는 증인과 제자의 삶을 사는 것이다. 결혼은 단순히 나 하나 외롭지 않으려고 하는 것이 아니다. 나 하나 더 잘 살려고 결혼하는 것이 아니다. 하나님 나라를 살아서 전하고 증거하는 삶이 궁극적인 목적이다.

얼마 전에 필자가 권사님들 연합집회에 강사로 간 적이 있다. 그래서 질문을 던져보았다. "다시 태어나도 지금의 남편과 결혼하고 싶나요?" 돌아오는 대답은 70%가 "미쳤어요? 지금 남편과 또 살게….'라고 했다. 20%가 "글쎄요?"라고 했고, 대략 10%가 "지금 남편하고 또 살고 싶다"라고 했다.

그러면 이들의 남편들은 과연 어떨까? 남전도회 연합회 강사로 갔을 때 궁금해서 물어보았다. "지금 아내에게 만족하고 행복하십니까?"라고 물어보았다. "아내에게 만족합니다"가 40% 정도였다. "그저 그렇다"가 10%, "아내에게 불만이 많다"가 50%였다. 여성보다는 남성이 결혼 만족도가 더 높다. 하지만 여전히 만족하지 못한 사람이 더 많다.

그러면 이들의 자녀들은 과연 부모의 신앙생활에 도전받으며 하나님 나라를 보고 있을까? 대부분은 아닐 것이다. 얼마 전에 어떤 기관의 조사에서 교회 다니는 고3 학생이 대학 진학으로 부모와 떨어져 타지에서 살때의 교회 출석률을 조사한 것이 있다.

'교회 여전히 열심히 나간다'라는 응답이 10%가 채 안 되었다. 90%가 부모의 압력이 없으면 교회에 가지 않는 슬픈 현실은 사실 그동안 자녀가 부모의 삶에서 하나님 나라를 보지 못했기 때문이다. 하나님 나라를 보지 못하니 하나님이 계신다고 믿지 않게 된 것이다.

가정과 결혼이라는 가장 밀접한 삶에서 하나님의 나라를 보이지 못하는 신앙은 이중적이며 형식적인 신앙이다. 이런 신앙은 다른 사람을 변화시킬 힘이 없다. 열매가 없는 나무처럼 잎만 무성하여 예수님께 징계받은 나무처럼 되는 것이다.

결혼은 핵심 5가지로 결국 하나님 나라를 열매 맺는 신비로움이다. 풍성함이다. 죽음도 초월하고 가난과 부도 초월하는 자유와 풍성함을 결혼생활에서도 드러내어야 한다. 결혼의 마지막은 하나님 나라를 이루는 열매를 맺는 것이다. 결혼 나무의 최종 열매는 하나님 나라이다. 결혼에서 추구하고 목적하는 것도 하나님 나라이다.

결국 성경이 말하는 바른 결혼은 이 5가지를 탄탄하게 이루는 것이다. 결혼 나무는 그것을 잘 이해하도록 돕는다. 열심히 사랑하는 노력보다, 열심히 일하는 노력보다 바르게 사는 것이 더 중요하다. 마찬가지로 결혼도 이 5가지를 잘 준비하는 것이 다른 어떤 준비보다 중요한 준비이다. 그렇게 되면 더 행복하고 좋은 결혼이 된다.

부디 결혼해야 하는 사람들은 이 5가지를 잘 준비하자. 그래서 하나님 나라를 이루는 결혼 나무를 가꾸자. 이미 결혼생활을 하고 있는 사람들은 이 5가지로 잘 점검하자. 그래서 하나님 나라를 열매 맺자. 복된 하나님 나라가 이루어지는 결혼 나무를 가꾸자.

소장님 두 아들이 "우리 집이 천국입니다"라고 하는 비결은?

여러 강의, 집회, 상담을 하면서 다음과 같은 질문을 많이 받는다.

"소장님은 두 아들이 '우리 집이 천국 같다'라고 한다고 말씀하셨습니다. 정말 쉽지 않을 텐데 그렇게 가정 천국을 이루는 비결은 무엇인가요?"

정답은 결혼 나무의 5가지 요소를 잘 이룬 것이라고 말할 수 있다.

첫째, 십자가 복음으로 은혜를 누리면서 먼저 각자가 자기 부인을 하며 사는 것이다.

둘째, 이로 인해 성령이 기름 부어져서 원수도 사랑하는 하나 됨의 능력이 주어지는 것이다. 내 힘이 아닌 성령의 힘으로 조건을 넘어서는 사랑이 되는 것이다.

셋째, 언약 사랑을 드러내어 서로 존재적 사랑을 하게 되는 것이다. 예수님이 우리를 싫어하시는 것이 불가능한 그 언약 사랑을 배우자와 자녀에게 하게 되었다.

넷째, 책임지고 온전하게 인간관계를 잘 맺는 것을 잘했다. 어릴 적에는 나병 할아버지를 책임지고 씻기며 더럽다고 하지 않았다. 중, 고, 대학생 시절에는 알코올 의존 아버지를 미워하지 않고 용납하며 사랑했다. 책임지고 온전한 관계를 지속적으로 유지한 것이다. 소속된 교회에서나 현직 교사 시절의 삶도 다르지 않았고, 지금은 상담 전문가로, 목사로 책임지고 관계를 잘 이루어 가고 있다.

다섯째, 이 4가지가 모여 꽃이 피고 열매를 맺어 결국 하나님 나라를 이 땅에서 살아내고 있다는 것이다. 물론 완벽하다는 것이 아니다. 부족하지만 조금씩 더 하나님의 품으로 가까워지고 있는 것을 하나님은 온전하다고 여겨주신다.

결혼 나무의 진정한 꼴과 열매는 하나님 나라의 임함이다. 드러냄이다. 누림이다. 그리고 전하고 확장됨이다.

당신으로 익어갑니다.

태어나 살아온 28년 청소년 기간은
당신 기다린 날로 행복했습니다.

살아가고 있는 지금은, 당신 만나 살아가는 30년은
당신과 하나님 나라 살아가는 것으로 따뜻하게 익어갑니다.

당신 빼면 내가 없고, 당신으로 나는 내가 됩니다.

반이 만나 하나가 아니라, 둘이 더 큰 하나가 되어

더 큰 하나님 나라 되었습니다.

세상보다 큰 내가 되었습니다.

여보, 난 그렇게 당신으로 익어갑니다.

내 평생이 당신으로 향기롭습니다.

– 결혼 30주년(2021. 7. 6.)을 맞으며 / 남편 서상복

1. 성경이 말하는 결혼 나무의 6요소/ 한눈에 쉽게 정리한 성경적인 가정 한마디로 결혼과 가정은 하나님 나라가 이 땅에 이루어지는 것이다. 그 구체적인 6가지 요소는 나무에 비유하여 설명하면 쉽다. 6요소의 핵심 내용을 한 가지 이상 적어보고 나누자.

   ① 1요소: 결혼의 뿌리는 '자기 부인'(십자가)

   ② 2요소: 결혼 나무의 물과 영양분은 '하나 됨'(성령)

   ③ 3요소: 결혼 나무의 첫째 줄기는 '사랑'(언약)

   ④ 4요소: 결혼 나무의 둘째 줄기는 온전한'관계'(삼위일체)

   ⑤ 5요소: 결혼 나무의 '셋째 줄기'는 온전한'책임짐'(삼위일체)

   ⑥ 6요소: 결혼 나무의 '꽃과 열매'는 '하나님 나라'

2. 계약 사랑과 언약 사랑의 차이를 자기 나름대로 구분해 보자.

3. 언약의 3요소로 본 가정은 서약, 사랑, 율법이며, 서로 균형을 가지자.

4. 삼위일체 하나님의 사역을 먼저 제대로 이해하자.

   ① 하나님 아버지의 사역: (아버지와 남편) 가정에서도 권위의 근거가 되심.

   ② 예수님의 사역: (어머니와 아내) 가정에서 사랑의 근거가 되심.

   ③ 성령님의 사역: (부부의 하나 됨) 가정에서 하나 되는 관계에 근거가 되심. 소통의 근거가 되심. 자녀 대인관계, 감정표현 능력 향상, 성장

2장. 포인트 결혼 나무의 6가지 요소

질문과 나눔

1. 성경적인 결혼 나무, 가정의 6요소이다. 자신이나 자신의 가정에 무엇이 부족하거나 잘못된 것인지 적어보고 개선점을 적고 나누어 보자.

　① 결혼의 1요소: 뿌리 = 자기 부인(십자가)

　② 결혼의 2요소: 물과 영양분 = 하나 됨(성령)

　③ 결혼의 3요소: 첫째 줄기 = 사랑(언약)

　④ 결혼의 4요소: 둘째 줄기 = 온전한 관계(삼위일체)

　⑤ 결혼의 5요소: 셋째 줄기 = 온전한 책임짐(삼위일체)

　⑥ 결혼의 5요소: '꽃과 열매' = '하나님 나라'

2. 우리의 연애도 결혼식도 결혼생활에서 '언약 사랑'이 아닌 '계약 사랑'이 되는 요소를 2가지 이상 적어보자

3. '언약 사랑'으로 사랑하기 위해서 나는 무엇을 개선하고 노력하면 될까?

4. 삼위일체 하나님과 우리의 결혼의 떠남, 연합, 한 몸 됨을 잘 이루는 것이다. 이것을 자기가 이해한 말로 설명해 보자. 그리고 자신에게 3가지 중 어느 부분이 부족한지와 개선 방법을 적고 나누어 보자.

적용하기

- 나의 연애와 결혼관에서 무엇을 수정해야 계약 사랑 < 언약 사랑과 온전한 관계 회복과 온전한 책임짐을 실천하는 것일까?
- 결혼과 가정을 성경적인 관점으로 결혼 나무 6요소로 정리했다. 그에 알맞게 살려면 나의 가정생활, 연애, 결혼, 부부, 자녀 양육에서 6요소 중 특별히 무엇을 수정하고 더 노력해야 할까?

3장

성경 속의 결혼식

1. 아브라함 언약

성경에서 가장 먼저 지금 우리가 하는 결혼식의 형식으로 결혼하는 장면은 바로 아브라함과 하나님의 결혼 언약의 장면이다. 부부의 결혼과 같이 하나님이 남편 되시고 아브라함이 신부가 되는 약속 이상의 언약이다. 지금의 결혼식도 이 결혼식의 형식을 그대로 따른다.

아브라함과 맺으신 은혜의 언약(창 15:8-17)에서 우리의 결혼 예배의 근거를 찾을 수 있다. 이 아브라함 언약이 결국 우리와 예수님과의 언약으로 온전히 성취된다. 그래서 예수님을 신랑으로, 우리가 신부로 언약을 맺는 것과 똑같이 우리의 결혼식에서도 남녀가 부부의 언약을 맺는다.

〈표 4〉 아브라함 언약, 성경 최초의 결혼 예배

우리의 결혼순서	아브라함의 결혼 언약	예수님의 새 언약(결혼 언약)
신랑 입장	하나님이 불로 갈라진 짐승 사이를 먼저 신랑으로 입장.	하늘 보좌를 떠나 이 땅에 성육신하심.
신부 입장	아브라함이 신부로 아멘으로 믿고 확신.	예수님을 믿음.
레드카펫 입장	하나님이 갈라진 짐승 사이를 통과하심.	십자가에서 예수님 피 흘리심. 우리가 믿어 죄 사함, 새사람 됨.

하나 됨	하나님과 아브라함이 결속되고 서로 언약을 지킴.	성령으로 하나 됨, 지성소와 성전 됨. 목마르지 않음, 천년왕국.
하나님 나라	아브라함의 후손에서 예수가 오셔서 믿는 이(아브라함의 자손)가 하늘의 별과 모래만큼 많아짐, 하나님 나라가 이루어짐.	자유함, 풍성함, 사망, 사단 이김. 하나님 나라 이미 이 땅에 누림 이 땅에 하나님 나라 전함과 확장. 그리스도의 피로 구속받은 백성이 재림으로 완성(계 21:3). 가나 혼인 잔치, 어린양 혼인 잔치 새 예루살렘.

하나님이 아브라함을 번성케 하며 열국의 아비가 되게 하겠다고 약속하신다.[49] 아브라함에게는 언약의 성취를 위해 순종을 요구하셨다. "너는 내 앞에서 완전하라." 하나님만 섬길 것을 언약의 조건으로 명령하셨다(창 12:1-17; 15:1-18; 17:2-14절).

창 17장은 15장에서 맺은 언약을 다시 강조하는 재언약의 부분이다. 창 15장은 아브라함과의 언약 장이다. 강인한 교수의 논문 "현대 기독교 결혼예식에 내포된 언약적 상징"에 따르면 아브라함의 언약이 점진적으로 발전해 그리스도와 성도의 언약을 드러낸다.[50]

이러한 결혼 언약이 필요한 이유는 결혼 언약이 부부간의 신뢰성을 확신시키기 때문이다. 하나님과 이스라엘 백성이 언약으로 신뢰성을 확신한 것과 같다. 결국 예수님을 신랑으로 믿는 모두는 신부로 영원한 원래의 결혼을 현재의 결혼에서 살게 하신다. 장차 어린양 혼인 잔치로 영원히 살게 하신다.

아브라함과의 언약의 내용은 두 가지이다.[51] 행복한 삶의 약속이 첨부된 은혜의 약속이다. 의로움을 높이기 위한 노력이다. 믿음과 순종을 인간 편에서 하나님께 약속하는 것이다. 이 언약의 징표로 할례를 주셨다. 할례는 아브라함의 육체에 새겼다. 신약시대에는 성례로서의 성령세례가 할례를 대신한다.

아브라함이 하나님과 언약을 맺을 때 제물인 고기를 쪼개어 하나님과의 언약, 하나님과의 영적 결혼을 준비했다. 그리고 하나님이 쪼갠 고기 사이를 지나가셨다. 이것은 십자가의 대속의 피를 상징하는 피를 흘리고, 그 사이를 하나님이 지나가시므로 성도와 하나님이 하나가 되었다는 것을 상징적으로 보여준다. 언약이 맺어지는 것이다. 진정한 예배와 언약 결혼이 되려면 쪼갠 고기 사이를 지나야 한다. 여기에 근거해서 지금 우리가 하는 결혼 예배에서도 신랑 입장을 하객들 사이로 하는 것이다. 신부 입장도 마찬가지이다.

예배당 가운데에 있는 붉은 카펫은 예수님의 보혈을 상징한다. 또한 아브라함 언약을 상징한다. 십자가에서 흘리신 예수님의 보혈로 하나님과 깊은 하나 됨을 이루는 것을 믿고 고백하는 것은 아브라함 언약에서 나타낸 것과 같은 내용이다.[50] 예배는 신부인 성도를 신랑인 예수님이 보혈과 성령의 기름 부으심으로 만나고 사귀는 과정이다.

결혼은 이것을 드러내어 남편과 아내가 언약을 맺는 것이다. 그러므로 지금의 결혼식과 결혼생활도 여기에 맞게 재정리되고 조명되어야 한다. 하나님이 하늘 보좌에서 내려오셔서 떠나시고 신부 아브라함에게 다가가셨다. 예수님이 하늘 보좌를 버리시고 성도를 신부 삼아 만나시려 성육신하신 이 언약을 남편이 먼저 고백하는 것이다. 남편이 먼저 준비하고 헌신하며 신부를 위해 부모를 떠나라(엡 5:31~32, 창 2:23)는 것이 신랑이 먼저 입장하는 의미이다. 이런 중요한 내용을 알고 이루도록 하는 것이 신랑과 신부의 결혼 준비 교육과 아버지와 어머니 교육의 중요한 의미이다.

3. 모세 언약

모세 언약, 한눈에 이해하기

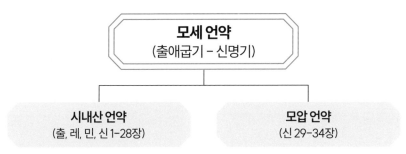

<그림 11> 모세 언약, 한눈에 이해하기

위의 <그림 11>[53]는 모세 언약을 한눈에 이해하게 하는 그림이다. 모세 언약은 '시내산 언약'과 시내산 언약을 갱신하는 언약인 '모압 언약'을 포함한 말이다.

<표 5> 아브라함 언약과 모세 언약 한눈에 비교하기

아브라함 언약	모세 언약
개인적 언약	공동체 언약/민족언약
일방성(편무 언약)	쌍방성(쌍무 언약)
무조건성	조건성

위의 <표 5>[54]는 아브라함 언약과 모세 언약(시내산 언약과 모압 언약)을 한눈에 비교한 것이다.

1	19		24	25		40
	시내산 언약 체결			**성막 건설**		
				성막 설명	금송아지 숭배사건	성막 건설
				25-31	32-34	35-40
	19	20-23	24			
		율법 설명				
언약 체결 제안			**언약 체결식**			

< 그림 12> 모세의 시내산 언약을 한눈에 이해하기

<그림 12>[55]는 모세의 시내산 언약을 출애굽기 전체로 자세하게 구분하면서 한눈에 설명한 것이다. 출애굽기 19-40장, 19-24장, 25-40장으로 나눈 것이다.

<그림 13>[56]은 모세의 시내산 언약을 다시 언급하면서 모압 언약을 설명한 신명기를 정리한 것이다. 출애굽기의 시내산 언약을 신명기에서 모압 언약으로 재언약하며 언약을 갱신하는 내용이다. 모압 언약에서는 시내산 언약의 조건성에 무조건성이 포함되면서 시내산 언약을 더욱 발전되게 하였다. 모압 언약은 하나님의 주권적인 구원역사를 강조하신다. 창녀

고멜을 남편 호세아가 고멜 제도로 값을 지불하고 강권하여 돌아오게 한 것 같은 주권적인 십자가 사랑과 성령 부어줌을 말한다.

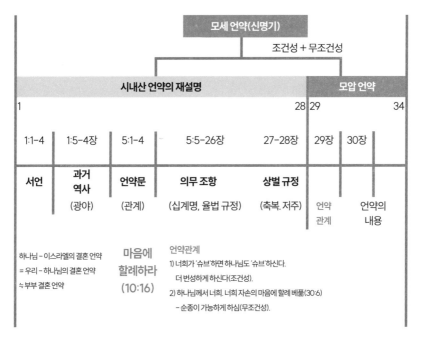

		모세 언약(신명기)					
				조건성 + 무조건성			
시내산 언약의 재설명					모압 언약		
1				28	29		34
1:1-4	1:5-4장	5:1-4	5:5-26장	27-28장	29장	30장	
서언	과거 역사 (광야)	언약문 (관계)	의무 조항 (십계명, 율법 규정)	상벌 규정 (축복, 저주)	언약 관계	언약의 내용	

하나님 - 이스라엘의 결혼 언약
= 우리 - 하나님의 결혼 언약
≒ 부부 결혼 언약

마음에 할례하라 (10:16)

언약관계
1) 너희가 '슈브'하면 하나님도 '슈브'하신다. 더 번성하게 하신다(조건성).
2) 하나님께서 너희, 너희 자손의 마음에 할례 베풂(30:6) - 순종이 가능하게 하심(무조건성).

<그림 13> 모세 언약의 시내산 언약과 모압 언약 한눈에 이해하기

조건성은 "너희가 슈브 하면(돌아오면) 하나님도 돌아오시겠다"라고 하는 것을 말한다. 무조건성은 "너희가 온전히 돌아옴이(온전히 회개하고 순종함이) 가능하지 않아서 하나님이 다 책임지고 십자가 보혈로 성령을 주어 회개와 온전히 돌아오도록 하는 마음과 생각이 들도록 마음에 할례를 해주겠

다"라는 것이다. 우리가 아직 죄인일 때 먼저 오시겠다는 것이다(롬 5:8).

> 내가 내 언약을 나와 너 및 네 대대 후손 사이에 세워서 영원
> 한 언약을 삼고 너와 네 후손의 하나님이 되리라 창 17:7

모세 언약인 시내산 언약은 아브라함 언약(창 17:7)을 더욱 새롭게 확장 발전시킨 것이다.

오늘날 결혼식은 모세 언약 방식이다

성경에서 지금 결혼식의 가장 오래된 모델이 아브라함의 언약이라고 앞에서 말했다. 최종태가 『ACTS 神學과 宣敎』의 "결혼으로서의 시내산 언약"에서 말한 바에 따르면 우리의 결혼식의 내용과 절차의 형식적인 구조를 가장 자세하고 정확하게 나타낸 언약은 '시내산 언약'이다.

프레드 로워리도 『결혼은 하나님과 맺은 언약입니다』에서 동일하게 "시내산 언약은 하나님과 이스라엘 백성의 결혼 언약이며 이것은 예수님 안에서 우리와도 동일하게 적용되는 결혼 언약이다. 그래서 우리가 신앙 안에서 하는 결혼도 이 시내산 언약의 방법과 의미를 따른다"라고 하였다.

도지원이 『성도가 알아야 할 언약』에서 말한 바에 따르면 "아담, 노아, 아브라함의 언약이 모세의 시내산 언약으로 통일성을 가진다. 이것이 다

윗의 언약으로 발전되고 예수님의 새 언약으로 완성되었다고 했다. 그리고 우리의 결혼 언약에도 동일한 통일성이 있다"라고 했다.

하나님은 시내산 언약을 통해 이스라엘에 절대적인 순종과 의무를 부과하신다. 율법을 순종하면 복을 약속하고 율법을 어기면 저주를 약속하는 조건적 언약이다. 그래서 '율법 언약'(the Law Covenant)이라고도 한다. 출애굽기 34장 27절에 기록된 것과 같이 모세를 중재로 하여 이스라엘과 맺은 언약이기 때문에 '모세 언약'(the Mosaic Covenant), '이스라엘 언약'(the Israelite Covenant)이라고 한다. 물론 시내산에서 맺었기에 '시내산 언약'(the Sinaitic Covenant)이라고도 한다.

시내산 언약은 아브라함의 후손 이스라엘 백성 전체와 하나님의 결혼식으로, 이스라엘의 출애굽 후에 하나님이 처음 하신 일이 이스라엘 백성 전체와의 결혼 잔치이다. 이 결혼을 통해 하나님은 남편이 되신다. 이스라엘 백성 전체는 신부가 된다. 당연하게 지금의 우리도 결혼 언약을 통해 하나님과 이스라엘 백성이 맺은 것처럼 부부가 결혼 언약을 맺는다.

> 이 언약은 내가 그들의 조상들의 손을 잡고 애굽 땅에서 인도하여 내던 날에 맺은 것과 같지 아니할 것은 내가 그들의 남편이 되었어도 그들이 내 언약을 깨뜨렸음이라 여호와의 말씀이니라 렘 31:32

우리의 결혼식은 모세 언약(시내산 언약, 모압 언약, 출 19:3-6; 6:5; 19:1-24:11; 신 30:16-18) 결혼방식을 기원으로 한다. 에스겔 선지자도 모세 언약을 결혼 언약에 비유한 것은 놀랍다는 말밖에 할 수 없는 신비이다(겔 16:8).

결혼으로서의 시내산 언약

최종태에 따르면 시내산 언약은 하나님이 신랑으로 이스라엘 백성 전체가 신부가 되고 모세가 중매자가 되는 결혼으로 이해하는 것이 제일 정확하다고 했다. 현대의 결혼방식도 시내산 언약에 바탕을 두어 진행할 때 그 의미를 잘 살릴 수 있다. 기독교 방식으로 진행되는 결혼 언약 예배는 시내산 언약에 근거해서 진행되고 있다. 이런 이유로 지금의 결혼식의 뿌리는 성경 전체라고 보면 된다.

시내산 언약은 구속사적인 관점에서도 매우 중요한 의미가 있다. 아울러 우리의 결혼을 잘 성명하는 것으로도 매우 중요하다. 예수님이 이 시내산 언약을 완성하고 이루어 내셨다. 이것은 십자가의 대속을 통한 구원을 말한다. 시내산 위에서 하신 잔치가 혼인 잔치이다. 한마디로 영적 백성이 누릴 하나님 나라이다.

이제 우리의 결혼도 하나님 나라로, 십자가 복음으로 업데이트해야 한다. 하나님 나라와 십자가로 업데이트함으로 결혼생활에서도 하나님 나라를 만들어야 한다.

아래 <표 6>은 시내산 언약이 종주권 조약 형태로서 결혼예식이 이루어지는 것을 보여준다. 성경의 출애굽기와 레위기가 잘 정리되어 있다.

<표 6> 시내산 언약과 종주권 조약 57)

종주권 조약	시내산 언약(출애굽기와 레위기)
전문	출 20:1
역사 서언	출 20:2
언약 조항들	출 20:1-17; 20:22-23:33; 25-31장, 35-40장, 레 1-25장, 27장
축복과 위협/저주	레 26:1-13, 14-45
증인들	출 24:4, 6(단, 돌기둥)
자기 저주 맹세	출 24:4-8
언약서 보관	출 24:7
정기적 낭독	출 24:7

시내산 언약과 지금의 결혼 예배

시내산 언약은 하나님과 이스라엘의 거대한 결혼예식이다. 우리의 결혼 예배도 시내산 언약의 방식과 그 의미를 따르는 것이 신앙의 본질로도, 결혼생활의 본질로도 유익하다. 시내산 언약의 방식과 의미를 따르는 결혼은 세상 방식의 결혼에 비해 하늘과 땅 차이처럼 결혼에서 하나님 나라가 이루어지는 것에 영향을 미치게 된다.

아래 <표 7>은 시내산의 언약과 지금의 결혼 예배 형태를 비교해서 보여준다. 동시에 시내산 언약의 결혼순서와 지금의 결혼순서를 정리했다.

<표 7> 시내산의 언약, 결혼 예배의 형태

순서	시내산의 언약	지금의 결혼 언약	
신랑 입장	하나님이 먼저 시내산에서 언약을 요구하신다. 이스라엘 백성 전체와 언약을 맺고자 하심. 1) 전문: 나는 네 하나님 여호와니라 (출 20:2, 신 5:6).	신랑 먼저 입장: 아내 사랑 자기같이, 예수님이 교회 사랑함 같이(엡 5:25, 28, 33)	남자가 부모를 떠나(창 2:24; 마 19:5; 엡 5:31)
신부 입장	이스라엘 백성 전체가 아멘으로 화답, 언약에 화답한다.	신부도 이어서 입장: 남편 존경, 교회가 예수님께 복종함 같이(엡5:22-23, 33)	
레드 카펫 입장	백성 쪽으로 피를 반 뿌리고 시내산 쪽 제단으로 반을 뿌려 거대한 레드카펫을 만듦. 2) 역사적 서언: 너를 애굽 땅 종 되었던 집에서 인도하여 낸(출 20:2, 신 5:6)	하객 사이로 지나 레드카펫을 지남: 복음으로 자기 부인과 배우자의 사람으로 거듭남.	
언약 서약서 작성과 낭독	언약의 구체적인 내용 (출 20:1-17; 20:22-23:33; 25-31장, 35-40장, 레 1-25장, 27장; 신 5:7-21) 3) 언약 조항: 너는 나 외에는 다른 신들을 네게 두지 말라. 4) 언약서 낭독. 보관, 미래 조항: 내가 네게 줄 증거판을 궤 속에 넣으라(출 24:7; 25:21, 40:20, 신 10:5).	신랑, 신부가 각자가 작성한 결혼 언약 전체 내용을 낭독하며 결혼 서약을 함.	합하여 (창 2:24; 마 19:5; 엡 5:31) 그리스도와 교회에 대하여 (엡 5:32)
언약 축하 잔치	모세와 백성 대표가 시내산 정상에서 잔치를 함. 5) 증인들: 내가 오늘 천지를 불러 증거를 삼노니(신 4:26).	결혼 예배 후 축하 순서, 만찬으로 언약 축하 잔치, 반지 교환.	

하나 됨	하나님과 이스라엘 백성 전체가 결속되고 서로 언약 지킴(모세의 중매).	성령의 부부가 한 몸이 됨, 결혼 언약을 시작으로 신혼 여행을 통해 온전히 하나 됨.	둘이 한 몸 이루라(창2:24; 마 19:6; 엡 5:31)
하나님 나라	아브라함 언약을 확장하여 이스라엘 전체가 가나안에서 하나님 나라 이루는 것이다. 예수님 오셔서 믿는 이 (새 이스라엘 백성)로 땅끝까지 하나님 나라 이룸. 6) 축복과 저주: 네가 네 하나님 여호와의 말씀을 청종하면 … 네가 만일 네 하나님 여호와의 말씀을 순종하지 아니하여 내가 오늘 네게 명령하는 그의 모든 명령과 규례를 지켜 행하지 아니하면…(신 28:2 이하, 신 28:15 이하, 27:11-28, 68)	부부가 예수님과 교회가 하나 되어 이 땅 하나님 나라 이루듯 온전한 행복과 풍성함으로 하나님 나라 가정을 이루어 살아감.	두 사람이 벌거벗어 부끄럽지 않음(창2:25) 나누지 못함 (마 19:6) 이 비밀이 크도다(엡5:31), 그리스도와 교회 (엡 5:32)

신부를 선택한다

결혼에는 신랑이 신부를 선택하는 특성이 있다. 마찬가지로 신부도 신랑을 선택한다. 신부는 허락하거나 거절하는 방식으로 선택하는 경우가 더 많기도 하다. 하나님은 이스라엘을 신부로 선택하셨다(호 13:5; 암 3:2). 신랑도 신부를 선택함으로 결혼이 이루어진다.

'선택하다'라는 말은 '바하르'라고 한다. 하나님이 이스라엘을 선택하실 때와 부부가 서로 선택할 때 같은 뜻으로 쓰이는 단어이다.[58] 아브라함의 언약에서 아담이 생명 언약을 알고 따를 준비가 될 만큼 성숙해졌을 때 하나님이 선택하신다.

우리들의 부부가 상대를 선택할 때도 성숙한 사람을 선택해야 한다.

그 성숙의 정점에는 예수님과 성도의 사랑처럼 서로 언약을 신실하게 지킬 것을 결단하는 사람이 되어 있어야 한다. 우리가 선택할 신랑과 신부는 서로 사랑할 만한 사람이어야 한다. 할 수만 있다면 부모와 교회의 영적인 지도자가 지지하고 축복하는 좋은 만남이 되는 선택을 해야 한다.

중매한다

모세가 중매했다. 신부인 이스라엘을 시내산으로 데리고 와서 하나님과 맞선을 보도록 중매했다(출 19:9; 19-25; 24:3-8). 모세는 쌍방 간 이해관계를 조정했다(출 19:4-8). 신부 이스라엘을 성결하게 했다(출 19:14-15).[59] 쌍방 사이의 의사소통을 맡아 진행했다.

우리의 결혼에도 중매가 있다. 중매에는 두 가지가 있다. 하나는 하나님의 중매이다. 다른 하나는 사람의 중매이다. 만약 하나님이 중매하시면, 하나님이 짝 지워 주심을 믿고 두 사람은 서로 기도하면서 확신으로 결혼해야 한다.

예수님도 우리의 신랑 당사자이시지만, 하나님과 우리를 십자가로 하나가 되게 하시는 중매 역할도 하셨다. 그리고 예수님의 십자가 보혈로 정결하게 하여 하나님과 예배로 결혼하듯 하나가 되게 하신다. 바울은 "내가 너희를 그리스도의 신부로 중매했다"(고후 11:2)라고 말한다. 세례요한은 "나는 신랑 들러리의 기쁨으로 가득하다(요 3:29)"라고 하며 우리와 예수님이 만나고 하나 되는 일에 역할을 다했음을 말한다.

중매가 이루어지면 두 사람이 맞선을 본다(출 19:16-19). 이스라엘이 하나님과 맞선을 볼 때 시내산에서 하나님의 임재로 찬란한 광채가 둘러쌌다.

맞선 이후 신랑 하나님과 신부 이스라엘의 예비 교섭이 이루어진다(출 19:3-8). 마찬가지로 오늘날에는 결혼에서 양가 부모가 만나 예비모임을 한다. 상견례가 대표적이다. 상견례는 맞선을 본 후 양가 부모와 가족을 만나는 것이다.

신랑 입장을 먼저 한다

시내산 언약은 하나님이 신랑으로 입장하신다. 이스라엘 백성 모두를 신부로 삼아 신랑 하나님이 입장하신다. 시내산 언약으로 하나님과 이스라엘 백성 전체가 결혼 언약을 맺은 것이다.

시내산 언약 방식은 매우 중요하다. 예수님이 새 이스라엘 백성인 우리와 십자가 복음으로 시내산 결혼을 맺으시는 것이기 때문이다. 예수님이 하늘 보좌를 버리고 이곳 십자가 낮은 곳으로 신랑 입장을 하셨다. 그래서 신부인 우리가 흰옷의 하나님 나라 새 사람으로 살게 된 것이다.

우리 결혼식의 원 모델인 시내산 언약으로 우리는 예수님의 십자가 복음, 새 언약과 연결된다. 그러므로 시내산 언약, 예수님의 새 언약, 우리의 현재 결혼 3가지가 모두 같이 연합되어 있다. 이를 안 바울은 결혼이 신비라고 말하며 비밀이 크다고 했다(엡 5:32-33). 우리가 하는 결혼이 예수님과 내가 한 결혼과 같으니 참 비밀이라고 말하는 것이다.

바울처럼 결혼의 신비를 제대로 안다면 결혼생활도, 결혼식도 근본적으로 다를 것이 분명하다. 하나님 나라가 임함으로 이루게 되는 결혼이기 때문이다. "나와 너희가 결혼하자. 하나님 나라를 주마. 내가 너희의 남편이 되어주마." 그렇게 해서 모세의 시내산 잔치가 벌어진 것이다.

오늘날, 결혼식 때도 먼저 신랑이 입장한다. 그 의미는 예수님의 죽으심을 통해 신부를 회복하겠다는 것이다. 신부를 부활의 존재로, 새 피조물로 여기고 사랑하겠다는 것이다. 부부가 함께 하나님 나라로 만들겠다고 신랑이 먼저 고백한다는 뜻이다. 물론 그 뒤에 대기한 신부도 한 몸으로 그 고백을 같이함은 당연하다.

레드카펫을 지나 결혼한다

시내산 언약은 레드카펫을 통해 하나님과 이스라엘 백성이 결혼 언약을 맺은 것이다. 시내산에서 모세가 제물의 피를 뿌려서 거대한 레드카펫을 형성한다. 제단 쪽과 백성 쪽 양쪽으로 희생제물의 피를 뿌려 거대한 레드카펫이 만들어진다.

모세가 이스라엘 백성과 더불어 하나님 앞에 번제와 화목제를 드린다. 이것은 언약을 비준하는 공식 의식이다. 모세가 짐승의 피를 반은 제단에

붓는다. 제단은 신랑이 계신 곳이다. 나머지 반은 이스라엘 백성이 신부 당사자이기에 이스라엘 백성에게 뿌린다(출 24:6).

이 레드카펫을 통과하여 하나님이 먼저 신랑으로 임재하여 통과하심으로 이스라엘과 결혼하신다. 그 레드카펫에 하나님이 입장하시면서 이스라엘 전체가 신부로 하나 되는 것이 시내산 언약이다. 지금도 신랑과 신부가 레드카펫이 깔린 하객의 가운데를 통과하여 결혼 언약을 맺는다.

결혼서약서(출 24:3-8)를 읽고 서명한다

결혼서약서(출 24:3-8)를 읽고 서명하는 것이 결혼식의 결정적인 순서이다. 시내산 언약에서도 모세가 언약서를 읽었다. 십계명 두 돌판은 신랑 하나님과 신부 이스라엘의 결혼서약서이다. 우리 결혼의 결혼서약서와 같은 것이다. 백성은 십계명을 들은 후에 하나님의 모든 말씀을 준행하겠다고 서약한다.

그 후에 모세가 백성들에게 피를 뿌린다. 언약의 비준은 피로 인을 쳐야 그 효력이 발생하기 때문이다. 오늘날에는 하나님과 주례자와 증인들 앞에 서로 서명함으로 효력이 발생한다. 사실은 서로가 하는 서명보다 두 사람의 결혼을 예수님의 십자가 보혈로 이루고 살아감을 고백하는 것이 제일 정확한 서명이고 인준이다.

김윤태는 말하기를 "장차 그리스도의 십자가의 보혈과 그 대속하심을 믿는 성도의 믿음으로 예수님과 성도의 결혼서약서가 완성되었다. 모세의 피 뿌림은 십자가 보혈로 성도에게 이루어질 새 언약을 말한다"라고 했다.[60] 이를 최종태는 다음과 같이 말했다.

> 신과 백성이 언약을 맺는다는 사고는 고대 근동에서 이스라엘만이 유일하다. 히타이트 족속의 종주권 조약의 방식대로 시내산 언약은 하나님께서 맺어 주신다. 이 언약은 짐승을 쪼개어 둘로 갈라놓고 계약 당사자들이 그 사이로 지나감으로 하였다. 예수님을 믿는 자와 예수님의 언약의 상징적 행동이다. "이 계약을 파기할 경우 이 쪼개진 짐승같이 저주를 받으리라"라는 자기-저주 맹세 의식이었다. 렘 34:8-22; 창 15:17, 18

우리의 결혼도 이 시내산 결혼의 정신과 신앙을 따라야 한다. 하나님과 이스라엘 백성이 십계명이라는 결혼서약서를 가지고 언약을 최종 체결하였다. 지금은 십자가 복음을, 산상수훈을 읽고 믿어 서명한다. 이런 정신과 신앙을 이어받아 결혼식에서 결혼서약서를 읽고 서명한다. 우리의 결혼에서도 결혼서약서는 하나님 나라를 이루는 약속이 된다.

결혼 축하피로연을 한다

시내산에서 하나님과 이스라엘이 결혼한 것을 축하하고 기뻐하는 결혼 축하피로연을 한다(출 24:9-11). 하나님과 언약을 맺은 뒤 모세와 백성 대표가 시내산 정상에서 잔치를 했다. 이 혼인 잔치는 무려 7일간 이어진다. 결혼피로연의 기원이다.

> 하나님이 이스라엘 자손들의 존귀한 자들에게 손을 대지 아니하셨고 그들은 하나님을 뵙고 먹고 마셨더라 출 24:11

결혼피로연은 하나님과 우리가 만나 하나님 나라를 이루는 것이다. 우리의 결혼피로연도 부부가 만나 하나님 나라를 이루겠다는 결단과 고백이 이루어지는 장소이다.

유대인들은 결혼 후, 1주일 피로연을 하며 기간까지도 지킨다. 하지만 우리의 결혼피로연은 시대에 맞게 당일에 하객들에게 음식을 대접하는 것으로 대신하고 있다.

그리스도인들의 결혼도 예배 후에 피로연을 해야 한다. '성만찬'과 '오병이어'와 '가나 혼인 잔치'의 기적들이 피로연이다. 우리에게 주는 결혼 후의 피로연의 진정한 의미이다. 예수님과의 교제와 풍성한 기쁨도 나타낸다. 하나님 나라의 누림도 나타낸다. 우리의 결혼식 후 음식을 대접하며 성도 간의 관계에서도 하나님 나라를 누리는 것이 피로연의 의미이다.

신랑이 거처를 준비한다

결혼하면 신랑은 신부와 동거할 거처를 준비한다. 신랑이 거처를 준비하는 것이 바로 하나님께서 가나안 땅으로 준비하시고 이끌어 가시는 것이다. 호세아 선지자는 그래서 광야 여정은 신혼여행이라고 말하였다. 호세아는 "거친 들의 언약으로 돌아오라"라고 호소했다. 전에 시내산에서 언약을 맺었던 광야 시절로, 하나님과의 신혼부부 시절로 돌아오라는 것이다.

가나인 땅에 젖과 꿀이 흐른다는 것은 하나님과 이스라엘이 결혼하여 가나안 땅에서 하나님 나라 결혼생활을 한다는 것이다. 그래서 하나님 나라는 신랑 예수님과 신부인 우리가 영원히 결혼생활을 하는 곳이다. 거기에는 젖과 꿀이 흐르는 온전한 자유와 풍성함이 있다. 어린양 혼인 잔치가 최후에 이루어질 결혼 잔치이다. 하나님 나라이다. 우리의 결혼도 하나님 나라에 거처를 준비하고 결혼해야 한다.

둘이 동거생활로 하나 된다

신랑이 신부를 데리고 가서 사랑의 동거생활을 해서 하나가 된다(출 25-31장). 에덴동산(창 2:12), 성막(출 25:11), 젖과 꿀이 흐르는 땅, 성전(왕상 6:20), 새 예루살렘 성(계 21:18)이 모두 하나님 신랑과 거하는 이

결혼 플랫폼 연애학교 · 결혼예비학교 · 부부학교 입문서

스라엘 신부의 동거생활로 하나 됨을 말한다. 결국 하나님 나라를 이루게 된다.

우리의 결혼도 반드시 하나님 나라를 목적으로 준비하고 살아야 한다. 결혼식 후에 지금의 신혼부부들도 둘이 신혼여행과 신혼살림으로 하나 되는 것이다. 하나님의 방법으로 제대로 하는 결혼 언약의 결과는 현재 하나님 나라를 결혼으로 이루는 것이다. 신혼여행을 시작으로 이미 결혼생활이 행복하듯이 하나님과 동행하는 우리의 결혼생활은 반드시 하나님 나라를 이루어야 한다.

결혼 언약의 갱신(출 33-40장, 신 29-34장)

결혼 언약의 갱신은 하나님의 은혜로 주어진다. 종주권 조약의 형태를 빌려 시내산 언약을 출애굽기 20-24장에서 맺었다. 100% 종주권 조약으로만 한다면 이스라엘은 하나님을 두고 바람을 피웠기에 모두 죽어야 한다. 모두 벌을 받아 살지 못한다. 우상을 섬기고 반역을 한 것과 같다.

하지만 하나님은 짐승의 희생 피를 통해 제사 제도를 허락하셔서 저주와 죽음을 피할 길을 주셨다. 신명기 29-34장은 시내산 언약을 갱신하는 언약이다. 조건적 기준에서 무조건적 내용이 첨가된다.

하나님의 언약은 그 저주를 짐승의 피로 갱신한다. 결국 언약 갱신은 짐승의 희생 피가 대신 저주를 받아내는 것이다. 바로 예수님이 십자가에서 이루신 새 언약이다.

호세아 선지자는 고엘 제도로 빚을 갚고 창녀 고멜을 다시 신부로 데리고 왔다. 즉 언약 갱신이다. 바로 예수님이 십자가로 온전히 우리의 저주를 대신 받으시고 우리에게 하나님 나라를 주시며 신부로 회복시키고 다시 살아가게 하신 것이다. 그래서 옛 언약을 갱신하시니 새 언약이다. 이것은 언약을 파기한 이스라엘을 향한, 그리고 우리를 향한 하나님의 '긍휼'이다(사 14:1).

우리의 결혼은 아무리 잘 결혼해도 계약의 성격으로 결혼한다. 하지만 하나님과의 언약으로 모든 것을 용서하고 수용하고 덮고 사랑함으로 하나님 나라를 이루게 하신다. 쉽지 않기에 한 번에 안 되니 평생 결혼식장에 하객으로 갈 때마다 결혼 언약을 갱신하도록 하신다. 우리는 매번 재헌신해야 한다.

그러므로 예배드릴 때마다 하나님과의 결혼 언약을 갱신하자. 부부끼리의 언약도 늘 갱신하자. 지금 결혼에 하나님 나라를 더 강하게 이루자. 결혼예식에 참가할 때마다 예배드릴 때마다 우리의 결혼 언약을 갱신해야 한다.

시내산 결혼 언약은 이후 모든 언약에 확장된다

다윗의 언약도 아브라함 언약과 시내산 언약을 확장하고 전진한 것이다(시 89:3-4; 132:17; 눅 1:31-33; 행 13:22-23; 사 55:3-5; 11:1-2;

43:25; 53:5-6; 엡 2:8-9; 삼하 7:12-14, 16). 예레미야의 언약도 아브라함 언약과 시내산 언약을 확장하고 전진한 것이다(렘 23:5-6; 30:9; 33:14-16). 장차 이방인에게까지 말이다. 그래서 우리까지 새 언약 그리스도의 십자가 복음에 참여하게 되는 것이다.

아브라함과의 언약 430년 후에 하나님은 그 후손인 이스라엘 백성과 다시 언약을 맺으셨다. 그것이 바로 시내산 언약이다. 하나님과 이스라엘의 '결혼'이다. 모세의 언약(출 19:3-6; 6:5, 20; 19:1-24:11; 신 30:16-18)은 율법을 주시고 이스라엘을 공식적으로 하나님 백성으로 세우시는 것이다. 아브라함의 언약이 믿음과 은혜의 언약이라면 시내산 언약은 행위 언약에 가깝다.

모세의 시내산 언약은 이스라엘 백성이 하나님 소유가 되고 제사장 나라가 되며 거룩한 백성이 되게 한다(출 19:5-6). 이 언약 체결로 십계명(출 19:3-17)을 주시고, 이 모든 언약은 종말에 그리스도의 피로 구속받은 백성들 가운데 하나님이 거하시므로 완성된다(계 21;3). 예수님이 산상수훈을 주시며 이 십계명을 좀 더 쉽고 자세하게 더 발전된 모습인 새 계명으로 주셨다.

시내산 결혼 언약을 결혼에 잘 적용하자

최종태는 『ACTS 神學과 宣敎』의 "결혼으로서의 시내산 언약"이라는 글에서 <표 8>로 하나님과 이스라엘의 시내산 언약을 결혼 언약으로 설명했다. 하나님이 신랑 되시고 이스라엘 전체가 신부가 되어 결혼하는 모습이라는 것을 알 수 있는 내용이어서 매우 유익하다. 시내산 결혼 언약을 우리의 결혼에도 잘 적용하여야 한다. 이런 방법으로 우리의 결혼 언약도 하라고 하신 것이기 때문이다.

이 시내산 언약의 순서를 따라 오늘 우리의 결혼 예배의 순서가 생긴 것이다. 그러니 의미나 목적도 이에 맞게 준비해야 한다. 결혼 예배만 이 순서대로 잘한다고 해서 언약을 잘 이룬다고 할 수는 없다. 그 의미를 알고 살아가는 것이 더 중요하다. 따라서 결혼 예배의 순서마다 그 의미와 의도를 시내산 언약으로 잘 드러내어 결혼하고 잘 살아가야 할 것이다.

이스라엘 백성이 시내산 언약을 맺고 얼마 지나지 않아 송아지 우상을 섬기며 하나님을 배반하여 언약을 어겼다. 마찬가지로 우리의 결혼에서도 결혼 예배는 드렸지만, 그 순서마다 가진 고백과 목적을 결혼과 동시에 잊거나 하여 어긴다. 그래서 결국 하나님 나라를 이루지 않고 자기 나라를 결혼생활 가운데 가득 드러내는 불행한 결혼이 된다.

〈표 8〉 시내산 언약의 전후 관계 61)

장면	제1장면	제2장면	제3장면	제4장면
성경	19:1-3	19:4-8	19:9-15	19:16-25, 20:1-23:33
내용	시내 광야 도착 장막 설치 모세 등산	예비 의사 전달 백성의 확답	쌍방 대면 준비 백성과 산의 성결	대면과 언약 조항 선포 계명/율례들

장면	제1장면	제2장면	제3장면	제4장면
성경	24:3	24:1-2, 4-8	24:9-11	24:12-18 25-31장
내용	십계명, 율례 전달 백성의 확약	언약 비준 의식 언약서 기록/낭독 제단/돌기둥 제사/피 뿌림	언약 식사 모세/아론/나답/ 아비후/70인 장로	성막 관계법 모세/여호수아

우리에게 모세 언약(시내산 언약, 모압 언약)의 결혼서약서 십계명보다 더 자세하고 본질적이고 발전된 결혼서약서를 예수님이 주신다. 산상수훈은 바로 신랑 예수님과 신부 성도들의 새로운 결혼서약서이다. 산상수훈의 주제가 하나님 나라이기에 우리의 신앙생활의 주제도 하나님 나라여야 한다. 산상수훈이 결혼서약서이다. 우리들의 결혼서약서도 산상수훈이 되어야 한다. 두 사람이 하나님 나라를 이루겠다는 것이 핵심 목표가 되어야 한다.

시내산 결혼 언약을 이후의 모든 언약과 우리의 결혼에도 잘 확장해야 한다. 시내산 결혼 언약을 우리의 결혼에 잘 적용해야 한다. 그래서 최종 예수님의 새 언약으로 완성되게 해야 한다. 그렇게 되면 우리들의 결혼 언약에서 예수님의 산상수훈이 꽃 피고 열매 맺게 될 것이다. 하나님이 그토록 원하시는 하나님 나라를 이루는 결혼이 될 것이다.

3. 가나 혼인 잔치

예수님이 진짜 영원한 신랑이시다

요한복음은 가나 혼인 잔치와 성전 청결 사건을 제일 먼저 기록하면서 기록 목적을 예수 그리스도의 표적[62] 으로 설명했다. 가나 혼인 잔치는 예수님이 메시아라는 것을 말한다. 진짜 우리의 영원한 신랑이시라고 말한다. 십자가 보혈을 통해 관례에 따라 씻는 물(구약, 율법, 계약, 조건)을 성령(포도주, 은혜의 법)으로 바꾸어 하나님 나라 잔치를 주신다는 것을 말한다.

가나 혼인 잔치의 표적은 예수님의 공생애가 시작되는 첫 표적이다. 예수님의 고난, 성만찬, 유월절, 부활 모티브가 2장에서부터 시작하여 마치 나선형으로 21장까지 확장된다. 가나 혼인 잔치와 성전 청결 사건에서는 예수님이 첫 표적을 행하신 후(요 2:11)와 예수님이 부활하신 후에 제자들이 예수님의 말씀을 기억하고 믿었음을 강조한다(요 2:22).

아래처럼 교차대조 방식으로 성경을 보면 5,000명을 먹이신 오병이어의 사건은 성찬식을 말한다. 유월절에 5,000명을 먹이심으로 십자가 대속으로 진정한 양식을 예수님이 주신다는 것이다. 유월절은 예수님의 십자가 복음으로 출애굽을 완성함을 말한다. 십자가 대속 이후 성령을 기름 부어주어 하나님 나라를 풍성하게 주신다는 것이다. 결국 이것이 성경 전체의 주제인 하나님 나라가 십자가 복음으로 주어짐을 5,000명을 먹이시는 사건으로 말하고 있다.

① 물로 포도주를 만드심과 예수님의 부활을 암시하는 성전 청결 사건(요 2:1-25)

　(성만찬과 부활 사건)

② 왕의 신하의 아들을 죽음으로부터 구원하심(요 4:46-54)

③ 베데스다 연못에서 안식일에 병자를 고치심(요 5:1-16)

④ 유월절에 5,000명의 무리를 먹이심(요 6:1-15) [63]

⑤ 실로암 연못에서 안식일에 시각장애인을 고치심(요 9:1-41)

⑥ 나사로를 죽음으로부터 구원하심(요 11:1-44)

⑦ 예수님의 옆구리에서 피와 물을 쏟으심과 부활(요 19:25-20:31)

　(성만찬과 부활 사건)

따라서 우리의 결혼도 예수님이 주시는 성령으로 하나님 나라를 누리고 살아내고 확장하는 쪽으로 집중하는 것이 하나님의 계획이시다. 우리의 결혼 예배도, 결혼생활도, 자녀 양육도 모두 하나님 나라를 중심으로 구조 조정하고, 리모델링 해야 한다.

결혼은 부활축제이다

가나 혼인 잔치는 부활축제의 잔치(요 2:1-12)이다. 이는 예수 그리스도를 믿는 자의 결혼 언약도 부활축제가 되어야 하는 것을 말한다. 신앙과 우리의 결혼은 하나님 나라가 현재 임함을 누려야 한다. 부활의 기쁨과 능력과 승리가 있어야 한다. 하나님 나라의 나타남과 누림이 신앙이고, 결혼이다.

결혼이 이 땅의 것들에 제한되어서는 안 된다. 부부의 진정한 기쁨이 부활에서 와야 한다. 하나님 나라가 넘치는 것에서 부부의 기쁨이 와야 한다. 그래야 바른 천국 가정을 이루게 된다.

가나 혼인 잔치는 메시아 축제이며 부활축제를 드러낸다. 우리 결혼의 기쁨의 근거를 말한다. 예수님은 유대인들의 혼인 잔치 풍습을 이용하셔서 하나님 나라 개념을 설명하셨다. 열 처녀 비유는 약혼 1년 후에 신랑이 신부를 데리고 같이 살 집으로 가는 당시의 풍습을 배경으로 한다. 예수님이 이 땅에 신랑으로 오신 이후의 시간은 약혼 후 밀월의 기간이며, 재림 후에는 그 신부를 영원한 하나님 나라의 처소로 데리고 가실 것이다. 디오니소스 신화와 이후 문헌들에도 물이 포도주로 변하는 기적 중에는 메시아를 기다리는 모티브가 등장한다.

물이 포도주가 되는 이적도 성만찬을 암시한다고 오래전부터 주장되었다.[64] 가나 혼인 잔치와 6장의 오병이어의 표적이 성만찬의 떡과 포도주를 상징하는 것이라고 한다.[65] 오스카 쿨만(O. Cullmann)도 요한복음 2장

1-11절을 성만찬으로 본다. 그는 요한복음 6장에서는 성만찬의 떡이, 2장에서는 포도주가 강조되었다고 했다.[66] 유대인의 정결 예식(요 2:6)에 쓰이는 물이 이제는 예수님의 피를 나타내는 포도주로 대치되었다는 것이다.

성만찬은 물론 가나 혼인 잔치 이야기에도 부활절을 암시하는 단어들이 많이 나온다. 요한복음 2장 1절의 사흘째 되던 날에 가나 혼인 잔치가 시작되었다고 기록하는 부분이다. 요한복음이 기록된 시기는 1세기 정도이고 예수님 이야기가 거짓이 아니라고 증명해야 하기 때문이다.[67] 사흘째 되던 날은 부활의 아침을 상징한다.[68] 여덟 번째 날에 가나의 혼인 잔치가 열린 것이다.

이것은 요한복음 20장 1절처럼 예수님께서 예루살렘에 입성하신 날부터 안식 후 첫날인 부활주일까지의 제8일과 같은 날이다. 제8일은 요한복음 20장에서 도마에게 나타나신 날이 된다. 초대교회에서 8이라는 숫자는 새로운 주기의 시작으로, 새로운 국면이 시작됨을 알리는 시간이다. 그러므로 '사흘째 되던 날'은 예수님이 죽으시고 부활하셔서 유대교의 옛 시대를 닫으신 날이다. 하나님의 영광을 나타내시는 새로운 기독교의 시작을 의미하는 중요한 시간이다. 결혼도 부부 각자가 옛 시대를 접고 새로운 시작을 알리는 것이다. 그래서 신앙과 우리의 결혼은 곧 부활축제이다.

부활을 드러내는 결혼이 진짜 하나님 나라 결혼이라고, 요한복음은 가나 혼인 잔치를 통해 강조한다. 요한복음의 저자는 2장의 위치를 그렇게 부활로 강조했다. 그것도 예수님의 십자가와 이후 부활로 이해한다. 서사 비평 기법의 하나인 교차대칭구조[70]를 사용하여 요한복음에서 말한다. 요한복음 전체가 예수님의 부활을 중심으로 기록되었다. 요한복음 2장은 주제와 그 모티브에 있어서 요한복음 20장과 대칭된다. 예수님의 고난, 성만찬, 유월절, 부활 모티브가 2장에서부터 시작하여 마치 나선형으로 21장까지 확장된다.[71]

예수 그리스도를 믿는 자의 결혼도 가나 혼인 잔치처럼 결혼이며 언약이다. 결혼에서 성만찬의 깊은 뜻을 드러내야 한다. 장차 우리가 죽어서 천국 가거나 예수님 재림 때에는 가나 혼인 잔치의 완성인 잔치가 있을 것이다. 바로 어린양 혼인 잔치이다. 영원한 하나님 나라의 완성이다. 부활을 드러내는 우리의 결혼이 되어야 진짜 하나님 나라 결혼이 이루어진다. 우리의 결혼은 곧 부활축제이다. 하나님 나라이다.

하나님 나라의 잔치이다

가나 혼인 잔치는 하나님 나라의 잔치이다. 거룩하고 풍성한 성만찬이다. 예수님의 첫 표적은 예수님이 이 땅에 하나님 나라를 이루시려고 오셨음을 보여준다. 이미 임한 하나님 나라를 드러내는 것이 이 가나 혼인 잔치의 표적을 행하신 목적이다.

가나 혼인 잔치는 요한복음 6장과 같이 성만찬 축제를 상징한다. 가나 혼인 잔치는 유대인의 명절인 유월절 축제 때 함께했던 공동체 식사도 상징한다. 결국 하나님 나라 잔치를 말한다.

우리의 결혼 언약도 예수님의 죽으심과 부활을 드러낸다. 부부 각자가 레드카펫 십자가로 죽음을 드러낸다. 각자가 예수님과 함께 부활하는 삶이 되겠다는 다짐이다. 배우자의 돕는 배필로 부활한다는 고백이다. 그리하여 하나님 나라를 드러내는 결혼이 된다. 우리의 결혼은 하나님 나라의 잔치이며 성만찬이다

자기 잔치에서 하나님 나라 잔치로 변함이다

우리의 결혼도 자신의 잔치에서 하나님 나라 잔치로 변해야 한다. 가나 혼인 잔치는 단순히 어느 가정의 결혼의 기쁨을 도와준 것이 아니다. 한 개인의 잔치에서 전 인류를 구원하여 하나님 나라를 이루는 잔치를 드러낸 것이다. 인류 전체의 부활축제를 위해 이 땅에서 예수님이 사역하실 것을 미리 나타내신 잔치 표적이다.

유대인의 유월절 축제가 이제는 새로운 기독교 공동체의 유월절 축제인 부활축제로 대치되었음을 말하는 팡파르이다. 특별히 유대교의 정결 예식에 쓰이기 위해 규정된 물이 가장 훌륭한 포도주(성만찬의 피)[72]로 '대치'되었다는 것이 가나 혼인 잔치의 큰 메시지이다. 공관복음과 비교한 성전 청결 사건(요 2:13-25)에서도 이런 메시지를 나타낸다.

다른 공관복음서와는 다르게 성전 청결 사건을 첫 번째 표적 이후로 기록한 요한복음의 특별한 의도가 있다.[73] 첫 번째 표적인 가나 혼인 잔치 후에 이 사건을 기록한 것은 이런 성전이 아니라 예수님으로 하나님 나라가 이루어짐을 강조하는 것이다.

성전 청결 사건을 요한복음 전반부에 기록한 것은 성전 청결 사건이 예수님의 전체적인 삶과 사역에 있어서 핵심이 되는 것임을 보여준다.[74] 이것이 요한복음 해석의 열쇠가 된다. 요한복음의 해석 열쇠는 바로 가나 혼인 잔치는 '부활축제'라는 것이다. 자신만의 잔치에서 하나님 나라 잔치로 바뀌었다는 것이다.

요한복음 2장은 요한복음 20장 31절에서 설명하고 있는 기록 목적을 모두 설명하고 있다. 요한복음을 이해할 수 있는 축소판 부분이다. 가나 혼인 잔치는 성만찬을 통한 부활축제를 나타낸다.

우리의 결혼도 반드시 이 땅의 가치로 살지 말고 하나님 나라 부활의 가치로 살아야 하는 것을 강조하고 있다. 자신만의 잔치에서 하나님 나라 잔치로 변하는 결혼이 되게 하자. 가나 혼인 잔치는 부활축제이다. 우리의 결혼은 세상의 축제가 아니라 부활축제로 하나님 나라 삶을 드러내는 것이다.

이제까지 없던 새로운 방식의 하나님 나라 결혼이다

가나 혼인 잔치는 물이 포도주로 변하면서 새로운 하나님 나라 결혼이 시작되었다는 것을 말한다. 예수님 안에서 참으로 새로운 포도주의 시대, 진리의 시대가 도래했다는 것이다. 과거 유대인의 정결 예식이 끝나고 진정한 메시아의 시대가 열린 것을 알린다.[75]

가나 혼인 잔치에서 물이 포도주가 되는 기적에는 단순한 기적을 넘어서는 상징적인 의미가 있다. 이 사건은 요한에게 있어서 예수님의 생활과 사역이 유대인의 믿음을 재창조한다는 의미가 있다.[76] 물이 포도주로 변하는 사건에서 요한의 강조점은 물을 담고 있는 유대인의 정결 예식을 위해 사용된 항아리들이다. 예수님의 출현으로 히브리-유대교 전통은 물로부터 포도주로 변화된 것이다.

그러므로 이와 같은 변화는 이스라엘 백성들 가운데서 역사하신 하나님의 사역을 말한다. 옛 전승보다 완전한 변화와 성숙을 주는 하나님 나라이다.[77] 유대인의 정결 예식을 넘어서는 새로운 기독교 정결 예식을 강조한다.

우리의 결혼도 세상에서 노력해서 조금 행복한 수준의 결혼이 아니다. 세상에 없는 새로운 하나님 나라가 이루어지는 결혼이다. 이제 그런 가나 혼인 잔치의 결혼생활이 시작되어야 한다.

새로운 하나님 나라 결혼은 인간의 노력인 떠 놓은 물로는 되지 않는다. 예수님의 보혈로 주어지는 성령의 기름 부으심을 뜻하는 포도주에 취할 때 된다. 포도주(보혈로 부어지는 성령)가 부어질 때 혼인 잔치가 충만해진다. 포도주인 성령이 있을 때 하나님 나라가 된다.

사실 우리는 제정신으로는 온전한 부부 사랑이 불가능하다. 본능적으로 우리는 죄성으로 인해 자기중심성에 매달려 있다. 상대의 허물과 단점을 더 크게 본다. 그러나 영적 포도주인 새 술이라고 하는 성령에 취하면 원수도 사랑하는 놀라운 관계에서 하나님 나라가 이루어진다. 부부가 그저 살아있는 것이 고맙고 잘 안 해줘도 정상이라고 생각되게 된다. 드물게 잘해주면 엄청 고맙고 감격스럽다고 여기며 평안과 행복이 넘치게 된다.

결국 조건을 넘어선 하나님 나라가 우리 결혼에 이루어진다. 예수님이 계시니 우리의 결혼이 가나 혼인 잔치가 되는 것이다. "주 예수와 동행하니 그 어디나 하늘나라~" 이제까지 없던 새로운 방식의 하나님 나라 결혼이 우리의 결혼이 되는 것이다. 이것이 가나 혼인 잔치에서 물이 변하여 포도주가 되게 하신 것의 의미이다.

4. 예수 그리스도의 새 언약

예수님의 보혈로 하나님 나라 결혼이 된다

예수님 보혈로 덧입을 때 우리의 결혼은 하나님 나라 결혼이 된다. 예수님의 피를 상징하는 레드카펫을 통과해서 하나님 나라 결혼을 이루겠다고 지금 결혼식에서 고백하는 것이다.

예수님의 십자가 복음(마 26:28)은 창세기의 가죽옷 원시 언약의 완성이다. 아브라함 언약, 모세 언약, 다윗 언약, 예레미야 언약의 완성이다.

> 31 여호와의 말씀이니라 보라 날이 이르리니 내가 이스라엘 집고 유다 집에 새 언약을 맺으리라 32 이 언약은 내가 그들의 조상들의 손을 잡고 애굽 땅에서 인도하여 내던 날에 맺은 것과 같지 아니할 것은 내가 그들의 남편이 되었어도 그들이 내 언약을 깨뜨렸음이라 여호와의 말씀이니라 33 그러나 그 날 후에 내가 이스라엘 집과 맺을 언약은 이러하니 곧 내가 나의 법을 그들의 속에 두며 그들의 마음에 기록하여 나는 그들의 하나님이 되고 그들은 내 백성이 될 것이라 여호와의 말

씀이니라 렘 31:31-33

이르시되 이것은 많은 사람을 위하여 흘리는 나의 피 곧 언약
의 피니라 막 14:24

식후에 또한 그와 같이 잔을 가지시고 이르시되 이 잔은 내
피로 세운 새 언약이니 이것을 행하여 마실 때마다 나를 기념
하라 하셨으니 고전 11:25

예수는 더 좋은 언약의 보증이 되셨느니라 히 7:22

예수님이 십자가 동산에서 쏟으신 피의 레드카펫을 믿음으로 받을 때
언약이 체결된다. 신랑 하나님과 신부인 우리가 결혼하는 완전한 하나님
나라 잔치가 이루어지는 것이다. 예전에 예배당 가운데에 레드카펫이 있
었던 것은 그런 이유였다.

진정한 예배의 의미는 십자가 보혈(레드카펫)을 지나 죄 사함을 얻고
거룩해진 신부가 되어, 신랑 하나님을 만나 천국잔치를 하는 것이다.

<그림 14>는 예수님의 보혈로 모든 관계를 온전하게 하는 모습을 보여
준다. 예수님의 보혈은 하나님과 우리를 하나 되게 하였다. 죄용서와 거룩하

게 하심으로 우리 자신도 온전하고 정결하게 하셨다. 영생도 얻게 하셨다. 배우자와 자녀는 물론 모든 이웃, 심지어 원수와도 하나 되게 하셨다. 사명으로 세상과 자연과도 하나 되게 하셨다. 온전한 하나님 나라의 도래이다.

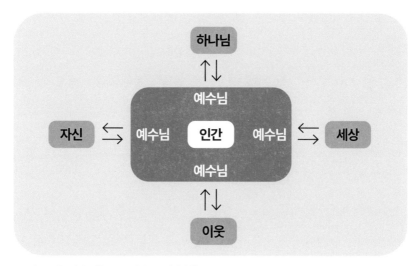

〈그림 14〉 예수님의 보혈로 모든 관계를 온전하게 함

아브라함 언약에서 하나님은 대대로 후손에게도 영원한 언약을 삼겠다고 하셨다(창 17:7). 예수님의 복음으로 믿는 모두가 아브라함의 후손으로 언약의 참여자가 되었다(마 26:27-28; 눅 22:20; 고전 11:25; 히 9:11-15, 19, 25-26, 28; 10:10-14; 엡 2:12-13, 19).

모세의 시내산 언약에서 "너희를 속량하여 너희를 내 백성으로 삼고 너희의 하나님이 되겠다"라고 하셨다(출 6:5-7). 예수님의 복음을 믿는 모두가 모세 언약의 후손으로 언약의 참여자가 되었다.

창세기 3장의 "여자의 후손이 뱀의 머리를 상하게 하고 수치를 가리는 진정한 옷을 입혀준다"라는 약속이 여자의 후손으로 예수님이 탄생하심으로 성취되었다(마 1:2, 6, 16; 롬 16:20). 다윗의 후손으로 오셔서 피의 언약을 십자가 보혈로 완성하신다(눅 1:32-33; 마 26:28; 행 13:34; 사 55:3; 엡 2:6). 모든 믿는 이를 대상으로 언약이 확대되었다(엡 2:12-13, 19; 롬 4:11; 갈 3:7; 갈 6:16; 벧전 2:9-10). 결혼 자체가 목적이나 종착지가 아니다. 바로 하나님과 인간의 언약이 목적이며, 이 언약의 마지막 성취는 어린양 혼인 잔치이다.[78]

바울은 독신이면서도 성경에 결혼에 대한 메시지를 제일 많이 남겼다. 바울이 이렇게 결혼의 신비와 본질을 잘 알고 말할 수 있었던 것은 이 땅에서 하는 결혼의 본질이 바로 예수님과 성도의 언약 사랑을 드러내는 것임을 알았기 때문이다.[79]

바울은 이 땅에서 하는 우리의 결혼이 예수님과 우리 성도와의 영적인 하나 됨을 잘 드러내는 것임을 알았다. 바울 자신도 먼저 이 땅에서 예수님과의 언약적 하나 됨을 누렸기 때문이다. 천국에서 영원히 예수님의 신부로 언약 사랑을 완성하여 살아갈 것을 바울은 알았기 때문이다. 예수님의 보혈로 덧입어 수렁에 빠진 우리의 결혼이 하나님 나라 결혼이 되도록 하자.

예수님과 하나 되면 부부도 온전히 하나 된다

예수님과 먼저 결혼하면 부부의 결혼도 온전히 이루어진다. 예수님과 하나 되면 부부도 온전히 하나 된다. 그래서 온전한 연합과 온전한 사랑이 가능해진다. 부부 각자가 마음에 보혈을 먼저 입어야 부부가 온전히 사랑할 수 있다.

아담과 하와가 선악과를 먹어서 두 부부가 갈등이 생기고 관계가 힘들어졌다. 왜냐하면 각자가 죄를 지어 하나님을 떠나면서 하나님의 사랑도 없어졌기 때문이다. 자기가 주인이 되고 자기중심성이 생긴 것이다. 자기를 위해 상대를 비난하고 이용하는 잘못된 습성이 생긴 것이다. 그래서 "저 여자가 나에게 먹게 했다"라고 비난하고 변명하며 오늘날 불행한 부부의 모습을 보이는 것이다.

반대로 예수님을 믿어 하나님과 다시 하나가 되면 존재적 사랑이 회복된다. 원수도 사랑하게 된다. 그러니 부부가 온전히 하나 되고 사랑하게 되는 것이다.

다윗은 "우슬초로 나를 정결하게 하소서"라고 울부짖었다. 그 간절한 다윗의 소원이 예수님과 하나 되는 것이다. 다윗이 그래서 위대한 삶을 살게 된 것이다.

그리스도와 성도의 연합이 주는 신비가 부부 연합의 신비이다. 하나님 나라가 됨이다. 남남이었던 부부가 부모보다 더 친밀한 하나가 되는 연합이다.[80] 창세기 2장 24절에 "아담과 하와가 벗었으나 부끄러워 아니하였다"라고 하는 그 신비로운 연합을 말한다. 에베소서 5장 32절에서 바울은 남녀의 결혼을 말하다가 그리스도와 교회에 대하여 말한다. 이 비밀이 크다고 바울이 정확하게 말했다.

신랑에게는 신부가 벗을수록 더 신비하고 아름답다. 성도가 예수님께 나가 모든 것을 드러내고 죄도 벗고 애통하고 가난하면 은혜를 더 누린다. 있는 그대로 허물을 보이며 벗을수록 은혜를 풍성하게 입는다. 그 힘과 능력이 신랑과 신부가 사랑하고 하나 되는 강력한 능력이 되는 것이다. 이것을 소수만 알기에 바울은 비밀이 크다고 했다.[81]

할례는 원래 아브라함과 하나님의 언약 징표이다(창 17장). 그런데 모세가 출애굽의 사명을 가지고 장인 집을 떠나 가족을 데리고 애굽으로 가는 중에 할례 사건이 일어났다(출 4:24-26).

이해하기 힘든 일이지만, 모세를 하나님이 죽이려 할 때 아내 십보라가 차돌로 아들 게르솜을 할례하고 그 아들을 보면서 "너는 피 남편이로다"라고 말했다. 이 말은 십보라가 남편 모세에게 한 말이다. 당연히 "남편 당신 때문에 할례를 하면서 지금 피를 흘리게 되었으니 피 남편이다"라는 뜻이다.

여기에 더하여 황창기 교수의 말에 따르면 "예수님은 믿는 모든 사람이 십자가 보혈로 그리스도의 신부가 되게 하니 피 남편이로다"라는 구속사적인 내용도 포함되어 있다고 한다. 게르솜이 흘린 피가 첫날 밤에 이미 처녀성을 잃은 신부가 흘릴 피를 대신하는 신랑의 대속의 피를 상징한다는 것이다.[82] 이는 예수님의 십자가 보혈로 성도의 신부 됨의 순결성을 회복하는 언약적 메시지이다. 피 신랑의 할례 피[83] 이다(출 4:24-26).

십보라가 '피 남편'이라고 말한 것에는 놀라운 의미가 있다. 예수님의 십자가 보혈을 상징하기 때문이다. 십보라는 신부 이스라엘과 지금의 교회, 믿는 우리를 상징한다. 아들이 할례로 피를 흘려 가족이 죽음을 면했기에 예수님을 상징하는 피 남편이라고 한 것이다. 독생자 예수님이 십자가에서 죽으셔서 우리 성도들의 마음에 할례를 하고 하나님 나라를 이룬 것을 상징한다.

성도들의 결혼에서도 반드시 예수님과 우리의 영적 결혼을 드러내어야 한다.

예수님의 새 언약과 우리의 결혼

<표 9> '예수님의 새 언약과 우리의 결혼 언약'은 예수님과 우리의 새 언약, 영적 결혼이 우리가 하는 결혼에 어떻게 이루어져야 하는지를 보여 준다. 결혼 식순마다 어떤 영적 의미를 담고 있는지도 정리했다.

첫째, 신랑 입장은 예수님이 우리의 신랑으로 하늘 보좌 떠나 신부를 맞이하러 성육신하신 것이다. 우리가 죄인일 때 먼저 책임지시고 죗값을 치르심을 고백하고 신랑이 신부에게 그리하겠다는 선언이다.

〈표 9〉 예수님의 새언약과 우리의 결혼 언약

순서	예수님의 새 언약	우리의 결혼 언약	
신랑 입장	하늘 보좌 떠나 이 땅에 성육신하심.	신랑 먼저 입장: 아내 사랑 자기같이, 예수님이 교회 사랑함 같이(엡 5:25, 28, 33)	남자가 부모를 떠나 (창 2:24; 마 19:5; 엡 5:31)
신부 입장	예수님을 믿음.	신부도 이어서 입장: 남편 존경, 교회가 예수님께 복종함 같이 (엡 5:22-23, 33)	남자가 부모를 떠나 (창 2:24; 마 19:5; 엡 5:31)
레드 카펫 입장	십자가에서 예수님 피 흘리심. 그것을 믿음으로 죄 사함. 새사람으로 거듭남	하객 사이로 지나 레드카펫을 지남(복음으로 배우자의 사람으로 거듭남).	합하여(창 2:24; 마 19:5; 엡 5:31) 그리스도와 교회에 대하여(엡 5:32)
언약서 약서 작성과 낭독	십계명과 확장, 보완된 산상수훈(팔복 포함). 성경 말씀을 지키며 살기로 선포하고 결심.	신랑, 신부가 각자 작성한 결혼 언약서 내용을 낭독하며 결혼 서약을 함.	
언약 축하 잔치	성령을 부어주셔서 이 땅 삶이 하나님 나라 잔치로 됨.	결혼 예배 후 축하순서, 만찬으로 언약 축하 잔치, 반지 교환.	
하나 됨	성령으로 하나 됨. 지성소·성전 됨. 목마르지 않음. 천년왕국이 이미 시작.	성령의 부부가 한 몸이 됨, 결혼 언약을 시작으로 신혼 여행을 통해 온전히 하나 됨.	둘이 한 몸을 이룰지로다(창 2:24; 마 19:5-6; 엡 5:31).
하나님 나라	자유, 풍성, 사망·사단을 이김, 하나님 나라 누림. 하나님 나라 전함·확장. 그리스도의 피로 구속받은 백성 가운데 재림으로 완성(계 21:3). 가나 혼인 잔치, 어린양 혼인 잔치, 새 예루살렘.	부부가 예수님과 교회가 하나 되어 이 땅 하나님 나라 이루듯 온전한 행복과 풍성함으로 하나님 나라 가정을 이루어 살아감.	두 사람이 벌거벗어 부끄럽지 않음 (창 2:25). 나누지 못함(마 19:6). 이 비밀이 크도다 (엡 5:31), 그리스도와 교회에 대하여 (엡 5:32).

둘째, 신부 입장은 예수님을 믿는 참 신부로 살아가는 결혼생활을 하겠다는 것이다. 교회가 예수님께 하듯 부부가 피차 복종하겠다는 것이다(엡 5:22-23, 33).

셋째, 레드카펫으로 입장하는 것은 십자가에서 예수님이 피 흘리심으로 우리가 죄 사함을 받고 새사람으로 거듭남을 고백하는 것이다.

넷째, 언약서약서 작성과 낭독을 하는 것은 구약의 십계명을 통해 하나님과 이스라엘이 결혼한 것을 지금 여기서 새 이스라엘로 이루는 서약서이다. 십계명이 확장, 보완된 것이 산상수훈(팔복 포함)이다. 이는 예수님이 우리와 맺은 언약서약서이다. 성경 말씀을 지키며 살기로 선포하고 결심하는 것이다. 신랑, 신부가 각자가 작성한 언약서약서 내용을 낭독하며 결혼 서약을 하는 것이다. 그것을 생명을 걸고 지켜야 하는 장엄한 일이 결혼생활이다.

다섯째, 언약 축하 잔치는 성령을 부어주셔서 이 땅의 삶이 하나님 나라 잔치로 됨을 상징한다. 그 시작이 결혼 예배 후 축하순서를 갖는 것이다. 만찬으로 언약 축하 잔치를 한다. 반지 교환을 통해 언약이 체결됨을 확인한다.

여섯째, 부부가 이제 영·혼·육 모두가 부부생활을 통해 하나 됨은 성령으로 하나 되는 일이다. 이는 예수님과 교회인 우리가 하나 되는 것을 말한다. 그래서 비밀이 크다(엡 5:31). 지성소를 신학자들이 부부의 침실이라고 한 것도 이런 의미이다. 우리 그리스도인들이 성전 되었다는 것은 예수님과 하나 되었다는 것이다. 신부가 되었다는 것이다.

일곱째, 하나님 나라를 이룬다는 것은 결혼생활이 자유와 풍성함을 누리며 사망과 사단을 이기는 하나님 나라가 된다는 것이다. 죽어야 하는 것이 아니라 지금 오늘 하나님 나라가 이루어진다는 것이다. 그래서 이 땅에서 하나님 나라를 전하고 확장하는 결혼이 된다는 것이다.

예수님의 새 언약으로의 결혼을 유대인의 결혼 풍습으로도 설명하셨다

하나님은 당시 고대 근동의 종주권 조약이라는 것을 가지고 아브라함과 모세의 시내산 언약을 응용하셔서 잘 이해되게 하셨다. 하나님의 언약 결혼을 잘 설명하셨다. 마찬가지도 예수님도 예수님의 새 언약으로 결혼을 잘 설명하셨다. 유대인의 결혼 풍습도 이용하여 잘 설명하셔서 우리의 이해를 돕고자 하셨다.

예수님은 이 땅에서 제자들과 우리 모두와 정혼하고 신혼여행으로 지금 사신다. 또한 승천하셔서 아버지 집에 가서 우리가 있을 처소를 마련하고 제자들과 우리를 모두 데려가겠다고 하셨다. 바로 유대인의 결혼 풍습을 가지고 설명하셨다.

결국 예수님이 우리를 그리스도의 신부로 삼아 하나님 나라를 이 땅에서도 신혼여행처럼 누리고 영원히 살 신혼부부의 집, 영원한 하나님 나라를 준비하셨다.

이미 내 속에 있는 것이 당신입니다.

사람 냄새 그리워 산을 찾을 때

그 산 채움보다 더 좋은 사람이 당신입니다.

모두 비우고 싶어 바다를 찾을 때

바다 비움보다 더 큰 쉼이 당신입니다.

곁에 있어도 그리운 갈증을 넘어

곁에 없어도 이미 내 속에 있는 것 당신입니다.

뼈 중의 뼈요, 살 중의 살인 게지요.

그리움에 사무친 과거를 그저 추억으로 만든 채움이 당신입

니다.

25년 나인 당신을 사랑합니다. 싫어하는 것이 불가능한

그 사랑을 계속 쓰려합니다.

– 결혼 25주년을 맞아 신랑 서상복, 2016. 7. 6.

3장. 포인트 성경 속의 결혼식

포인트

1. 우리가 하는 결혼식은 성경 속의 결혼식을 따른다. 다음 4가지 핵심 의미는
   무엇인지 말해 보자.

1) 결혼 언약의 최고의 근원이 된 두 결혼 언약

   - 아브라함의 언약 결혼(창 15:8-17)과 우리의 결혼

   - 모세의 언약 결혼(출 24:1-11, 신 30:16-18)과 우리의 결혼

2) 가나 혼인 잔치와 우리의 결혼

3) 예수 그리스도의 새 언약 결혼과 우리의 결혼

2. 우리의 결혼생활을 위의 4가지 결혼식과 비교해 보자.

1) 비교적 잘 실천되는 것 두 가지 적어보고 나누자.

2) 잘되지 않는 두 가지도 적어보고 나누자.

적용하기

1. 모든 언약 결혼에 레드카펫인 십자가 보혈이 있다. 우리의 결혼에 진정한 레드카펫을 지나가는 결혼이 되기 위해서는 무엇을 하면 될까? 3가지를 계획하고 적용하여 보자.

2. 예수님과 나의 결혼 언약을 이 땅의 우리 부부가 그대로 적용하여 하나님 나라를 이루는 것이 결혼이다. 예수님과 우리가 맺은 언약을 잘 실천하고 드러내려면 우리가 하는 부부의 결혼에서는 무엇을 더 실천해야 할까? 적어보고 나누어 보자.

MARRIAGE
PLATFORM

4장

결혼 예배
순서와 의미

지금 우리가 하는 결혼식 진행의 순서마다 무슨 의미가 있는 것인가요? 그것을 모르니 결혼식이 왠지 낭비 같아서 약식으로 작은 결혼식으로 할까도 합니다. 주례사 없는 결혼은 맞는 것인가요? 신랑, 신부 동시 입장은 괜찮은 것인가요? 결혼식 순서의 의미를 잘 몰라서 결혼식 방법의 이견 조율에서부터 갈등과 어려움이 되니 도움을 주시면 고맙겠습니다.

답변

신랑 입장은 예수님의 십자가 대속처럼 먼저 책임지겠다, 먼저 자신을 죽이겠다, 상대의 사람으로만 거듭나겠다는 뜻입니다.

신랑이 검은색 정장을 입는 것은 예수님의 십자가 대속의 죽으심을 말합니다. 이것을 신랑이 신앙으로 고백하면서 자신이 신부를 위해 기꺼이 자신의 주장과 욕망과 이기심을 죽이겠다는 것입니다. 예수님이 이 땅에 오셔서 신부를 위해 죽기까지 먼저 헌신하신 것을 따라 남편이 먼저 신부를 위해 헌신하겠다는 것입니다.

그리고 신부도 뒤에서 신랑의 이 고백을 아멘으로 화답하며, 자신도 레드카펫을 밟고, 지난 삶은 죽고 남편의 여자로만 살아가겠다고 같이 고백하는 것입니다.

따라서 신랑·신부 동시 입장은 본 결혼의 의미에 맞지 않습니다. 신랑이 먼저 입장하는 것은 예수님이 먼저 죄인 된 우리를 사랑하셔서 하늘 보좌를 버리고 이 땅에 신랑 입장으로 먼저 오신 것을 드러내는 것이기 때문에 더욱 그렇습니다.

레드카펫은 십자가 보혈의 의미대로 고백하고 결단하고 살아가겠다는 의미입니다.

십자가 보혈로 성령이 주어지고 그로 인해 하나님 나라가 이루어졌습니다. 따라서, 레드카펫으로 십자가 보혈을 의지한 결혼생활을 하여 성령 충만하겠다는 것입니다. 그 힘과 지혜로 부부가 하나님 나라를 이루는 가정이 되겠다는 것입니다.

십자가로 하나님과 우리가 언약을 맺고 영적인 결혼을 한 것입니다. 결혼도 남자와 여자가 서로 이런 언약으로 서로 사랑한다는 것입니다.

목사의 주례로 이것을 드러내고 집례합니다. 예수님과 우리의 언약을 지금 결혼하는 부부가 똑같이 결혼 언약으로 한다는 것을 선포하고 인준하는 것이 필요합니다. 목사가 주례하는 것이 중요하다는 것이 아닙니다. 목사가 설교하는 것이 중요하다는 말은 더더욱 아닙니다. 주례자가 복음적인 참 결혼의 의미인 이 언약 방식으로 집례하는 것이 중요하다는 말입니다. 주례자가 중요해서 주례사가 있어야 하는 것이 아니라 결혼하는 당사자가 언약을 이루도록 주관하는 것 때문에 목사가 주례하는 것이 맞습니다.

엄밀히 말하자면 목사가 아니라도 결혼 언약을 잘 가르치고 설명하고 선포하는 것을 잘 할 수 있다면 주례사가 없어도 됩니다. 그러나 현실적으로 아버지나 어머니, 혹은 다른 사람이 주례사 없이도 결혼 언약을 잘 설명하고 집례하기는 사실 쉽지 않습니다. 목사가 집례해도 결혼 언약을 잘 드러내고 선포하기가 쉽지 않을 장엄한 선언이 결혼식이기 때문입니다.

신부의 흰 드레스는 부활을 상징합니다.

이것은 이 땅에서 하는 현실의 결혼이 예수님과 성도의 영원한 언약 결혼임을 최선을 다해 드러내겠다는 의미입니다. 거룩하게 살겠다는 것입니다. 이 땅의 가치가 아닌 하나님 나라 가치로 살겠다는 것입니다.

적극적으로는 배우자와 하나님께 성적 순결을 지키겠다는 것입니다. 상대방을 주님처럼 귀하고 존중하여 잘 순종하겠다는 것입니다. 자기를 내리고 주님을 수용하듯 상대를 잔소리하거나 비판하지 않고 잘 수용하겠다는 것입니다.

신랑·신부 입장은 부모를 떠남을 고백하는 것입니다.

먼저는 하나님을 부모로, 왕으로, 주님으로 잘 순종하며 살겠다는 것입니다. 부모에게서 경제적 독립을 하겠다는 것입니다. 정서·심리적으로도 성숙하여 부모와 다른 이들의 도움 없이도 잘 살겠다는 것입니다. 부부 서로의 하나 됨을 부모보다 더 중요한 우선순위로 여기고 사랑하겠다는 것입니다. 하나님 다음으로는 배우자를 부모보다, 일보다, 자녀보다, 최우선 순위로 여기는 관계로 살겠다는 것입니다.

약혼반지나 결혼반지는 언약의 증표입니다.

첫째 의미는, 하나님과 우리의 영원한 언약을, 제한된 결혼이지만 부부가 드러내 겠다는 것입니다. 제한된 부부의 삶을 영원한 하나님 나라로 살아가겠다는 것입니다.

두 번째 의미는, 반지는 배우자의 손가락 크기에 맞추어 주는 것이 당연합니다. 마찬가지로 내 의견, 내 주장보다 배우자의 의견과 소원을 더 중요하게 여기며 배려하는 하나님 나라 부부가 된다는 것을 반지가 나타내는 것입니다.

세 번째 의미는, 반지가 자기를 고집하지 않고 배우자의 손가락에 맞도록 연마되고 다듬어지듯이 배우자를 위해 자신을 연단하고 성숙해 가겠다는 것입니다.

불행한 가정, 불행한 결혼, 부부의 갈등은 사실 결혼반지의 의미를 잊어버리기에 나타나는 일입니다.

1. 신랑·신부 입장 : '부모 떠나기'

예수님이 우리에게 신랑으로 오심

예수님이 우리를 신부 삼아 신랑으로 이 땅에 먼저 오셨다. 그리고 십자가에서 죽으셨다. 신랑과 신부가 이것을 고백함으로 부모를 떠나는 것이다.

신랑이 먼저 입장하는 것은 예수님이 우리가 아직 죄인일 때 이 땅에 오셔서 신부를 위해 죽기까지 먼저 헌신하신 것처럼 남편이 먼저 헌신하겠다는 것이다.

예수님이 영원히 우리의 신랑으로 부활하시고 승리하시는 것처럼 주님을 따라 검은 정장을 입고 아내를 위해 죽은 남편으로 거듭나고 부활하여 참 자신이 된다는 것이다. 그로 인해 부부는 하나님 나라를 살아가겠다는 것이다.

하나님 최우선으로 살겠다

부모를 떠난 신랑, 신부가 입장함은 부모를 의지하던 지난 삶을 정리하고 하나님을 전적으로 의지하고 순종하고 하나님 최우선으로 살겠다는 것이다.

불안(不安)이라는 한자어에서도 남편이 먼저 가정에 헌신하고 책임지는 것을 말하고 있다. 불안(不安)은 '아니 불, 평안할 안'으로 나타낸다. 가정에 여자가 평안하지 못한 것이 불안이고 불행이다. 여자가 남자에게 잘못하는 것보다 남자가 여자에게 잘못해서 불행하다는 뜻이 담겨있다.

실제 부부 불행이나 부부이혼 상담을 한 필자의 여러 사례에서 볼 때 대략 90% 정도로 남편이 잘못하는 것이 대부분이다. 남편이 잘하는데 불행한 경우는 드물다. 그러니 하나님이 결혼식에서 신랑이 먼저 검은 옷을 입고 입장하게 하며, 먼저 책임지고 헌신하며 살라고 말하는 것이다.

불안이라는 영어 단어도 부부 각자가 결혼식 때 어떤 각오로 입장해야 하는지를 제대로 가르쳐 준다. 불안은 anxiety(앤자이어티)로, 불안, 걱정, 염려라고 해석하기도 하고, 열망, 갈망, 욕망으로도 해석한다. 사실 부부 각자가 부모를 떠나 입장하면서 부모나 배우자나 다른 것에 잘못된 열망과 갈망을 가질 때 부부는 불행해진다는 것이 아닌가? 부부가 부모를 떠나 각자 입장하는 순간 제대로 하나님을 갈망하고 열망하겠다는 것이다. 그리하여 불행을 떨치고 온전히 서면 행복해진다는 것이다. 평안을 가지게 된다는 것이다.

물론 신부도 뒤에서 신랑의 이 고백에 '아멘' 하는 것이다. 자신도 레드 카펫을 밟는 것을 똑같이 고백한다. 신부도 지난 삶은 죽고 남편의 여자로만 살아가겠다고 같이 고백하는 것이다. 이렇게 하여 신랑과 신부가 온전히 하나님을 최우선으로 하여 살아가겠다는 것이다. 그럴 때 성령 충만을 받는다. 하나님의 영으로 가득하게 되면 서로를 하나님처럼 존중하고 섬기는 지혜와 능력이 가능해진다.

결혼식에서 신랑과 신부의 동시 입장은 성경적인 결혼의 의미에서는 맞지 않는다. 예수님이 먼저 죄인 된 우리를 사랑하셔서 하늘 보좌를 버리고 이 땅에 신랑 입장으로 먼저 오신 것을 드러내는 것이 신랑 입장이기 때문에 더욱 그렇다. 하나님 최우선으로 살겠다는 고백과 결단이 결국은 두 사람이 가장 행복한 하나님 나라를 이루며 살게 되는 근본이 된다.

배우자에게 먼저 감이다

신랑 입장은 부모를 떠나 아내에게 가는 선언이다. 아내를 부모보다, 자녀보다 더 중요한 존재로 여기겠다는 것이다. 아내를 위해 조건 없이 헌신하겠다는 것이다.

신부 입장은 부모를 떠나 남편에게 가는 선언이다. 남편을 부모보다, 자녀보다 더 중요한 존재로 여기겠다는 것이다. 남편을 위해 조건 없이 헌신하겠다는 것이다.

신랑 입장은 신랑이 먼저 솔선하여 아내를 잘 섬기겠다는 뜻이다. 아담처럼 하와(아내)에게 핑계 대지 않고 "내 잘못입니다" 하며 먼저 인정하고 사과하며 살겠다는 것이다.

물론 신부도 뒤에 있으면서 남편이 입장하며 선포하고 약속하는 레드카펫과 검은 옷의 자기 죽음을 같이 선포한다. 부부가 된 두 사람은 이제 경제적으로도 부모에게 의존하지 않고 스스로 독립한다는 것이 부모를 떠나는 신랑, 신부의 입장이다.

정신적으로도 부모 도움 없이 스스로 다 해결하고 책임지겠다는 의미이다. 스스로 성숙하고 독립적으로 살아가겠다는 것이다. 결혼 후에 부모에게 걱정 끼치지 않고 도움을 받지 않겠다는 결단이다.

이것은 두 사람이 자기 부모보다 배우자를 더 우선순위에 두는 관계의 혁신을 말한다. 결혼 이후 선택이나 상의할 때도 부모보다 배우자의 의견을 존중해야 한다. 이제 신랑 입장과 신부 입장은 부모보다 배우자를 우선순위에 두겠다는 놀라운 관계 혁신의 의미이다. 많은 경우 부부 갈등의 뿌리는 배우자보다 부모나 자녀를 더 우선하는 경향에 있다.

이처럼 배우자에게 먼저 감이 신랑·신부 입장의 의미이다. 이 부분만 바르게 되어도 부부 갈등이 많이 해소된다.

남편이 먼저 입장하는 이유

신랑이 언약의 발기인이자 촉진자이기 때문이다. 아내는 남편과의 관계에서 응답자의 입장이 되기 때문이다. 그래서 남편이 먼저 입장하여 아내의 화답을 기다리는 것이다. 남편이 먼저 결혼서약서에 서약하고 서명하는 까닭도 같은 이유이다.

예수님이 먼저 영원한 남편으로 신부인 성도를 위해 입장하셨다. 십자가 지시고 레드카펫에 입장하셨다. 그리고 피 묻은 손을 내밀며 먼저 서약하시며 성도에게 청혼하신다. 교회에 청혼하신다. 부부도 똑같이 그것을 서로 고백하는 것이다. 그렇게 되어 결혼생활에 하나님 나라가 이루어지는 것이다.

먼저 상대 중심으로 섬기며 살겠다

신랑·신부 입장은 부모의 도움을 받으며 이기적이고 자기중심적으로 살아온 미숙함을 버리고 성숙한 자세로 배우자를 잘 섬기며 살겠다는 각오를 뜻한다.

예수님은 우리를 신부 삼아 사랑하셔서 하나님 아버지를 떠나 이 땅에 신랑 입장을 하셨다. 먼저 십자가의 희생으로 우리의 죄를 갚으시고 깨끗하게 하셨다. 그래서 신부인 우리의 모든 것을 책임지셨다.

부부는 결혼생활을 통해 하나님 나라를 드러내야 한다. 남편과 아내는 예수님처럼 자신의 옳음을 버리고 상대를 먼저 수용하고 인정해야 한다. 우리가 죄인일 때 먼저 오셔서 섬김은 물론 죽기까지 사랑해 주시는 예수님의 십자가 사랑을 드러내야 한다.

경제적인 부분도 부모에게서 독립해서 스스로 책임져야 한다. 감정과 정서, 대인관계에도 미숙함을 제거하고 어른답게 성숙한 모습으로 책임져야 한다. 배우자를 자기 결핍이나 부족에 이용하고 집착하지 않아야 한다.

성숙한 어른으로서 배우자를 잘 섬기며 돕는 배필로 살겠다는 각오로 신랑·신부 입장을 하면 두 사람의 가정에 하나님 나라가 이루어지게 된다. 이 부분이 결혼예비학교에 꼭 있어야 한다. 각자가 미숙함과 부모 떠남의 준비상태를 종합적으로 점검하여 문제가 없을 때 비로소 결혼식 입장이 가능하다고 본다.

부모의 자리를 앞자리에 구별하는 이유

부모의 자리를 앞자리에 별도로 마련함은 부모가 결혼 언약의 증인이 됨을 말한다. 부모를 떠나는 언약 결혼을 위해 이제 자녀를 떠나보내는 의식으로 앞에 떨어져 앉은 것이다.

신부 아버지가 신랑에게 신부 손을 넘겨주는 이유

신부 아버지가 신랑에게 입장하면서 손을 건네 인도하는 것은 결혼 언약의 큰 뜻이 있다.

첫째는, 하나님이 하와를 최초의 신랑 아담에게 친히 인도하신 것을 말한다(창 2:22).

둘째는, 부모가 권위를 신랑에게 양도하는 상징이다. 이제 양가 부모가 자녀에게서 2순위로 물러나고 부부 서로가 서로에게 권위자가 되고 1순위가 되는 것을 말한다.

셋째는, 신부 아버지는 그동안 딸의 순결을 책임지고 있다가 신랑을 맞아 딸을 양도하는 것이다. 딸의 순결도 신부 아버지가 보증한다는 것이다. 뜻이다. 그래서 구약시대에 부부의 첫날 밤 잠자리에 흰 천을 깔고 동침한다. 그 피 묻은 흰 천을 신랑이 밖에 보이면서 처녀라고 증명해 주는 것이다. 아니면 신랑이 신부의 처녀성을 의심할 경우를 대비해 신부 아버지가 그 피 묻은 흰 천을 반박 증거로 보관했다고 한다(신 22:13-19).

즉, 신부 아버지가 신랑에게 신부 손을 넘겨주는 것은, 지금까지 딸의 양육을 책임져 왔던 아버지가 신랑에게 모든 보호와 순결과 미래를 이양하는 의식이다.

작가이며 목사인 T.D. 제이크스의 말에 따르면 지금의 결혼이 위기를 드러내는 원인 중에 하나로 부부 서로가 순결한 삶을 증명하지 않으며 중요하게도 여기지 않는 것이라고 했다. 또한 부부 서로가 과거의 상처와 해결하지 못한 문제나 순결하지 못함 삶을 숨기느라 전전긍긍하며 부부의 온전한 하나 됨을 어렵게 한다고 했다.

2. 레드카펫으로 걸어감: '자기 내려놓기'

예수님의 보혈을 덧입겠다는 신앙고백이다

레드카펫을 밟고 입장하는 것은 예수님의 보혈을 덧입겠다는 신앙고백이다. '서로 자신은 죽고 상대의 배우자로만 거듭남'을 의미한다.

자신은 죽고 상대의 배우자로만 다시 거듭날 때 부부의 삶에 진짜 하나님 나라가 이루어진다. 이것이 요즘 결혼에서 너무 모르고 있는 부분이다. 너무 가볍게 치부되는 부분이다. 이것만 제대로 고백해도 웬만한 부부 갈등과 어려움은 극복될 것이다.

이것은 결혼예비학교나 커플 학교에서 반드시 다루어야 하는 내용이다. 하지만 대부분 간과하고 있는 것이 안타까운 현실이다.

강인한이 말한 '죽음의 행진'이 바로 이것을 말한다.[84] 다나 그레쉬도 『흰옷을 입은 신부』에서 "레드카펫은 예수님과 십자가로 맺은 결혼 언약을 부부가 서로 동일하게 맺는 것"이라고 말했다.

인간은 자기중심적이다. 먼저 희생하고 먼저 잘해주는 것은 불가능하다. 하지만 아직 죄인일 때도 우리를 먼저 사랑해 주신 예수님의 능력을 입으면 가능하다. 레드카펫은 결혼식에서 예수님의 능력을 입겠다는 뜻이다. 우리가 예수님의 십자가 사랑을 덧입고 성령이 충만하여 하나님의 사랑으로 결혼생활을 하면 무엇이든 가능해진다.

신랑, 신부가 입장하는 레드카펫이 바로 예수님의 보혈이다. 부부 각자가 십자가의 은혜 앞에 머물 때 예수님의 보혈로만 상대를 먼저 섬기는 것이 가능해진다. 레드카펫은 십자가 언약의 피를 상징한다. 상대를 위해 죽기까지 순결과 헌신을 약속하는 것이다.

언약은 히브리어로 '베리스 카라스'라고 하고, 영어로는 'cut'이라고 한다. 쪼개놓은 짐승 사이를 통과하여 맺은 맹약을 말한다.

송아지를 둘로 **쪼개고** 그 두 조각 **사이로 지나매** 내 앞에 언약을 맺었으나 그 말을 실행하지 아니하여 내 계약을 어긴 그들을 렘 34:18

해가 져서 어두울 때에 연기 나는 화로가 보이며 타는 횃불이 **쪼갠 고기 사이로** 지나더라 창 15:17

여호와의 말씀이니라 배역한 자식들아 돌아오라 **나는 너희 남편임이라** 내가 너희를 성읍에서 하나와 족속 중에서 둘을 택하여 너희를 시온으로 데려오겠고 렘 3:14

이 언약은 내가 그들의 조상들의 손을 잡고 애굽 땅에서 인도

하여 내던 날에 맺은 것과 같지 아니할 것은 내가 **그들의 남편**

이 되었어도 그들이 내 언약을 깨뜨렸음이라 여호와의 말씀이

니라 렘 31:32

5 이는 너를 지으신 이가 **네 남편**이시라 그의 이름은 만군의

여호와이시며 네 구속자는 이스라엘의 거룩한 이시라 그는

온 땅의 하나님이라 일컬음을 받으실 것이라 사 54:5

신랑이 신부를 기뻐함 같이 네 하나님이 너를 기뻐하리라

사 62:5

하나님은 아브라함과 언약을 맺을 때 하나님이 남편으로 쪼개진 짐승 사이를 먼저 입장하셨다. 최초의 신랑 입장이다. 이처럼 제물을 반 갈라서 흐르는 피가 결혼식의 레드카펫이다.

시내산에서 하나님이 이스라엘 백성과 언약을 맺으실 때도 피의 절반은 제단에 뿌리고 절반은 백성 쪽으로 뿌려 거대한 레드카펫을 만들게 하셨다.

우리의 결혼도 언약 결혼이 되어야 한다. 짐승이 반으로 갈라지듯이 하객들이 반으로 갈라져 있는 레드카펫을 통과한다. 사실 하객들도 언약 고

백에 동참하며 헌신과 재언약을 결심해야 한다. 단지 결혼을 구경하는 식의 지금의 방법은 맞지 않는다.

결혼 언약은 십자가 위에서 완성된다

예수님이 십자가 위에서 이 두 언약을 완성하셨다. 결혼 언약의 완성은 십자가 위에서 이루어진 것이다. 자신이 죽어 상대를 온전히 섬기는 것도, 부활과 성령 충만으로 하나님 나라를 이루는 것도 모두 십자가 복음이 가능하게 한 것이다.

구원이란 예수님이 휘장을 찢어 지성소를 믿는 우리를 신부로 회복하시고 하나님 나라를 먼저 주시며 이루신 것이다. 흔히들 생각하는 죽어서 천국 가는 정도의 구원 개념과 십자가 복음은 너무 빈약하다. 우리의 결혼에서는 하나님 나라가 의미 없게 되고, 누리지 못하게 된다.

신학자들은 지성소를 부부의 침실이라고 번역하기도 하는데, 이는 아주 놀라운 일이다. 지성소는 창세기의 에덴동산을 상징한다. 하나님이 지성소에서 백성들을 만나신다. 즉 하나님이 남편 되시고 우리가 신부가 되어 신혼생활을 한다는 것을 뜻한다.

결국 우리는 이미 이 땅에 임하는 하나님 나라를 경험한다. 예수님이 남편 되시고 우리가 신부가 되는 그것이 이 땅의 하나님 나라의 실존이다. 요한복음 10장 10절에서 예수님이 우리에게 "생명을 얻게 하고 더 풍성히 얻게 하려는 것이라"라고 구원의 풍성함을 말씀하셨다.

결혼에서도 십자가 복음을 상징하는 레드카펫을 통과한다. 그것은 십자가 복음으로 살아서 두 부부가 결혼에서도 하나님 나라의 풍성함을 누린다는 것이다. 하나님 나라의 풍성함을 맛보고 누리는 결혼생활이 된다는 것이다. 죽어서만 가는 하나님 나라가 아니라 이미 결혼생활에서도 이루어 간다는 고백이다. 이런 의미가 담긴 레드카펫을 통과하는 의미는 놀랍지 않을 수 없다.

하나님과 인간이 만나 결혼하는 것이 예배의 본질이다. 많은 교회의 예배당에 레드카펫이 깔려있다. 이는 예수님의 십자가 복음으로 죄 사함과 거룩함을 입어 하나님 앞에 나아감을 말한다. 우리가 예배 가운데 성령의 임재를 누리며 하나님 나라 잔치를 그리스도의 신부로 이미 이 땅에서 누리는 것이 예배이다.

이러한 예배의 개념이 결혼 예배에서도 똑같이 고백되고, 선포되어야 한다. 결혼 언약의 완성은 십자가 위에서의 완성이다. 결혼 언약이 십자가 위에서 완성될 때 결혼생활에 하나님 나라가 이루어진다.

레드카펫을 지나가는 진정한 의미

레드카펫 통과에는 깊은 의미가 있다. 이전의 가정에서의 습관, 가치, 행동 방식, 입맛, 고집이 모두 죽고 상대방의 배우자로서만 거듭나고 부활하여 살겠다는 뜻이다.

자기중심성, 자기 과거, 자기 상처, 자기 성향을 모두 버리고 새롭게 부활하여 배우자의 사람으로 새로운 삶을 살겠다는 것이다. 성령의 도움으로 자기 부인과 자기 내려놓음을 배우자에게 실천하겠다는 마음으로 레드카펫을 지나는 것이다.

레드카펫을 지나는 진정한 의미는 십자가 보혈을 덧입어 성령의 기름 부음을 받아, 배우자를 주님처럼 섬기고 사랑하는 새사람이 됨을 선포하는 것이다. 그 결과 결혼으로 하나님 나라를 이루는 것이다. 좋은 자녀 양육도 그런 부모 밑에서 스스로 배워서 잘 크는 것이 핵심이다.

다시 십자가 복음의 의미를 찾고 결혼식에서 레드카펫을 통과하자. 이미 결혼했다면 다른 이들의 결혼식에 증인으로 참석하여 재언약을 하자. 마음과 생각으로 다시 레드카펫을 제대로 통과하자. 날마다 드리는 예배에서 자기를 온전히 내려놓고 예수님으로 덧입는 레드카펫을 제대로 통과하자. 영적인 예수님의 신부로 살자. 결혼은 하나님 나라가 될 것이다.

하객들이 신랑, 신부 입장하는 양쪽으로 앉은 이유

프레드 로워리는 『결혼은 하나님과 맺은 언약입니다』에서 하객들의 자리 배치도 피 언약의 의식을 말하는 것이라고 했다. 신부 측 하객과 신랑 측 하객이 반 갈라진 사이로 입장하는 것도 피 언약을 상징한다. 아브라함의 언약식에서 짐승을 반으로 쪼개놓고 하나님이 먼저 불로 입장하심으로 언약을 체결하셨다. 모세의 시내산 언약에서 피의 절반은 제단에 뿌리고 절반은 백성 쪽으로 뿌린 것도 피 언약을 상징한다. 이것이 결혼 언약에서 레드카펫의 보혈을 상징하고, 하객은 언약의 증인으로 피 언약을 맺는 의식에 동참함을 보이는 것이다.

3. 신랑의 어두운 정장 : '십자가 사랑 이루기'

예수님의 죽으심을 상징한다

신랑의 검은색 계열의 어두운 정장은 예수님의 죽으심을 상징한다. 자기가 죽어야 상대를 온전히 사랑하기 때문이다. 검은색 정장을 입는 것은 예수님이 죽으심으로 우리를 온전히 살리고 사랑하신 것을 따라 살겠다는 고백이다. 옷이 검은색이냐가 중요한 것이 아니다. 심지어 옷이 검지 않아도 신랑이 예수님의 십자가 죽으심을 따라 본인이 죽겠다는 각오로 입장하는 것이라면 된다.

신부도 뒤에서 물론 '아멘'으로 같은 고백을 한다. 부부 각자가 입장하면서 예수님 가신 십자가 길을 같이 가겠다고 고백하는 것이다. 신랑 입장을 '죽음의 행진'이라고 신학자들이 정의한 것도 이런 의미가 있어서이다.

강인한은 피의 언약에서 동물 사이로 지나가는 죽음의 행진을 다음과 같이 말했다.[85]

두 당사자가 각자가 죽은 동물들의 피를 흘리는 절반을 뒤로 한 채 그 사이에 선다. 그들은 그 절반을 통하여 영원을 상징하는 8자 모양을 그리며 걷는다. 그리고 돌아와 서로의 얼굴을 맞대어 선다. 이러한 "죽음의 행진"(walk of death)을 함으로써 그들은 서로에게 맹세한다.

나는 나 자신에 대하여 죽는다. 예수님을 믿는 자의 언약의 당사자인 당신과 새로운 행진을 시작하기 위하여 죽을 때까지 예수님을 믿는 자의 독립적인 삶, 예수님을 믿는 자의 권리들, 예수님을 믿는 자의 이전의 관계들을 포기한다.

그리고 다른 편의 죽은 동물을 인식하면서, 그들은 말한다.

"만일 내가 이 언약을 깨면 하나님께서 나에게 이렇게 행하실 것이다. 그 자리에서 나를 죽여라. 살 가치조차 없을 것이다."

예수님이 죽으셔서 하나님 나라를 우리에게 주신 것처럼 자기를 부인하고 자기 십자가를 지고 자기를 내려 배우자에게 하나님 나라를 이루도록 살겠다는 것이다. 신랑이 전에 살아온 습관, 고집, 성질, 기질 모두를 뒤에 입장하는 아내를 위해 다 죽겠다고 하는 것이다. 그리고 오직 한 여자의 남편으로만 다시 살아가겠다는 것이다.

신랑만 죽고 신부는 아니라는 것이 아니다. 신랑만 억울해할 필요가 없다. 신랑 입장 때 검은 옷의 언약을 신부도 뒤에서 같이 고백한다. 레드카펫 입장 때 똑같이 신부도 자기 부인을 결단한다. 십자가 복음으로 신랑에게 하나님 나라를 드러내며 칭찬하고 인정하며 살겠다고 고백한다. 신랑의 검은 옷의 고백을 신부도 뒤에서 같이하는 것이다. 다만 신랑이 먼저 실천하면 더 좋다.

"마님 돌쇠이옵니다."

"마님, 돌쇠이옵니다"라고 하는 마음으로 살면 신랑의 검은 색 정장을 온전히 이루는 것이다. 아내를 마님으로 섬기는 돌쇠로 살면 하나님 나라를 이루는 결혼을 위한 남편의 책임과 역할을 잘 감당하는 것이다. 아내를 귀하게 여기는 것이 남편의 책임이며 역할이다. "마님 돌쇠이옵니다"라는 마음으로 살면 된다.

아내 사랑하기의 최고는 아내를 귀하게 여기는 것이다. 자신을 귀하게 여기듯이 아내를 귀하게 여기면 가정은 천국이 된다. 아내는 행복해진다. 아내의 불행은 모두 남편이 아내를 천하게 함부로 여기는 데서 오는 것이다.

> 남편들아 이와 같이 지식을 따라 너희 아내와 동거하고 그를
> 더 연약한 그릇이요 또 생명의 은혜를 함께 이어받을 자로 알
> 아 귀히 여기라 이는 너희 기도가 막히지 아니하게 하려 함이
> 라 벧전 3:7

남자들은 대부분 자기 몸을 엄청 귀하게 여긴다. 아프면 빛의 속도로 병원에 간다. 몸에 좋은 것은 가리지 않고 무엇이든 먹는다. 아내를 자기 생각하는 정도로만 대해도 아내는 행복하다고 성경은 말한다.

바울이 목회서신 세 군데에서 교회 지도자의 자격을 언급한다. 3가지 영역을 묶어서 정리해 보면 다음과 같다.

> 하나, 경건한 남편 된 자(경건한 아내 된 자 포함)를 교회 지도자로 뽑으라고 한다.
>
> 둘, 복종하는 자녀를 둔 자(자녀에게 가정에서 삶으로 하나님 나라를 보이고 살아낸 자)를 교회 지도자로 뽑으라고 한다.
>
> 셋, 선하고 나그네 대접을 잘하며 봉사를 잘하는 사람(인격과 성품이 좋은 사람)을 교회 지도자로 뽑으라고 한다.

이 세 가지 중 두 가지, 즉 교회 지도자 자질의 약 70%가 가정에서 잘하는 것이다. 가정에서 하나님 나라를 보이는 사람을 교회 지도자로 뽑으라고 한다. 어쩌면 한국교회의 지금의 어려움과 이미지가 나빠진 것은 가정에서 삶으로 하나님 나라를 살아내지 못한 사람들을 교회가 지도자로 뽑아왔기 때문이 아닐까?

아내를 사랑하지 못하는 남편을 보면 대부분 남편 자신의 건강한 자기 사랑이 부족하다. 자존감이 낮고 사명감도 부족하다. 자기를 사랑하지 않으니 한 몸인 아내도 사랑하지 못한다.

> 남편들아 아내 사랑하기를 예수님이 교회를 위해 자신을 주
> 심 같이 하라 엡 5:25

> 이와 같이 남편들도 자기 아내 사랑하기를 자기 자신과 같이
> 할지니 자기 아내를 사랑하는 자는 자기를 사랑하는 것이라
> 엡 5:28

남편의 본래 정신상태로는 아내를 계속 사랑하기 힘들다. 남편이 먼저 십자가 은혜를 입고 성령을 충만하게 받아야 아내를 계속 귀하게 여길 수 있다. 예수님이 교회를 위하여 죽으심 같이 온전히 죽어서 섬기겠다는 표현으로 검은 옷을 입고 결혼식장에 입장한 것을 늘 기억해야 한다. 남편이여, 아내를 귀하게 여기고 먼저 섬기라. 그러면 가정 천국이 임할 것이다.

남편들은 "마님 돌쇠이옵니다"라는 고백을 날마다 하며 살아야 한다.

"마님 돌쇠이옵니다."

4. 신부의 흰 드레스와 면사포 : '순결, 복종, 부활'

거룩함과 부활을 드러낸다

신부의 흰 드레스는 부활을 고백한다. 그러나 대부분 이런 뜻인지 모르고 있다. 신부가 흰 드레스를 입는 것은 신랑. 신부 두 사람의 결혼생활이 영원한 참 결혼인 예수님과 우리의 결혼을 본질로 드러내도록 살겠다는 것이다. 결혼의 원본이 예수님과 우리가 한, 이 땅의 하나님 나라 잔치라고 고백하는 것이다. 계시록에 나오는 신랑 예수님과 신부인 우리들 사이의 어린양 혼인 잔치를 드러내는 것이라고 하는 것이다.

계시록에 보면 어린양 되신 예수 그리스도의 신부가 흰옷을 입고 있다고 표현한다. 흰 세마포 옷을 입고 있다고 표현한다. 이것은 십자가 보혈로 죄 사함을 입은 거룩함과 정결함, 순결함을 말한다. 그리고 부활의 존재임을 말한다. 그리스도의 신부라는 신분을 말한다.

결국 하나님 나라를 드러내고 이루는 것을 목표로 살겠다는 것이다. "주 예수와 동행하니 그 어디나 하늘나라~"라는 찬송가 가사를 고백하는 것이다.

신부의 흰 드레스는 '거룩함과 순결, 수용성과 부활'을 상징한다. 흰 드레스를 입은 것은 신부이지만, 신랑도 앞에서 신부의 고백을 같이하는 것이다.

'거룩'은, 이제 레드카펫의 상징인 예수님의 보혈을 통과해 두 사람이 거룩한 삶을 살겠다는 것이다. 부부와 가정생활에 거룩함을 이루겠다는 것이다.

흰 드레스에는 '순결'을 지키겠다는 고백도 있다. 배우자에게만 집중하고 다른 사람에게는 성적으로 순결을 지키겠다는 것이다. 정서와 감정적, 지적인 것, 생각까지도 배우자에게 오롯이 집중하겠다는 것이다.

'수용성'은, 서로 피차 복종하는 것이다. 상대를 잘 인정하고 상대 의견에 예를 갖추는 생활을 하겠다는 것이다. 혹 충고나 건의를 할 때는 반드시 예의를 갖추어 상대가 기분 나쁘지 않게 존중하면서 하겠다는 것이다. 협의를 할 수는 있지만 자기 의견을 주장하는 것으로 상대에게 상처를 주거나 괴롭히지 않겠다는 것이다. 흰색 드레스에 무슨 색을 칠해도 칠한 색깔이 되듯이 상대 의견과 상대의 인격을 더 존중하고 칭찬하고 존경하겠다는 것이다.

'부활'은, 이 땅의 삶이 전부가 아니고 영원한 하나님 나라가 있으니 그 나라를 바라보며 부부생활을 하겠다는 것이다. 예수님과 나의 부활로 영원한 하나님 나라를 부부의 삶에서도 드러내면서 살겠다는 것이다. 또한 진짜 우리를 만족하게 하는 것(진짜 남편)은 예수님이고, 배우자는 서로 사랑하고 섬기는 존재라는 것이다. 배우자는 믿을 대상이나 의지할 대상이 아니라 사랑하고 도와주는 대상으로 여기며 살겠다는 것이다.

신부의 흰 드레스는 신랑, 신부가 부활을 결혼생활로 살아내겠다는 고백이다. 하나님 나라를 결혼생활에서 살아내겠다는 것이다.

"전하, 무수리이옵니다."

신부 입장 때 입은 흰 드레스는 다음과 같은 고백을 하며 살겠다는 뜻이다. "전하, 무수리이옵니다." 이는 남편을 존경하는 대표적인 행동이다.

"전하, 무수리이옵니다"라고 하는 마음으로 산다면 신부의 흰 드레스 고백을 이루는 것이다. 남편을 존경하고 인정하고 칭찬하는 것이 하나님 나라를 이루는 결혼을 위한 아내의 책임과 역할이다.

남편 사랑하기의 최고는 남편을 존경하는 것이다. 성경에 남편에게 '복종하라'라는 단어는 '후포타소'라고 한다. 이 단어에는 '기쁨으로', '자원함으로', '더 강하나 약하게 되고 낮아져서'라는 뜻이 있다. 일반적으로 사용되는, 종이 주인에게 하는 굴욕적인 '복종'을 의미하는 단어가 아니다.

아내가 남편보다 관계성과 감정과 대화를 더 잘하니 남편을 그런 면에서 먼저 잘 대해 주라는 것이다. 그렇게 되면 남편은 제일 행복해진다. 남편의 불행은 모두 아내가 자신을 인정하지 않고 존경하지 않는 데서 온다.

아내가 하나님 말씀을 가장 많이 훼방하는 것은 교회에서가 아니라 집에서 남편에게 존경도, 칭찬도 하지 않는 것이다. 보이는 남편도 존경하지 못하면서 보이지 않는 하나님을 존경한다는 것은 거짓 신앙이다(요일 4:8, 20). 디도서 2장은 아내가 갖추어야 할 참된 신앙을 이렇게 표현한다.

그 남편과 자녀를 사랑하고 신중하며 순전하고 집안 일을 잘

하며 선하며 **남편에게 복종하라.** 이는 하나님의 말씀이 훼방을

받지 아니하려 함이라 딛2:4

남편에 대한 존경은 칭찬과 인정과 복종으로 하는 것이다. 남자는 "땀 흘려 일하라", "에덴을 관리하라"라고 한 아담의 유전인자를 그대로 가지고 있다. 그래서 남자는 성취 욕구가 기본 욕구이다. 그래서 칭찬과 인정을 가장 목말라한다.

하지만 아내들이 남편 칭찬을 좀처럼 하지 않는다. 잘하는 것이 별로 없다는 말이다. 그러나 남편의 잘하는 것을 찾아서 칭찬해야 한다. 존재적인 칭찬을 해야 한다. 남편이어서 고맙다고 해야 한다.

본정신으로는 아내가 남편을 칭찬도, 인정도, 존경도 할 수 없다. 성령 충만해야 가능한 일이다. 십자가 복음으로 거듭나야 남편이 나보다 못하다는 생각이 없어진다. 내가 남편보다 예수님 앞에 더 큰 잘못이 있는 사람인데, 은혜로 용서받고 산다는 마음의 가난함이 있어야 남편을 칭찬할 수 있다.

성령 충만하면 남편을 예수님처럼 존경하게 된다. 성경에서 남편을 존경한 대표적인 아내가 사라이다. 사라는 남편 아브라함을 '주'라고 칭했다고 했다(벧전 3:6).

사라가 아브라함을 **주라 칭하여** … 너희도 그렇게 하면 그의

딸이 되는 것이라 벧전 3:6

남편을 사랑하지 못하는 아내를 보면 대부분 자신이 참 남편이신 예수님께 온전한 만족을 누리지 못하고 있다. 게다가 건강한 자기 사랑이 부족하다. 자존감이 낮고 사명도 없다. 예수님과 자기를 사랑하지 않으니 한 몸인 남편도 사랑하지 못하는 것이다. 아내는 예수님에게 만족하라. 남편은 믿지 말고 의지하지도 말고 그저 사랑하라. 잘못하면 정상이고 잘하면 고마운 것일 뿐이다.

신부에게 부탁한다. 사라가 남편을 주라 불렀듯이 하자. 조금 급을 낮추어서 "전하, 무수리이옵니다"라고 해 보자. 남편을 존경하고 칭찬하고 인정하라는 것이다.

신부가 흰 드레스를 입고 먼저 입장한 약속을 지켜야 한다. 교회가 예수님에게 복종하듯, 남편이 존경스럽지 않고 맘에 들지 않아도 복종하라. 아내가 자기 의견을 너무 주장하지 말자. 남편과 협의는 하여도 친절과 예의를 다하라. 남편의 검은색으로 아내의 흰옷에 물들어 가라.

"전하, 무수리이옵니다."

5. 결혼반지 : '헌신'으로 언약 확증

언약의 상징이고 언약 확증이다

결혼반지를 보며 배우자와 맺은 언약의 충실함과 헌신과 영원성을 늘 자각하라는 것이다. 고대에 결혼반지 대신 손가락에 영원한 상처를 남기기도 했는데, 이런 이유 때문이다.

결혼반지는 또한 새로운 정체성을 갖게 되었음을 말한다. 이제부터는 배우자를 최우선으로 하는 새로운 신분으로 살아가겠다는 것이다. 세상과 주변을 향해 "나는 배우자에게 이미 속한 사람"이라고 공포하는 것이다.

결혼반지를 왼손 중지에 끼는 까닭은 심장이 왼쪽에 있기 때문이다. 고대 근동에서는 왼손이 심장에 연결되어 있다고 믿었다. 그래서 왼손에 반지를 끼므로써 배우자와 마음으로 연결되어 한 몸이 되었음을 고백하는 것이다.

"저는 당신의 사람입니다. 저의 심장, 저의 전체를 당신에게 드립니다", "저는 당신에게 속했습니다. 온 맘으로 온 힘을 다해 당신을 사랑합니다" 라는 고백이다.

부부의 영속성을 말한다

'결혼반지'는 '부부의 영속성'과 '상대에게 맞추어 줌'을 의미한다.

 하나님께서 두 사람을 맺어 주신 부부의 하나 됨을 사람이 갈라놓을 수 없다. 이혼으로 도 남이 될 수 없다. 죽음이 아니고서는 두 사람은 이제 갈라지지 않는 놀라운 신비가 있다. 부부가 사별이 아니라 이혼 하고 재혼할 때는 반드시 한 번은 회개하고 새 피조물이 된 후에야 재혼할 수 있다고 예수님은 말씀하셨다.

죽으면 두 사람은 부부가 아니라 성도의 관계가 된다. 천국에서는 예수 님의 신부로서, 하나님 나라의 성도로 살아간다. 두 사람을 갈라놓는 것은 죽음뿐이다.

결혼반지가 둥근 것은, 영원한 결혼인 예수님과 나의 결혼을 부부의 결 혼이 드러내도록 살겠다는 뜻이다. 원은 끝이 없어 예수님과 나의 영원한 관계를 상징한다.

약혼반지나 결혼반지는 부부의 영속성을 드러내는 언약의 증표이다. 하 나님과 우리의 영원한 언약을 이 땅의 제한된 결혼식에서도 드러내어야 한 다. 제한된 부부의 삶이지만, 영원한 하나님 나라의 삶으로 살아가겠다는 것 이다. 예수님과 나의 영원한 결혼을 드러내는 부부가 되니 지금 결혼하는 부 부의 하나 됨이 영속성을 가지는 것이다. 영원한 하나님 나라가 되는 것이다.

상대에게 내가 맞추어 주겠다

'결혼반지'는 또한 '부부의 맞추어 줌'이다. '헌신'이다. 결혼반지를 상대에게 끼워주는 것은 상대에게 자신을 계속 맞추어가겠다는 약속과 결단이다. 결혼식은 그런 헌신과 약속의 시작이다.

결혼반지에는 상대의 손가락 크기에 맞추도록 내가 변하고 노력한다는 뜻이 있다. 반지는 상대의 손가락 크기에 따라 다듬어진다. 반지가 배우자의 손가락 크기에 맞추어 주는 것이 당연하다.

마찬가지로 내 의견, 내 주장보다 배우자의 의견과 소원을 더 중요하게 여기며 배려하는 하나님 나라 부부가 된다는 것을 반지가 나타내는 것이다. 그래서 부부는 상대더러 나에게 맞추라고 하지 않고 내가 상대에게 맞추는 것이다. 사실 이것이 잘되지 않아서 부부 갈등이 생기는 것이다.

결혼반지는 돕는 배필이 되고, 바라는 배필이 되지 않겠다는 고백이다. 부부 갈등, 부부 불행의 뿌리는, 나는 상대에게 맞추지 않으면서 상대더러 나에게 맞추라는 마음이다.

결혼반지는 각자가 연단 되어 불순물 없이 순수하고 성숙해지는 것을 상징한다. 두 사람은 각자 대화를 배워서 깊고 수준 있게 대화할 줄 알아야 한다. 남자와 여자의 차이도 배우고 잘 알아서 서로 잘 배려해 주는 성숙함이 있어야 한다. 서로의 기질과 성격과 성장환경의 차이, 서로 다른 문화와 종교의 차이를 모두 배우고 알아서 맞추어 주는 삶을 살아야 한다.

그렇게 성숙하고 상대에게 맞추어서 돕는 배우자가 친밀성을 갖는다. 진정한 데이트 상대나 연인은 부부이다. 부부관계가 친밀성으로는 최고이다.

예수님이 십자가에서 피 흘리심으로 성전의 지성소를 가린 휘장을 찢으신 것은 우리를 지성소로 삼아 완전하게 하나가 됨을 나타낸다. 신학자들이 지성소를 부부의 침실이라고도 번역한 것은, 지성소가 하나님이 임하시고 이스라엘이 신부로 만나는 깊은 하나 됨이 있는 장소이기 때문이다.

하나님의 은혜로 살아가는 두 부부는 성령 충만으로 이 땅에서 이미 천국을 이룬다는 것이 친밀함의 극치이다. 아가서의 부부 이야기가 복음인 까닭은 예수님이 신랑 되시고 우리가 신부가 되어 사랑하는 천국 이야기를 나타내기 때문이다.

상대를 위해 훈련과 연단을 하겠다

결혼반지를 끼워주는 것은 상대에게 지속적으로 자신을 연단하고 성숙해 가겠다는 의미이다. 이것이 결혼식의 진짜 중요한 의미 중의 하나이다. 배우자 손가락에 맞게 반지를 맞춘다. 그렇듯이 자신도 자기 의견을 고집하지 않고 내려두고 상대에게 맞추어 하나님 나라를 만들어가겠다는 것이다. 상대를 고치려 들지 않고 자신이 연마되고 다듬어지겠다는 결단이다. 배우자를 위해 자신이 지속적으로 예수님의 성품에까지 성숙해 가겠다는 것이다.

사실 불행한 가정, 불행한 결혼, 부부의 갈등은 결혼반지의 이런 의미를 잊었기에 나타나는 일이다. 출애굽으로 인도하시고 유월절 은혜를 주신 하나님을 잊은 이스라엘이 우상을 섬기고 타락했다. 자기 소견대로 살게 되어 불행해졌다. 홍해를 가르시며 광야에서 입히시고 먹이시고 보호하시며 동행하신 하나님의 은혜를 잊었기에 교만해지고 자기만 위하여 살게 되었다.

마찬가지로 호세아 선지자가 거친 들의 언약(시내산 언약, 하나님과 첫 언약, 하나님과 첫사랑)을 다시 기억하고 돌아오라고 호소한 것이 결혼반지의 고백과 같다. 결혼해준 참 남편 예수님의 은혜를 잊지 말라는 것이다. 십자가 복음으로 자신을 구원하고 신부 삼아주신 예수님의 은혜를 잊지 말라는 것이다.

지속적으로 반지 언약을 기억하고 결혼 언약을 기억하며 자신을 훈련하고 성숙해지겠다는 것을 말한다. 그 반지 언약을 기억하고 가슴에 품는다면 부부의 결혼생활도 하나님 나라로 풍성할 것이다.

전인격으로 하나 되는 사랑을 하겠다

결혼반지는 부부가 서로 전인격으로 하나 됨을 말한다. 같은 반지를 끼면서 서로가 한 몸이며 하나라는 사실을 계속 이루어 가겠다는 것이다.

부부의 결혼에서 성경이 말하는 "둘이 한 몸이 돼라"는 것은 바로 '전인격적인 하나 됨'을 말한다. 하나님과 우리가 전인격적으로 성령 충만하게 되면 이루어지는 그 하나 됨이 부부에게서 이루어진다.

부부는 한 몸이 되어야 한다. 깊은 전인격적인 교제와 하나 됨을 이루어야 한다. 결혼반지와 결혼식은 그런 의미이다. 그뿐 아니라 부부의 성이 거룩하고 아름다운 것임을 받아들이고 누려야 한다. 부부의 성관계는 즐거움 그 이상이다. 부부의 성은 하나님이 만들어 주셨기에 신비롭고 즐거움이 크다.

부부는 성관계를 통해 생명을 잉태하여 자녀를 낳게 하는 거룩한 관계이다. 부부의 성을 통해 전인격적 교제를 한다. 서로 섬김, 배려, 존중을 배워 만족스러운 결혼생활을 한다.

부부의 성은 성령 충만한 만큼 거룩하고 영적인 요소도 있다. 하나님이 이스라엘을 '안다'라고 할 때 히브리어 '야다', 헬라어 '기노스코'와 같은 단어를 대략 1,800여 회나 사용하는 것이 그것을 증명한다.

오직 결혼 안에서 부부 사이에만 허락되는 성관계를 통하여 육체, 정신, 영혼으로도 하나가 되어야 한다. 그리고 책임과 의무도 다해야 한다. 부부의 하나 됨에는 그 누구도 끼어들 수 없다. 자식도, 부모도, 돈도, 직장도 ….

서로 단점과 수치를 덮어주고 수용하고 이해해야 하는 것도 한 몸이 되는 일이다. 약혼반지, 결혼반지는 두 사람이 전인격으로 하나 되는 사랑을 하겠다는 표징이다.

순결을 지키겠다

결혼반지는 부부가 상대에게 순결을 지키겠다는 고백이고 약속이다. 아무런 무늬가 없는 금반지라 할지라도 순수하고 순결한 순도의 사랑을 평생 하겠다는 약속이다. 무늬나 모양을 새기지 않는 것은 다른 잡다한 불순물이나 혼합되는 사랑을 하지 않겠다는 결심의 표현이다.

결혼반지를 변하지 않는 금으로 만드는 이유가 있다. 순도가 깊고 변하지 않는 사랑으로 사랑하겠다는 것이다. 예수님이 법궤의 언약을 이룸 같이 부부간에 서로 법궤 같은 언약으로 반지를 주고받겠다는 것이다.

굳은 결심이 앞서도 사람의 힘으로는 변질이 된다. 변질을 방지하기 위해 영원한 십자가 복음으로 서로 맺어 사랑하겠다고 한다. 약혼반지, 결혼반지가 서로에게 순결을 지키겠다는 결단이고 약속이므로 부부는 순결의 약속을 평생 지켜야 한다.

가장 온전한 친밀성을 말한다

반지는 부부 사이의 가장 온전한 친밀성을 말한다. 마치 반지가 상대에게 최선을 다해 맞추어 한 몸이 되듯이 말이다. 친밀성은 부부관계에서 최고로 중요하다. 하나님의 은혜로 살아가는 두 부부가 성령 충만함으로 이 땅에서 이미 천국을 이루는 것도 친밀함의 극치이다.

반지를 왼손 네 번째 손가락에 끼우는 이유가 있다. 약속의 의미로 알려진 약지에 결혼반지를 끼워준다. 이것은 서로 온전히 친밀하고 결혼생활의 약속을 잘 지키겠다는 뜻이다.

고대 로마 시대부터 사람들은 손가락에서 나온 특별한 정맥이 심장과 직접적으로 연결되어 있다고 믿었다. 그래서 네 번째 손가락에 결혼반지를 끼고 상대를 자기 심장으로 여기며 살겠다는 것이다. 가장 소중히 여기며 친밀감을 제일 강하게 가지고 살겠다는 것이다.

부부의 친밀성이 세상에서 최고이다. 연인의 사랑만으로는 허물과 약점을 다 덮어줄 수 없다. 어느 정도는 조건을 보기 때문이다. 하지만 부부가 하나 되고 나면 상대의 허물은 모두 내 것이 된다. 상대의 빚도 내 것이 된다. 결혼 전의 연애에서는 허물이 보이면 헤어지는 것이 더 나을 수 있다. 하지만 결혼하고 나면 허물과 잘못은 사실 헤어짐의 원인이 될 수 없다.

아담과 그 아내 두 사람이 벌거벗었으나 부끄러워 아니하니

라 창 2:25

극히 친밀하기에 벌거벗었어도 부끄러워하지 않는다. 이 부부의 친밀성은 예수님이 원수인 우리를 위해 모든 것을 대신하신 친밀성이기도 하다.

6. 결혼서약서 : '결혼 언약 체결'

결혼 서약

결혼 서약은 결혼 언약의 최고 절정이다. 언약 체결의 마지막 단계이다. 남편이 언약의 발기인으로 먼저 서약한다. 예수님이 자신을 사랑하듯 아내를 위해 헌신과 순결을 지키겠다고, 최우선으로 사랑하겠다고 서약한다.

아내도 교회가 예수님께 하듯 당신에게 순결을 지키겠다, 당신을 존경하고 복종하겠다, 헌신을 다하겠다, 최우선으로 사랑하겠다고 서약함으로 남편의 언약 발의에 화답하는 것이다.

결혼 서약은 성례까지는 아니더라도 성례에 준하는 고백이다. 즉 생명을 걸고 서로 약속하는 정도의 무게가 있다. 예수님과 교회가 언약을 맺는 것과 같은 고백을 하는 것이다. 이 서약으로 인해 하나님 나라를 가정에서 이제 이루고 드러내는 것이다.

공식 선포

하나님도 이스라엘과 시내산 언약과 모압 언약을 맺고 공식적으로 선포하셨다. 그리고 신부 된 이스라엘도 하나님께 언약을 입으로 고백하며 전체가 보는 앞에서 공식 선포로 응답하게 하셨다.

여호와의 명하신 대로 우리가 다 행하리이다 출 19:8

그래서 우리들의 결혼언약식에서도 공적으로 전체 앞에서, 하나님 앞에서 주례자가 공식 선포를 한다.

나는 하나님과 증인 앞에서 이 두 사람이 이제 정식으로 부부가 되었음을 선포하노라.

언약은 공개적으로 선포하고 맹세함으로써 이루어진다. 느헤미야가 성전 건축에서 어려움을 겪을 때 가난한 동족을 착취하는 부자들에게 하나님 앞에서 그렇게 하지 않겠다는 것을 모두가 보는 앞에서 공개적으로 맹세하라고 했다(느 5:12-13). 모세가 시내산에서 이스라엘과 하나님의 언약 결혼을 공개적으로 맹세하고 선포함으로 언약 체결이 완성된다. 결혼 언약도 전체 앞에서 선포함으로 마무리된다.

피로연

언약의 어원 중에는 '먹을 것을 주다'라는 말도 있다. 구약시대와 신약시대에, 결혼식에 이어 피로연을 베풀었다. 시내산 언약에서 하나님과 이스라엘이 결혼 언약을 맺고 70인 대표를 산 정상에 불러 2주간 잔치한 것을 볼 때 하나님도 이것을 지지하심을 알 수 있다. 예수님도 가나 혼인 잔치에서 포도주가 떨어져 잔치가 중단되는 것을 막으셨다.

피로연은 새신랑과 새신부가 한 몸 됨을 축하하는 잔치이다. 아울러 부활 잔치이며 하나님 나라의 잔치를 영적으로 드러내는 것이기도 하다.

서로 케이크를 먹여줌

케이크를 컷팅하는 것으로 대신하기도 한다. 서로 먹여주는 것을 하는 곳도 있고 하지 않는 곳도 있다. 케이크를 신랑, 신부가 서로 먹여주는 의미가 중요하다. 프레드 로워리는 이것이 "이것은 내 몸이기 때문에 당신이 이것을 먹음으로 나는 당신 속에 들어가고, 당신이 주는 것을 내가 먹음으로 당신은 내 속에 들어옵니다. 이렇게 하여 우리는 한 몸이 됩니다"라는 뜻이라고 하면서, 성찬 예식과 거의 같은 의미가 담겨있다(고전 11:23-26)고 했다. 완전한 성례는 아니나 성례에 준한다는 것이다.

신혼여행

신혼여행을 통한 부부의 성관계는 남편과 아내의 결혼 언약을 실제로 인정하고 증명하고 누리는 것이다. 육체적 결합에서 전인격적인 온전한 하나 됨의 극치를 보이는 것이다.

월터 트로비쉬는 『나는 너와 결혼하였다』에서 성관계는 오직 부부의 결혼제도 안에서만 온전한 역할이 된다고 했다. 성적 즐거움도 언약적 부부생활에서 가장 크다고 말했다. 부부의 혼인이 아닌 성관계는 모두 왜곡되고 부족하고 뒤틀리고 너무 부족하다고 했다. 심지어 부부 외의 성관계는 부부 사이를 파괴하는 역할까지 한다고 말했다.

성관계는 부부 사이에서만 거룩하고 아름답고 풍성하고 신비하다. 성관계는 생명을 주고받는 것이다. 그래서 임신도 하고 자녀를 출산한다. 나를 반지로, 케이크로, 서약서 서명으로 서로 온전히 주겠다고 고백한 것을 성관계로 실현하며 온전히 자신을 주는 것이다. 서로 소속되겠다고 한 모든 결혼언약식에서의 고백이 부부 성관계를 통해 온전한 소유가 되고 소속이 되는 것이다. 두 사람이 친밀감의 최우선이 됨을 또한 이루는 것이다.

남편이 아내의 면사포(너울)를 벗김

신부의 면사포와 웨딩드레스에는 몇 가지 의미가 있다. 그중 하나는 순결의 상징이다. 신랑이 신부의 면사포를 벗기는 것은 신랑이 신부의 순결한 삶을 지키고 보호하고 책임지겠다는 것을 말한다. 반대로 신부 역시 신랑에게 그렇게 하는 것은 당연한 일이다. 부부 서로가 말씀으로, 거룩한 삶으로, 성적인 순결로 배우자를 순결하게 하겠다는 것이다.

신부의 얼굴을 면사포(너울)로 가리는 것의 의미는 "나의 의지, 나의 뜻은 가리고 남편에게만 순종하겠습니다"라는 뜻이다. 남편만이 신부의 너울을 벗길 권한이 있다. 너울로 인해 앞이 보이지 않음으로 신랑의 인도함을 받을 수밖에 없다. 이는 남편에 대한 온전한 신뢰와 순종의 표현이기도 하다(아 4:3; 계 14:4).

이 고백을 남편이 아내에게 먼저 하는 것도 매우 중요한 것이다(엡 5:25-28). 생애 끝 날에 남편에게 하나님이 1차로 책임을 물으신다. 아내의 순결과 행복한 삶을 지켜 주었는지, 자녀 양육의 책임을 다했는지, 가족의 영적인 하나님 나라를 이룰 책임을 다했는지를 1차로 물으신다.

재언약(언약 갱신)

결혼 언약을 맺은 신랑, 신부는 언약 갱신을 자주 해야 한다. 또한 결혼 언약에 증인으로 참석한 하객도 지금 하는 결혼 언약의 증인과 함께 자기 결혼 언약을 재언약하며 결혼 언약을 갱신하는 것이다.

이스라엘 백성은 하나님과의 언약을 주기적으로 확인하였다. 모세의 시내산 언약을 모압 언약으로 다시 맺으며 갱신하였다(신 29:1). 여호수아가 가나안 땅을 얻고 나서 세겜 언약을 맺으며 시내산 언약을 갱신하였다(수 23:14-16). 유다 왕 아사가 하나님의 도우심으로 구스 사람 세라의 백만대군과 싸워 승리한 후 선지자 아사랴를 통해 언약을 갱신한다(대하

15:2, 12; 14:4; 31:21). 제사장 여호야다는 유다의 아하시야 왕이 죽고 7살 요아스가 왕이 될 때 '여호와의 백성이 다시 된다'라는 내용으로 언약을 갱신한다(왕하 11:17; 대하 23:3, 16). 히스기야 왕은 부친 아하스가 우상 숭배한 것을 없애고 성전 예배를 회복하며 하나님과 관계를 회복하였다(대하 28:24-25; 29:15). 요시아 왕은 성전 수리 중에 발견한 말씀으로 회복하고 하나님과 새로운 관계 회복을 단행하였다(대하 34:31-32; 왕하 23:3). 에스라는 바벨론 포로 생활에서 돌아와 이방인과 통혼한 것을 회개하고 언약을 갱신한다(스 9:1-5, 10, 14; 레 18:3; 신 7:14; 23:3). 느헤미야는 예루살렘 성벽 공사 후에 언약을 갱신하며 다시 언약을 맺는다(느 9:37-38; 10:29). 역대하 34장 31-32절에서 왕이 하나님과 언약을 다시 세운다고 하였다.

도지원은 『성도가 알아야 할 언약』에서 조나단 에드워즈의 교회 언약으로 위의 모든 언약을 적용하고 고백하였다고 했다. 교회에서 1742년에 언약 갱신으로 예배했다고 했다는 것이다.

마찬가지로 우리도 예배로 새 언약을 날마다 갱신해야 한다. 결혼 언약도 자연스럽게 주기적으로 자주 확인하여야 한다.

"주 예수보다 더 귀한 것은 없네…"

첫 번째가 결혼기념일이다. 결혼기념일은 다시 부부가 결혼 언약을 확인하고 잘 지키는지 점검하고 재결단하는 날이다. 두 번째로 다른 사람의 결혼 언약에 참석하여 증인으로 설 때 자신들의 결혼 언약을 재언약한다. 세 번째로 정기적으로 드리는 예배에서 하나님과 자신의 언약을 확인하면서 부부의 언약도 늘 점검하고 재언약을 해야 한다.

부부는 엇박자

서상복

부부는 엇박자
20대에 당신은 사랑에 눈멀고 나는 취업에 눈멀었습니다.
얼씨구 엇박자로세

30대에 당신은 가정을 세우고 자녀에게 요람 만든다고 땀 흘리고
나는 직장에서 사회에서 내 앉을 자리 하나
자리 하나 만든다고 땀 흘립니다.
얼씨구 엇박자로세

40대에 당신은 관계에 지쳐 힘들고
나는 일에 지쳐 힘들고

아이들은 사춘기라 힘듭니다.

얼씨구 엇박자로세

50대에 당신은 집이 답답해지고

나는 세상이 답답해 집이 커 보일 텐데…

얼씨구 엇박자로세

60대에 당신은 천국을 보느라 눈빛이 빛나고

나는 아마도 당신 보느라 눈빛이 빛나니

얼씨구 엇박자로세

70대에 당신은 내가 아닌 주님이 남편이 되었고

나는 주님이 아내로 곁에 있음을 노래하나니

얼씨구 엇박자로세

당신 나의 거리에 성숙이 자라고 천국이 자라니

얼씨구 엇박자 천국일세

- 2008. 5. 아내 사랑하다 땀 흘린 어느 날

결혼서약문은 십계명이며 산상수훈이다

　결혼서약문은 구약에서는 십계명이다. 신약에서는 산상수훈이다. 산상수훈은 하나님을 사랑하고 이웃을 사랑하는 것이다. 성도는 반드시 하나님 나라를 이루고 드러내고 살아내고 전해야 한다.

하나님과 이스라엘 백성이 결혼 언약을 맺을 때 가장 중요한 정점이 바로 서약문을 쌍방이 사인하고 보증하는 것이다. 부부는 서약한 내용을 생명을 걸고 평생 지켜야 한다.

결혼하는 부부의 결혼서약문은 결혼 십계명이며, 결혼 수훈이다. 두 부부는 조건을 초월한 사랑을 하여 반드시 하나님 나라를 이루고 드러내고 살아내고 전한다는 것이다.

신랑의 혼인 서약서(하나님 나라 관점으로)

오늘 결혼 예배의 신랑 된 나 '서상복'은 지금 내 앞에 선 '김은숙'님을 아내로 삼아 한평생 성경의 가르침대로 다음 내용을 지킬 것을 서약합니다.

1. 아내를 주님 다음으로 귀중히 여기며, 주님이 조건 없이 나를 귀히 여겨 이해해 준 것 같이 아내가 늘 사랑받고 싶어 함과 수고함과 연약함을 이해해 주며, 항상 아내보다 먼저 헌신하겠습니다.

2. '김은숙' 님의 진실한 남편으로서 평생토록 아름답게 동거하며 마음과 성의 순결을 하나님과 배우자를 위해 지키겠습니다.

3. '김은숙' 님이 이해되지 않고 도움이 되지 않을 때도, 즐거울 때나 괴로울 때도

변함없이 귀히 여기며 사랑하겠습니다. 부모와 자녀보다 더 가장 중요한 사람으로 귀하게 여기겠습니다. 이해하고 존중하며 친절하고 공감하겠습니다.

4. 신앙을 잘 지키며, 교회의 지도에 순종하며, 양가 부모님들과 친지분들을 잘 섬기겠습니다.

5. 좋은 아버지 역할과 책임을 잘 준비하고 훈련받아 자녀를 주 안에서 잘 양육하겠습니다. 4살 이후 중학교까지 잘 놀아주고 신앙을 교육하며, 옳고 그름을 잘 조절하는 자녀로 잘 키우겠습니다. 자녀를 노엽게 하여 상처를 주는 일이 없게 하겠습니다.

하나님 아버지를 닮아 가정에서 앞서 본을 보이고 섬기는 책임지는 리더십을 가진 좋은 남편, 좋은 아버지 되겠습니다.

6. 결혼생활도 직장생활도 신앙처럼 아내 김은숙 님과 함께 더불어 하나님 나라를 살아내고 드러내고 전하기 위해 살겠습니다. 성령님의 도움을 받아 최선을 다하겠습니다.

이 모든 내용을 하나님과 모든 증인 앞에서 엄숙히 서약합니다.

- 1990. 7. 20. 서약자 남편 서상복 사인,

증인 주례자 김철수 사인

신부의 혼인 서약서(하나님 나라 관점으로)2

　오늘 결혼 예배의 신부 된 나 '김은숙'은 지금 내 앞에 선 '서상복' 님을 남편으로 삼아 한평생 성경의 가르침대로 다음 내용을 지킬 것을 서약합니다.

1. 성도가 자기 생각과 옳음과 상관없이 주님께 존경하고 복종하는 것 같이 신랑 '서상복' 님에게 기쁨과 자원함으로 순종하고 복종하겠습니다.

2. '서상복' 님의 도움을 받기보다는 돕는 아내로서 평생토록 아름답게 동거하며 마음과 성의 순결을 하나님과 배우자를 위해 지키겠습니다.

3. '서상복' 님이 존경이 되지 않을 때도, 즐거울 때나 괴로울 때나 변함없이 헌신하며 사랑하겠습니다. 존경하고 칭찬하고 인정하겠습니다.

4. 신앙을 잘 지키며, 교회의 지도에 순종하며, 양가 부모님들과 친지분들을 잘 섬기겠습니다.

5. 좋은 어머니 역할과 책임을 잘 준비하고 훈련받아 자녀를 주 안에서 잘 양육하겠습니다. 특히 태교를 잘하며 특히 3살까지는 최우선으로 친밀감을 주며 자녀를 잘 양육하겠습니다.

　예수님의 긍휼과 용서, 사랑, 격려, 수용, 치유, 나눔과 봉사, 친밀감을 가정에서 잘 실천하는 현숙한 아내, 좋은 어머니 되겠습니다.

6. 결혼생활도 직장생활도 신앙처럼 남편 서상복 님과 함께 더불어 하나님 나라를 살아내고 드러내고 전하기 위해 살겠습니다. 성령님의 도움을 받아 최선을

다하겠습니다.

이 모든 내용을 하나님과 모든 증인 앞에서 엄숙히 서약합니다.

1990. 7. 20. 서약자 아내 김은숙 사인,

증인 주례자 김철수 사인

7. 부모와 하객 : 떠나보냄과 증인언약

양가 부모들의 떠나보냄 언약

이제는 자녀를 품에서 온전히 떠나보내는 것이 결혼이다. 자녀의 머리를 틀어쥐거나 자녀 바짓가랑이를 붙잡고 집착하면 안 된다. 자녀가 훨훨 잘 떠나도록 미련 없이 잘 떠나보내야 한다.

부모를 떠나는 것은 하나님을 부모로 전적으로 신뢰하고 순종하며 살라는 것이다. 신랑, 신부가 부모를 떠나기 위해 부모가 먼저 잘 떠나보내야 한다.

자녀를 떠나보낸다는 것은 신랑, 신부가 이룰 새 가정의 경제적인 것과 모든 결정에 있어서 부모가 더 이상 주장하지 않겠다는 것이다. 간섭하지도 않겠다는 것이다. 자녀가 스스로 책임지도록 물러나 있겠다는 것이다. 무엇이든지 도와주지 말고 자녀들이 스스로 독립하고 살게 해 주어야 한다는 것이다. 자녀 부부에게 부모라고 해서 이러쿵저러쿵 요구하지도 말라는 것이다.

불행한 가정의 특징을 보면 대부분 양가 부모가 떠나보내지 않음이 독사처럼 웅크리고 있다. 부모의 지나친 요구나 자녀가 결혼해도 떠나보내지 않고 아직도 품 안의 자식으로 여기는 것 때문에 부부의 온전한 하나 됨이 이루어지지 못한다.

부모는 자녀를 떠나보내고 중년 부부가 더 하나 되어 살고 참 남편 예수님께 더욱 친밀함을 가지고 살아야 한다.

하객들은 언약 참여와 증인 되기

하객들은 결혼 예배에서 중요한 몇 가지를 기억해야 한다. 결혼 예배에서 하객들은 결혼 언약의 증인이다. 동시에 언약의 당사자이다.

첫째는, 결혼 하객이 반으로 갈라지면서 아브라함의 언약에서 짐승을 반 가르는 언약을 지금 하는 결혼에서 드러낸다. 자신의 이미 한 결혼에도 재언약하며 동참한다.

둘째는, 결혼 언약에 하객들은 신랑 신부의 결혼 언약의 증인이 되어주어야 한다. 이 신혼부부와 새 가정을 위해 기도해 주고 관심을 가지고 잘 배려해 주어야 한다.

셋째는, 결혼 예배에 참여할 때 자기의 결혼에도 오늘 신랑, 신부의 고백을 자기 것으로 재언약(자신들의 결혼 언약을 갱신)을 하고 재결심해야 한다.

하객들이 가볍게 여흥을 즐기거나 부조만을 전달하는 것은 결혼 예배의 바람직한 참여 자세가 아니다. 참여한 하객들도 지금 결혼 언약을 자신들의 결혼 언약으로 갱신하여야 한다. 자신의 결혼생활을 점검하고 하나님 나라를 온전히 회복해야 한다.

멘토-멘티는 부부 언약을 견고히 한다

멘토-멘티의 부부 언약은 해당자가 있을 때만 하면 된다. 필자의 경험상 "우는 자와 같이 울고, 기뻐하는 자와 같이 기뻐하라"라는 말씀을 이루는 제일 좋은 방법이 멘토-멘티 언약이다. 같은 교회 공동체에서 결혼생활을 앞으로 최소한 5년(최대 10년)간 돌봐주고 주기적으로 상담도 받고 컨설팅받는 방법은 하나님 나라를 이루도록 하는 일에 매우 유익하다.

멘티 역할을 5년(최대 10년) 정도 잘 받고 잘살게 된 부부는 새로운 멘토가 되어주어야 한다. 결혼하는 부부에게 멘토와 멘티는 하나님이 기뻐하시는 공동체적 요소이다. 멘토도 멘티를 섬기면서 성숙해지고, 같은 하나님 나라를 이루어 가게 되는 유익을 얻게 된다.

가정과 교회는 하나님이 만드신 공동체이다. 이는 하나님 나라가 더욱 강력하게 드러나야 할 곳이다. 교회도 가정도 모두 같이 진실한 공동체가 되는 방법이 이 방법이다. 하나님 나라를 이루는 방법이 바로 이 멘토-멘티의 언약이다. 필자는 적극적으로 이런 방법이 일반화되기를 사모한다.

멘토는 교회에서 어느 정도 결혼생활의 덕을 끼치는, 최소 5년(10년 지나면 더 좋음)은 결혼생활을 잘한 부부가 하면 좋다. 물론 자원하는 과정을 걸치고 멘토의 자질을 훈련하고 교육하는 과정도 있으면 더 효과적이다.

멘티는 그 부부에게 상담과 컨설팅을 받으며 진실한 공동체의 최소 그

룹으로 실천이 된다. 멘토를 받는 멘티 부부는 가정 안에 강력한 하나님 나라가 세워지게 된다. 멘토, 멘티 가정이 세워지면 교회가 건강하게 세워지게 된다.

멘토 부부는 5년간(최대 10년) 한 달에 한 번 정도 식사 교제나 차 교제로 만나 교제하며 부부생활을 컨설팅해 준다. 서로의 가정에서 만나는 것이 반반씩이면 더 효과적이다. 서로의 도움을 주고받는 데에 집 자체가 매우 중요한 자료를 제공하기 때문이다.

멘티 부부는 또한 멘토 부부를 잘 따르고 순종하고 리더로 잘 존중해야 효과가 증진된다. 그러면 부부 문제, 가정 문제, 자녀 양육 문제 등을 모두 도움받아 성숙하고 행복한 가정이 된다.

컨설팅받은 지 5-10년이 지나면 새로 결혼하는 멘티 부부를 5-10년간 잘 도와주는 멘토 역할을 맡기를 권장한다. 자신들의 부부를 멘토 해 주었던 부부의 은혜, 하나님의 은혜, 교회 공동체의 은혜를 갚는 행위가 된다.

멘토, 멘티 부부도 언약식을 하면 좋다. 멘토, 멘티는 부부언약을 견고히 한다.

아내에게 보이는 하나님 얼굴

서상복

오래 살다 보니 아내 얼굴에는 하나님 얼굴 보입니다.

남편 가려진 상처를 남에게는 보이지 않으려

나에게마저 덮어둔, 정확히 보며 고쳐가고 계시는 그 얼굴.

오래 살다 보니 아내 말에는 하나님 얼굴이 보입니다.

남편 교만을, 남편 허영을, 남편 과장을,

남에게는 덮어둔, 정확히 보며 고쳐가고 계시는 그 얼굴.

때로 그로 인한 아픔에, 때로 너무 가까워

자라지 못한 빈, 텅 빈 허허한 목마름에 거부도 해 보지만,

어떤 말씀보다 강하게 나를 조각해 가는 하나님 얼굴 봅니다.

아내가 그래서 내겐 보이는 하나님

- 2011년 1월 31일 쓰다.

4장. 포인트 결혼 예배 순서와 의미

1. 결혼 예배(순서)의 각각의 의미는 무엇인가?

1) **신랑 입장** - 부모를 떠나 성숙하고 독립하여 하나님을 최우선으로 섬기겠다. 그리고 그 증표로 신앙의 성숙은 물론 아내를 부모와 자녀보다 우선순위로 존중하고 귀하게 여기는 삶을 살겠다.

2) **신랑의 어두운 옷** - 예수님이 먼저 우리를 위해 영원한 신랑으로 십자가에 죽으시기까지 신부인 우리를 섬기시고 사랑하심을 고백하며 자신도 죽기까지 신부를 먼저 섬기고 사랑하겠다.

3) **신부 입장** - 부모를 떠나 성숙하고 독립하여 하나님을 최우선으로 섬기겠다. 그리고 그 증표로 신앙의 성숙은 물론 남편을 부모와 자녀보다 우선순위로 존중하고 귀하게 여기는 삶을 살겠다.

4) **신부의 흰 드레스** - 예수님과 나의 영적인 결혼을 이 결혼으로 드러내어 하나님 나라를 이루며 살겠다. 죄 사함과 거룩함을 기억하며 살아가겠다. 배우자를 위해 성적 순결을 지키겠다. 이 땅 결혼생활에서 부활과 하나님 나라를 드러내고 살아내겠다. 배우자의 의견과 뜻을 비판, 정죄하지 않고 이해하고 존중하고 수용하겠다.

5) **레드카펫 위를 걸어감** - 이 모든 결단이 스스로 되지 않고 예수님의 십자가 보혈을 의지하고 성령을 충만하게 받아 이루어 내겠다.

6) **양가 부모의 떠나보냄 언약** - 자녀들이 부모를 잘 떠나도록 양가 부모가 지금 결혼하는 자녀를 주장하지 않음을 물론 집착하지도 않겠다.

7) **멘토-멘티 언약** - 미리 언약 결혼을 어느 정도 배우고 훈련하여 5년 이상 잘 살아간 부부가 지금 결혼하는 부부를 5-7년 정도 멘토-멘티로 잘 컨설팅하고 지도하겠다.

8) **하객의 증인언약** - 하객들은 지금 하는 결혼을 보증하고 중보하고 기도해 주면서 본인들도 이 결혼 언약으로 자기 결혼을 언약을 재갱신하여 잘 살아가겠다. 하객이 반 갈라지며 피의 언약(십자가 보혈)을 맺으므로 드러내는 것이다.

9) **결혼반지** - 예수님과 나의 영원한 언약을 지금 배우자와 이루어 가겠다. 서로 주장하지 않고 상대에게 맞추어 주고 먼저 헌신하고 연단 받겠다. 상대보다 내가 변화해서 상대를 섬기겠다. 내 중심에서 배우자 중심으로 결정하고 생각하며 살겠다.

10) **결혼서약서 낭독과 서명** - 하나님과 하객들 앞에서 이 약속을 생명을 걸고 지키겠다,

4장. 포인트 결혼 예배 순서와 의미

질문 및 나눔

1. 신랑, 신부 입장은 무슨 의미인가? 기혼) 나는 그것을 어떻게 지키고 있는가?

   기혼) 나는 그것을 어떻게 지키고 있는가?

   미혼) 어떻게 지킬 것인가?

2. 레드카펫을 통과하는 것은 무슨 의미인가? 기혼) 나는 그것을 어떻게 지키고 있는가?

   기혼) 나는 그것을 어떻게 지키고 있는가?

   미혼) 어떻게 지킬 것인가?

3. 신랑의 어두운 정장, 신부의 흰 드레스는 무슨 의미인가? 신랑은 그것을 어떻게 실천할 것인가? 신부는 그것을 어떻게 실천할 것인가?

적용하기

1. '부모를 떠나'의 몇 가지 의미를 나는 어느 정도 준비하고 있고 실천하고 있는지 나누어 보자. 그리고 부족한 것은 추가 계획을 세우고 나누어 보자.

2. 레드카펫을 통과하는 십자가 새 언약으로 나의 연애, 결혼에서 무엇을 수정하고 노력해야 할까?

3. 결혼서약서에 6가지를 5점 척도로 실천하는 정도를 체크 해 보자. 잘 지키는 것은 무엇인가? 잘 지키지 못하는 것은 무엇인가? 더 노력하고 개선할 계획 3-4가지를 적어보고 나누어 보자.

MARRIAGE
PLATFORM

부록

부록 1. 결혼 플랫폼 3요소로 나와 결혼을 점검하기

미성숙	결혼 플랫폼(M.P) (결혼예비학교, 결혼 언약 예배)		성숙
→ → →		→ → →	
내 나라	(M.P1) 1번 환승 통로	하나님 나라	
→ → →		→ → →	
자기중심성	(M.P2) 2번 환승 통로	상대 중심성	하나님 나라
→ → →		→ → →	
계약 결혼	(M.P3) 3번 환승 통로	언약 결혼	
내 나라 / 이미 하나님 나라 공존과 갈등	지금 임하는 하나님 나라		완성될 하나님 나라

1) 살고 사랑하고 신앙생활 하는 것에서 내 나라를 이루는가? 하나님 나라를 이루는 것이 목표인가? 내 나라를 이루는 것은 무엇이고 하나님 나라를 이루는 것은 무엇인지 2가지씩 써보고 개선점도 나누어 보자.

①

②

2) 살고 사랑하고 신앙생활 하는 것에서 자기중심성은 무엇인가? 상대 중심성은 무인가? 자기중심적인 것은 무엇이고 상대 중심성은 무엇인지 2가지씩 써보고 개선점도 나누어 보자.

①

②

3) 사랑하고 결혼생활 하는 것에서 계약 결혼으로 사는가? (미혼은 계약 결혼으로 생각하고 있는가?) 언약 결혼을 잘 이해하고 이루고 있는가? 계약적인 사랑은 무엇이고 언약적인 사랑은 무엇인지 2가지씩 써보고 개선점도 나누어 보자.

①

②

4) 미성숙함이 없고 온전히 성숙하게 사는가?

점검해야 할 미성숙의 특징들

성인 아이, 낮은 자존감, 부정적인 자아상, 갈등과 화가 날 때 실패할 때 충고를 들을 때 지나치게 거부, 타인과 가족에게 걱정, 염려, 손해를 주는 삶, 자기중심성, 자기관리력 부족, 만족지연능력 결핍, 대인관계능력 결핍, 좋은 대화 방법의 부족, 공감능력 부족, 사명이 없는 허무. 게으름, 충동성, 폭력적 언어와 행동, 중독성, (가족, 공동체, 회사, 학교) 책임감의 결여, 감사와 감격 부족, 유머감 부족, 여유 없음, 쉽게 화냄, 쉽게 좌절, 남의 말에 너무 민감, 상처를 쉽게 받음, 남의 말과 의견에 너무 의존, 충고나 배움이 부족, 건강관리를 잘하지 못함, 공동체 생활이 부족함, 남의 말을 끝까지 듣지 못함, 봉사나 섬김이 없거나 너무 적음, 혼자서는 행복하고 의미 있게 잘 지내지 못함

5) 제일 많이 자신에게 해당이 되는 미성숙한 특징 3가지 정도를 써보고 실천할 개선점도 각각 2~3가지 쓰고 나누어 보자. 성숙한 결혼과 삶이 되자. 하나님 나라를 이 땅에서 누리고 전하자.

나의 미성숙한 내용	개선하여 성숙을 위한 실천방법 2~3가지
①	
②	
③	

부록 2. 하나님 나라를 이루는 결혼 예배 시나리오

영상	예배 전에 부부의 준비한 영상이 있으면 미리 틀고 또한 예배 후에 틀어둘 수 있다. 영상이 없으면 조용한 찬양을 미리 틀어두면 좋다.	
순서	주례자 멘트	내용
떠나보냄 언약 – 부모 입장	"신랑 곽○○ 군과 신부 김○○ 양의 출발을 축복해 주기 위해 이 자리에 참석해 주신 내빈과 하객 여러분께 먼저 감사의 인사를 드립니다. 결혼 예배를 돕는 저는 행복한 가정을 위해 일하는 사단법인 해피가정사역연구소 소장 서상복 목사입니다. 오늘 혼인 예식은 기독교 예식입니다. 살아계신 하나님 앞에서 거행하는 신성하고 거룩한 결혼 예배입니다. 그러므로 결혼 예배 중에는 조용히 해 주시고 휴대폰도 꺼 주시면 매우 고맙겠습니다. 결혼 예배를 드리기에 앞서 부모님 입장이 있겠습니다. 양가 어머님께서는 손을 잡고 입장해 주시기바랍니다.	부모가 화촉점화를 하지 않고 결혼하는 부부가 결혼 언약 선서후 바로 한다. 양가 어머님 두 손을 잡고 입장하여 주례자에게 인사후 서로 맞절하고 자리에 앉는다.
시작 선언	"그럼, 지금부터 신랑 곽○○ 군과 신부 김○○ 양의 결혼 예배를 드리겠습니다."	예배의 시작을 알린다.
떠남 언약 – 신랑 입장	"신랑·신부의 입장입니다, 먼저 신랑 곽○○ 군이 입장하겠습니다. 신랑 입장 때 하객 여러분은 박수 치지 말고 조용히 거룩한 신랑의 입장을 지켜봐 주시기바랍니다.그 이유는 1. 신랑이 레드카펫을 밟고 입장하는 이 길이 영원한 신랑 되신 예수님이 하늘 보좌를 버리고 이 땅에 오셔서 새신랑과 성도인 모든 하객을 신부 삼으심을 나타냅니다. 또한 죄 용서하시고 구원하시며 사랑하신 새 언약을 고백하는 것입니다. 2. 신랑은 예수님이 교회를 위해 죽기까지 헌신할 것을 약속하는 것입니다. 뒤따라 입장할 신부 김○○ 양을 위해 모든 헌신을 하겠다는 결단으로 레드카펫을 밟고 입장하시겠습니까? 신랑 입장", 입장을 다 하면 신랑은 뒤로 돈다.	주례자가 신랑 입장 알리면 신랑이 주례 앞으로 걸어 나간다. 반주자는 "내 영혼이 은총 입어" 등의 찬양을 반주한다. 주례자 앞에 다가가 고개 숙여 인사, 단에 올라 내빈을 향해 바라보고 오른쪽으로 서서 신부를 맞이할 준비 한다. 주례자 지시로 뒤돌아선다. (주악에 맞춰 신부가 주혼자 의지하고 입장하면 주례자가 하객들에게 다음과 같이 선언한다.)

순서	주례자 멘트	내용
떠나보냄 언약 - 부모 입장	"신부 김○○ 양의 입장이 있겠습니다. "여러분 신부 입장에는 부모를 떠나는 언약의 한 부분의 의미를 신랑과 함께 표현하는 것입니다. 신부가 드러내는 성도 모두의 예수님 신부 됨, 신부 흰옷이 드러내는 부활과 순결을 같이 표시합니다. 자리에서 일어나서 뜨겁게 축복의 박수 쳐 주세요" 신부 입장"	웨딩마치가 울려 퍼지면 신부는 보호자와 함께 천천히 걸어나온다. 신랑은 신부가 단 가까이 오게 되면 단 아래로 내려가 신부의 보호자에게 인사하고 신부를 부축하여 함께 나란히 주례자 앞에 선다. 하객석을 기준으로 했을 때 신랑은 왼쪽, 신부는 오른쪽에 선다.
기원	하나님 아버지, 오늘 결혼하는 신랑(곽○○) 군과 신부(김○○) 양의 결혼 예배에 임재하셔서 받으시며, 이들의 부부 됨에 하늘 문을 열어 복을 부어주세요. 모든 하객과 가족이 한 마음으로 축하하며, 하나님께 거룩하게 드리는 결혼 예배 되게 하여 주소서.	주례자가 전체 결혼 예배를 위해 기도한다.
찬송	순서지에 있는 찬송가 28장을 부르도록 하겠습니다.	다 같이, 이 외에도 384장 '나의 갈 길 다 가도록', 다른 새 신랑 신부가 은혜받은 곡으로 해도 좋다.
기도	평소에 신랑(신부)을 ( )지도하셨던 ( )교회를 섬기시는 ( )목사님 나오셔서 기도해 주시겠습니다.	친지나 친척, 또는 새신랑, 신부의 소속 교회 교역자.
성경 봉독	성경 봉독을 하겠습니다. 예배소서 5장 31-33절입니다. 말씀은 순서지에 있습니다.	순서지에 있는 성경을 봉독한다.
설교	"행복 그 이상의 하나님 나라 부부"	5-7분 정도

순서	주례자 멘트	내용
혼인 서약 - 언약	"다음은 결혼 서약이 있겠습니다." 혼인 서약에 이어 이제 두 사람의 완전한 부부 됨을 선언하는 혼인선언문 낭독이 있겠습니다. 신랑이 먼저 낭독 후에 사인하시고 신부가 또 하도록 하겠습니다. ※ 신랑의 서약(별첨)	신랑과 신부가 서로에게 결혼 서약서를 읽고 서명한다. 주례자로부터 귀중한 결혼 서약을 받는 순서이다. 신랑 신부가 결혼서약서를 직접 낭독하는 것이 좋다. 그리고 주례자가 마지막에 증인으로 서명하고 두 사람에게 돌려준다. ※ 신부의 서약(별첨)
성혼 기도	이 시간 새 가정을 이루게 되는 신랑과 신부가 하나님 앞에서 그 법도를 지켜가며 살아가겠노라고 엄숙하게 서약하였습니다. 지금 성경책 위에 두 손을 얹고 예수님께 약속드립니다. 이 마음이 일평생 변하지 않도록 예수님께서 도와주시옵소서. 이제 예수님의 도우심으로 성혼 공포를 하려 합니다. 이 공포가 일생 동안 이들의 머리를 떠나지 않도록 하여 주시옵소서. 예수 그리스도의 이름으로 간절히 기도드렸습니다.	성경책 위에 두 사람의 손을 얹고 그 손 위에 주례자의 손을 얹고 성혼 기도를 한다. 이때 주례자가 미리 성경을 사서 신랑과 신부에게 선물로 준다면 더 뜻깊을 것이다 (또는 신랑과 신부 교회에서 성경책을 준비하여 줘도 된다).
공포	신랑 '곽○○' 군과 신부 '김○○' 양은 하나님 앞과 친지들 앞에서 평생토록 서로 사랑하고 위로하며 진실한 부부의 도리를 다할 것을 굳게 서약하였으므로 이에 부부가 된 것을 성부와 성자와 성령의 이름으로 공포합니다. 성도 주 예수님께서 말씀하신 대로 하나님께서 짝지어 주신 것을 사람이 나누지 못할지니라. 아멘	주례자는 결혼이 성립되었음을 선포한다.

순서	주례자 멘트	내용
반지 교환	신랑과 신부가 결혼 언약을 기념하여 반지로 언약의 증표를 나누겠습니다. 반지는 서로의 손에 맞추듯 서로 주장 말고 자기 헌신으로 맞추는 삶을, 그리고 반지의 원은 예수님과 성도의 언약처럼 영원성을 드러내는 것입니다. 새 언약이신 예수님이 하나님 나라를 온전히 드러내고 전하는 모든 사역을 하심 같이 이제 이 두 부부가 하나님 나라를 이루어 가는 것을 나타냅니다.	남편이 먼저 끼워주고 아내가 남편에게 끼워준다. 약혼식이나 신혼여행지에서 해도 무방하다.
멘토링 (me ntor ing) 언약	신랑과 신부를 5년간 결혼생활을 상담하고 안내하여 줄 멘토(mentor) 부부와의 약속 시간입니다. 훈련이 잘 받으시고 부부 삶의 모범을 보인 멘토 부부이신 ( )부부 일어나시길 바랍니다. 이제 이 멘토 부부와 오늘 결혼하는 멘티 부부가 각각 오른손을 들어 선서함으로 멘토링 언약을 하겠습니다. 선서! 멘토 부부로서 최소한 5년(-10년)간은 잘 지도해 주실 것과 신랑 신부는 멘티(mentee)로써 최소한 5년(-10년) 동안 잘 지도받으며, 5년(-10년) 이후에는 독립하여 다른 부부를 멘토 부부로 잘 섬길 것을 약속합니다. 바로! 멘토링 언약이 이루어진 것을 다 같이 박수로 축복하겠습니다.	
감사와 축복 - 떠남 보 냄 언약 확인	- "이번은 신랑, 신부가 양가 부모님께 감사의 인사를 올리는 순서입니다. 신랑과 신부는 신부 부모님께 먼저 인사를 올리겠습니다. 신부 부모님 앞에 서 주시기를 바랍니다." 경례, 지금까지 딸을 잘 키워 주셔서 감사합니다. 사위가 아니라 아들로 잘 섬기겠습니다. 결혼해서 잘 살겠습니다. 신랑 부모님께 감사드리겠습니다. 신랑과 신부는 신랑 부모님 앞으로 서 주시기 바랍니다. 경례, 지금까지 아들을 잘 키워 주셔서 감사합니다. 며느리가 아니라 딸로 잘 섬기겠습니다. 결혼해서 잘 살겠습니다. - 양가 부모님께서는 두 부부의 감사 인사의 답례로 신랑과 신부를 한 번 안아 주시며 축하해 주시길 바랍니다. 신랑 아버님은 아들을, 신랑 어머니는 며느리를, 신부 아버님은 사위를, 신부 어머니는 딸을 안아 주시길 바랍니다. "결혼 축하하고 사랑한다. 잘 살아라."	주례자의 말에 따라 신랑과 신부가 양가 부모님께 인사를 한 후에, 양가의 부모님과 신랑,신부가 함께 내빈에게 인사한다. 부모님들도 신랑과 신부에게 축하 인사를 한다.
축도	평소에 신랑(신부)을 지도하셨던 (교회) 시무하시는 ( )목사님 나오셔서 축도하심으로 결혼 예배를 마치겠습니다.	

순서	예배 후 2부 축하연 주례자 멘트	내용
축가 - 언약 축하연	"다음은 신랑, 신부의 가장 소중한 날을 축하하기 위해 마련한 축가가 있겠습니다." 신랑이 섬기는 찬양팀 ○○팀의 테너 ○○○, 소프라노 ○○○의 축가가 있겠습니다.	친구, 교회가 준비한 축가, 특순하는 순서.
광고	신랑과 신부 가족을 대표해서 (신랑 측에서) 나오셔서 광고하시겠습니다.	신랑과 신부 아버지 중에 한 분이 광고함
인사	"이번은 양가 부모님과 신랑과 신부 모두 하객들에게 감사의 인사를 올리는 순서입니다." 양가 부모님께서 신랑과 신부 양쪽에 서 주시기바랍니다.먼 길까지 와 주시고 여러 가지 바쁜 신중에 찾아와 주신 여러 내빈께 찾아뵙고 인사드려야 하나 사정상 여기에서 감사의 인사를 드립니다.	성경책 위에 두 사람의 손을 얹고 그 손 위에 주례자의 손을 얹고 성혼 기도를 한다. 이때 주례자가 미리 성경을 사서 신랑과 신부에게 선물로 준다면 더 뜻깊을 것이다(또는 신랑과 신부 교회에서 성경책을 준비하여 줘도 된다).
축복송 - 언약 축하연	이제 전체 하객들이 신랑과 신부를 축하하는 시간이 되겠습니다. 신랑과 신부에게 손을 뻗어서 다 같이 야곱의 축복이라는 노래로 축복하겠습니다. < 야곱의 축복 > "너는 담장 너머로 뻗은 나뭇가지에 푸른 열매처럼 / 하나님의 귀한 축복이 삶에 가득히 넘쳐날 거야/ 너는 어떤 시련이 와도 능히 이겨낼 강한 팔이 있어 / 전능하신 하나님께서 너와 언제나 함께하시니 /너는 하나님의 사람, 아름다운 하나님의 사람 / 나는 널 위해 기도하며 네 길을 축복할 거야 /너는 하나의 선물 사랑스런 하나님의 열매 / 주의 꿈에 꽃피운 나무가 되어줘"	주례자는 결혼이 성립되었음을 선포한다.

순서	예배 후 2부 축하연 주례자 멘트	내용
새 가정 행진 – 언약 축하연	"다음은 신랑 신부의 행복한 앞날을 위한 힘찬 새 가정 행진이 있습니다. 모두 일어나셔서 뜨거운 박수와 환호로 두 사람의 앞날을 축복해 주시길 바랍니다." (주례자는 신부가 신랑 왼팔을 끼도록 돕고 음악에 맞춰 퇴장한다.)	주례자는 퇴장이 끝날 때까지 새 출발 하는 신랑과 신부의 뒷모습 주시, 새 가정 축복.
마침말 안내	"이상으로 신랑 곽○○ 군과 신부 김○○ 양의 결혼 예배를 마치겠습니다." 이제 갓 태어난 두 사람의 복된 새 가정을 지켜 주시고 앞날을 축복해 주시기 바랍니다. 참석해 주신 하객 여러분 모두의 가정에 만복이 항상 함께하기를 기원합니다. 대단히 감사합니다.	피로연 장소, 사진 촬영 등을 안내한다.
축하연 (성찬식)	하객과 신랑과 신부는 식사와 다과를 즐기면서 성찬식을 대신합니다. 특히 신랑과 신부 한 빵을 찢어 서로 먹여줌으로 성찬식을 대신합니다. 하나님과 믿는 자의 관계처럼 새로 이룬 부부 서로가 상대를 위해 한 몸으로 헌신함을 드러냅니다.	축하연은 시내산 언약 마지막에 만찬을 함을 드러내는 약식 성찬식이다.

부부의 한 몸이 어떠함을 보여준다. 성찬식(the Communion service)은 한 몸, 전인적인 하나 됨을 뜻하는 'Communion'이다. 예수님과 성도의 하나 됨을 뜻하는 이 단어는 성경에서 유일하게 부부의 하나 됨, 한 몸 됨과 성찬에 참예한 성도들끼리 다시 한 지체가 됨을 나타낼 때 쓰였다. 결국 부부의 하나 됨과 성도의 하나 됨은 예수님과 성도의 하나 됨에서 시작되며 근본이 됨을 말한다.

부록 3. 하나님 나라를 드러내는 결혼주례사

행복 그 이상의 '하나님 나라 부부'

> 이러므로 사람이 부모를 떠나 그 아내와 합하여 그 둘이 한
> 육체가 될지니 이 비밀이 크도다. 나는 그리스도와 교회에 대
> 해 말하노라 엡 5:31-32

결혼은 대부분이 알고 있는 것처럼 반쪽과 반쪽이 만나서 온 쪽이 되는 것이 아닙니다. 온 쪽과 온 쪽이 만나 더 좋은 제3의 온 쪽, 60배, 100배가 되는 것입니다.

멍에를 같이 매는 두마리의 소로 결혼을 말하는 부분도 있습니다. 한 마리씩 밭을 가는 양보다 두마리가 같이 갈 때 두배가 아닌 더 많은 양의 밭을 가는 것입니다. 물론 반대로 믿지 않거나 미성숙한 배우자를 만나면 두 배 힘드는 것보다 훨씬 더 힘든 것도 결혼입니다.

소도 두 마리가 한 멍에를 질 때 그렇게 되는데 인간은 하나님이 개입하시고 이끄심을 의지하고 둘이 하나가 된다면 60배 100배의 가정이 됩니다. 결국 하나님 나라가 새로 이룬 가정에서 이루어지는 것입니다.

부부가 서로 위하기 전에 먼저 내가 나를 책임지지 못하면 상대의 어려움과 외로움, 상처, 필요는 짐이 됩니다. 그래서 서로 결혼으로 인해 고통이 더 많은 생활이 됩니다.

하지만 신랑. 신부 각자가 가장 힘들 때도 나 하나 정도는 서 있으며 책임지는 성숙과 신앙이 있다면 상대의 힘듦이나 아픔, 필요는 기꺼이 즐겁고 헌신적으로 대가를 바라지 않고 돕게 되는 것입니다.

그래서, 둘이 만나 2가 아니라 홀로 하나님 나라를 이룰 성숙을 가진 둘이 더 큰 하나로의 하나님 나라를 만드는 것입니다. 60배, 100배의 놀라운 능력과 자유와 풍족한 하나님 나라를 결혼은 이루게 됩니다.

최초의 아담과 하와 부부의 결혼과 부부 싸움은 이 두 사람이 어찌 살아야 하나님 나라 가정을 만들지를 보여 줍니다(주례를 5분~7분 할 때는 이 부분은 생략한다. 8~10분할 때는 이 부분도 넣어서 한다).

1) 아담과 하와가 하나님과 멀어짐이 불행의 시작입니다. 하나님을 두 사람이 잘 섬길 때는 하나님 나라가 되었습니다. 하지만 두 사람이 선악과를 따 먹고 자신이 신처럼 되며 죄를 짓게 되면서 하나님과 멀어지며 결혼에도 불행이 왔습니다.

2) 아담이 하와와 멀어집니다. 선악과를 먹기 전에는 "하와 당신은 내게 뼈 중의 뼈요 살 중의 살이다"라고 하며 하나님 나라 부부로 살던 아담입니다. 선악과를 먹자 아담은 이렇게 달라집니다. "하나님이 주신 저 여자가 선악과를 줘서 먹었습니다", "하나님이 여자를 잘못 만드셨거나 잘못 짝 지워 주셨습니다. 내 잘못 아니고 하나님 잘못입니다. 여자가 먼저 잘못했으니 내 잘못 아니고 저 마누라의 잘못입니다."

부부 사랑이 계속 잘 유지되려면 하나님과 사랑을 먼저 잘 유지해야 합니다. 하나님을 사랑하지 않으면 죄 된 속성으로 서로 핑계와 비난과 책임 전가로 천국 결혼이 지옥 결혼으로 돌변합니다.

결혼 예배의 바른 의미를 말씀드립니다.

1) 신랑 입장은 부모를 떠남을 의미합니다. 신랑이 먼저 솔선하여 희생하며 가정을 잘 다스리면 아내는 잘 따라오게 되며 가정은 행복해진다는 것입니다.

주님이 날 신부 삼아 사랑하셔서 하나님 아버지를 떠나 십자가의 희생으로 내 죄를 갚으시고 깨끗하게 하시고, 이 땅의 하나님 나라를 누리게 하십니다. 부활과 성령 충만으로 가능하게 하시고, 영원한 하나님 나라를 약속하시는 것은 이 땅의 남편이 하늘의 영광을 버리고 아직 신부인 우리가 죄인일 때 먼저 헌신하시고 섬기시며 죽기까지 사랑해 주시는 것을 고백하는 것입니다.

여기 서 있는 신부를 그의 행동이나 조건과 상관없이 때론 먼저 잘못하더라도 일방적으로 희생하고 헌신하겠다는 것이 신랑 입장입니다. 이것은 그냥은 불가능하므로 레드카펫이 상징하는 십자가의 은혜 앞에 머물며 그 힘으로 감당하겠다는 것입니다.

2) 레드카펫은 주님의 언약의 피라는 것을 신랑·신부가 믿음으로 받아들이는 것이다. 예수님이 자신들에게 하셨듯이 상대를 위해 죽기까지 순결과 헌신을 약속하는 것입니다.

3) 성경이 말하는 결혼의 4가지 요소를 오늘 이 부부는 꼭 기억하시기 바랍니다. 부모를 떠남, 한 몸을 이룸, 연속성(영원성), 친밀성입니다.

① 부모를 떠나 - 두 사람은 이제 경제적으로, 정신적으로 부모와 독립해서 한 가정을 스스로 책임져야 합니다. 그리고, 부모보다도 더 온전히 서로 사랑하는 새로운 관계가 형성되었습니다. 그러므로 서로 하나님 다음으로 부모보다도 더 서로를 챙기고 사랑하는 관계가 오늘 시작된 것입니다.

양가 부모님께도 부탁합니다. 여기 두 자녀가 부모를 잘 떠나기 위해 부모가 먼저 잘 보내주어야 합니다. 이 두 사람이 이룰 새 가정의 경제적인 것과 모든 일에 있어서 이제는 부모가 더 이상 주장하시지 말고 떠나보내 주어야 합니다. 섭섭하더라도 이제 두 사람에게 어떤 것도 요구하지 말고 독립시켜야 한다는 것입니다. 그래야 두 사람이 새로운 하나님 나라 가정을 잘 이룰 것입니다.

② 한 몸을 이룸 – 부부가 한 몸, 즉, 성관계를 통하여 육체, 정신, 영혼으로도 하나가 됨을 말합니다. 이 하나 됨에는 그 누구도 끼어들 수 없습니다. 자식도, 부모도, 돈도, 직장도…. 벗어도 부끄럽지 아니한 아담과 하와처럼 두 사람의 육체적 결합과 친밀감을 서로 협의하여 책임과 의무를 다해야 합니다.

③ 영속성 – 하나님께서 여기 두 사람을 맺어 주신 것을 사람이 갈라놓을 수 없다는 것입니다. 이혼으로도 남이 될 수 없음이 하나님의 뜻입니다. 죽음이 아니고서는 두 사람은 이제 갈라지지 않는 놀라운 신비가 있습니다. 죽으면 두 사람은 부부가 아니라 서로 성도의 관계가 됩니다. 천국에서 영원히 주님과 참 결혼의 관계로 살아가게 됩니다.

죽음이 두 사람을 갈라놓지 않는 한 두 사람은 이 세상에서 부부로 연결되었다는 것을 의미합니다. 그러므로 이혼하지 않고 끝까지 잘 살아야 한다는 것을 말합니다. 이 땅의 제한된 지금의 결혼에서 영원한 결혼인 예수님과 나의 결혼이 드러나도록, 하나님 나라가 임하는 부부로 살아야 함을 말합니다.

그래서, 두 사람이 서로 주고받은 결혼반지가 둥근 원인 까닭입니다.

④ 친밀성 – 이제 두 사람은 대화를 배워서 깊고 수준 있게 하며, 남자와 여자의 차이를 잘 헤아려 서로 잘 배려해야 합니다. 기질과 성격의 차이, 성장과 서로 다른 문화의 차이를 모두 배우고 알아서 맞추어 주어야 친밀성을 갖게 되는 것입니다.

새신랑, 남편 〇〇〇군에게 부탁드립니다.

남편들아 이와 같이 지식을 따라 너희 아내와 동거하고 그를 더 연약한 그릇이요 또 생명의 은혜를 함께 이어받을 자로 알아 귀히 여기라 이는

너희 기도가 막히지 아니하게 하려 함이라 벧전 3:7

남편들아 아내 사랑하기를 예수님이 교회를 위해 자신을 주심 같이 하라 엡 5:25

그래서, "마님 돌쇠이옵니다" 하시며 살아가시길 바랍니다. 신랑 큰 소리로 결심하며 외쳐보세요. "마님 돌쇠이옵니다." 잘하셨습니다.

신랑이 지금 검은색의 정장을 입은 이유는 아내에게 주님이 교회를 위

하여 죽으심 같이 온전히 죽어서 섬기겠다는 고백입니다. 그러면 두 사람은 하나님 나라 결혼생활을 하게 됩니다.

새신부, 아내 〇〇〇양에게 부탁드립니다.

> 사라가 아브라함을 주라 칭하여 … 너희도 그렇게 하면 그의 딸이 되는 것이라 벧전 3:6

> 그 남편과 자녀를 사랑하고 신중하며 순전하고 집안 일을 잘하며 선하며 남편에게 복종하라 이는 하나님의 말씀이 훼방을 받지 아니하려 함이라 딛 2:4

그래서, "전하, 무수리이옵니다" 하시며 살아가시길 바랍니다. 신부 큰 소리로 결심하며 외쳐보세요. "전하, 무수리이옵니다." 잘하셨습니다.

신부가 지금 흰 드레스를 입은 까닭은 이제 남편에게 교회가 주님에게 복종하듯, 존경이 되지 않고 맘에 들지 않아도 복종하겠다는 의미입니다. 신부의 자기 의견을 주장하지 않고 협의를 하겠다는 겁니다.

남편의 검은색으로 흰 바탕에 물들어 가겠다는 의미입니다. 그러면 두 사람은 하나님 나라 결혼생활을 하게 됩니다.

결혼예비학교를 꼭 해야 할 8가지 이유?

결혼예비학교는 결혼을 앞둔 예비부부가 반드시 이수해야 할 수료 과정이자 결혼면허증을 따는 과정이다. 예비부부는 물론 싱글과 커플들은 결혼예비학교 과정을 기필코 수료해야 한다. 그 당위성은 여덟 가지이다.

하나, 삶의 예비학교이다

결혼예비학교는 삶의 예비학교이다. 이 학교를 통해 사랑을 배우고 결혼을 배운다. 이를 배울 때 먼저 할 것은 자신을 건강하게 사랑하는 것이다. 사랑도, 결혼도 자신을 사랑하지 않고는 불가능하기 때문이다. 대부분 미숙한 사람은 사랑과 결혼을 불행으로 이끈다.

필자가 진행하는 결혼예비학교는 나와 하나님과의 회복을 돕는다. 자신을 가장 잘 사랑하려면 하나님과 깊은 친밀감 회복이 우선이다.

결혼예비학교는 가정과 교회 공동체 회복을 돕는다. 우리는 원가족인 부모, 형제 그리고 자신의 과거를 수용하고 용서하고 사랑해야 자신도 수용하고 사랑하게 된다. 우리가 교회에 소속되고 사랑하면 결핍된 가정에서의 부족이 채워진다. 죽은 연애 세포도 회복된다.

결혼예비학교는 자기의 사명과 정체성을 찾도록 돕는다. 사실 각자가 사명이 없거나 부족하면 불행한 결혼이 될 확률이 높다. 그래서 결혼예비학교는 사명학교이다.

결혼예비학교는 자신의 성숙을 돕는다. 미성숙한 부문을 10여 개의 체크리스트로 점검함으로써 온전한 성숙을 이루도록 돕는다. 사랑과 결혼은 그다음에 해도 늦지 않다. 우리가 성숙해야 사랑도 결혼도 제대로 하고 행복한 결혼생활을 할 수 있다.

필자가 진행하는 결혼예비학교는 개인생활, 사명 찾기, 신앙생활, 연애나 부부생활, 가정생활의 성숙을 돕는, 삶의 예비학교이다.

둘, 연애학교이다

결혼의 의미를 알아야 연애도 바르게 한다. 운동선수가 좋은 성적을 거두기 위해 그 종목의 규칙과 방법에 따라 훈련하며 준비하는 것과 같다. 연애한다고 해서 꼭 그 사람과 결혼하지는 않는다. 하지만 결혼은 연애한 사람 중에서 한다. 선을 보거나 소개팅을 해도, 서로 데이트하고 연애하면서 결혼할 사람인지를 확인한 후에 결혼한다. 그러므로 결혼을 모른 체 준비 없는 연애를 하면 결국 결혼을 준비 없이 하는 것과 같다.

연애학교는 연애만 배우지 않고 결혼도 배워야 한다. 자신의 온전한 성숙도 점검하고 이루어야 한다. 혼자서도 잘 살 때 연애해야 한다. 결혼예비학교가 가장 좋은 연애학교이다.

셋, 성경적인 결혼 준비를 잘하게 해준다

하나님이 결혼을 만드셨기 때문에 우리들의 결혼은 성경적이어야 한다. 성경적인 결혼을 하려면 성경적 결혼이 무엇인지 알아야 한다.

결혼은 결혼 언약, 혼인 언약이라고 말한다. 지금 우리들의 결혼을 보면 결혼 언약이 결혼식이나 그 이후의 삶에서 효율적으로 실천되지 못하고 있다. 세상의 일반 결혼과 방법만 다를 뿐 정신, 원리 등은 차이가 없다. 성경적인 결혼식을 치른다고 하는 우리의 결혼식에 인본적인 요소가 많다.

결혼식에서부터 바른 결혼 언약을 고백해야 한다. 결혼식부터 결혼생활을 내 나라에서 하나님 나라로 준비해야 한다. 그래야 내 나라 역에서 하나님 나라 역으로 가는 결혼 플랫폼을 갖추게 된다.

결혼 플랫폼에는 다음과 같은 아름다운 요소가 있다. 신랑, 신부 입장을 잘 정리하고 심리적, 정서적으로 그리고 영적으로도 제대로 준비하게 한다. '레드카펫'이 십자가 보혈임을 깨닫고 준비하게 한다. 신랑의 '검은색 정장'으로 신랑, 신부의 자기 내려놓음과 헌신을 준비하게 한다. 신부의 '흰 드레스'로 거룩, 부활, 수용, 칭찬과 존경, 성적인 순결을 준비하게 한다. 결혼반지로 상대 중심의 훈련과 연단을 준비하게 한다. 남편과 아내 역할, 부모의 역할은 삼위일체 하나님의 관계와 책임을 잘 알고 실천하게 해야 한다. 하나님 나라로 준비하게 해야 한다.

넷, 사랑학교이다

결혼예비학교는 남편과 아내의 역할을 배우는 사랑학교이다. 연인들이 남녀차이를 바르게 알아 어떻게 사랑해야 할지를 배운다. 대화법까지 배운다. 영어, 수학은 대부분이 과외를 하며 배우지만, 그보다 훨씬 중요한 대화법을 배우지 않아 사랑도, 관계도, 연애도, 결혼도 어렵게 된다. 결혼하고 부부가 된 후에 부부와 대화에 대해 배우면 이미 늦었다는 것을 알아야 한다.

결혼예비학교를 통해 성경적으로 남편과 아내의 역할을 배운다. 남편과 아내의 불안과 걱정과 고민 등을 해결하는 과정이기 때문이다. 이런 과정을 통해 큰 상처를 미리 예방하는 법을 배운다. 연인은 남자의 역할과 여자의 역할을 제대로 배운다. 연애 방법도 배운다.

결혼예비학교는 부부가 진정으로 하나 되고 커플들도 사랑함으로 행복하게 되는 결정적인 배움의 코스이다. 또한 싱글이 어찌 사랑해야 하는지를 배우는 코스이다. 부부의 문제는 부부의 역할대로 하지 않기 때문인 경우가 대부분이다. 연인들도 어떻게 연애하는지 이젠 배워야 할 때이다.

다섯, 부모학교이다

결혼예비학교는 사실 부모학교이다. 물론 부모들만 참여하는 온전한 부모학교보다는 부모 됨이나 자녀 양육 등의 내용을 간략하게 다룬다. 하지만 가장 중요한, 자녀가 누구인지, 어찌 훈육해야 하는지 등의 핵심은 배운다. 반드시 알아야 하는 태교와 출산, 육아법 등 필수적인 것은 족집게 과외처럼 충분히 다룬다.

부모가 된 뒤에 부모 준비를 하면 너무 늦다. 자녀에게 상처를 주는 양육을 하는 경우가 많기 때문이다. "에고 이게 아닌가 봐" 하고 있을 때 자녀의 상처에서는 피가 흐른다.

이런 문제들을 예방하기 위해 부모교육으로 두 번 배우는 것을 권한다. 결혼 전이나 부모가 되기 전에 결혼예비학교로 한 번 배워야 한다. 부모가 된 후에 부부학교나 부모학교 등의 심화 과정으로 또 한 번 배워야 한다.

여섯, 집으로 돌아가는 관계 영성을 좋게 한다

결혼예비학교는 집으로 돌아가는 관계 영성을 좋게 한다. 집으로 가지 못하고 교회에 갇힌 신앙으로는 결혼과 연애를 힘들게 만들 수 있다. 신앙은 교회에 갇히면 안 된다. 교회에 갇히면 결혼과 연애가 힘들어진다.

우리는 결혼과 연애를 통해서 하나님 나라를 보여주어야 한다. 특히 가까운 사람들에게 하나님 나라를 보여주어야 한다. 하나님 나라는 죽어서만 가는 나라가 아니다. 세상에서 그리스도의 향기로 진한 하나님 나라 냄새를 가까운 사람들에게 풍기며 살아가야 하는 나라이다. 성경에 희년에는 집으로 돌아가라고 말하듯(레 25:10-11), 신앙이 좋을수록 집으로 돌아가야 한다.

밖으로 도는 영성을 결혼 플랫폼에서 환승하여 집으로 가도록 돕는 것이 결혼예비학교이다. 결혼은 집에서부터 이미 하나님 나라를 이룬다. 결혼은 가족에게 돌아가는 영성이 되어야 한다. 가족 서로에게 하나님 나라를 최상으로 증명할 수 있어야 한다.

하나님의 나라로 부부생활을 회복해야 한다. 그래서 자녀에게 이런 말을 들어야 한다. "부모님을 보니 하나님 나라를 보는 것 같습니다."

일곱, 결혼에 하나님 나라가 이루어지도록 준비한다

결혼예비학교는 결혼에서도 하나님 나라가 이루어지도록 준비하게 한다. 하나님 나라는 문화로 보이는 실제 현상이다. 하나님 나라 백성은 조건을 넘어서는 사랑을 해야 한다. 원수까지 사랑하는 것을 부부 사랑에서 이루어야 한다. 그것은 세상에 없는 평안과 평강이다. 죽음을 넘어서는 초월적 평강이다. 내 중심에서 상대 중심으로 환승하여 살아가는 것이다.

부모가 부부로 이렇게 먼저 살아갈 때 자녀들은 가정에서 하나님 나라를 체험한다. 이것은 쉬운 일이 아니다. 본성으로는 죄성과 자기중심성이 있어 어렵다. 그래서 하나님 나라의 관점으로 결혼과 가정을 배워야 한다. 하나님 나라로의 결혼 플랫폼을 준비해야 한다.

성경은 결혼생활에서 부부와 자녀 관계에서 하나님 나라를 잘 이루는 것이 바른 신앙이라고 강조한다. 바울 사도가 교회 리더의 자격을 목회서신 세 군데에서 말한다. 감독과 집사의 자격으로 언급하는 덕목의 70%는 교회에서 어떤 사람인가가 아니라 가정에서 어떤 사람인가에 관한 것들이다. 바울은 가정에서 인정받는 사람이 교회에서도 인정받는 리더가 될 수 있다고 말한다.

교회 다니는 사람 중에 남에게는 잘하지만, 배우자나 자녀에게는 잘못하는 사람들이 너무 많다. 왜 그럴까? 바로 하나님 나라를 가정에서 이루지 않기 때문이다. 결혼 플랫폼을 갖추지 않았기 때문이다. 내 나라에서 하나님 나라, 내 중심에서 상대 중심으로 환승하지 않았기 때문이다.

부부가 서로 존경하기는 쉽지 않다. 그것은 하나님 나라가 각자에게 이루어질 때만 가능하다. 부부가 하나님 나라를 목표로 살 때만 가능하다. 부모가 자녀에게 존경받는 것은 온전히 자기를 다 비워 하나님 나라를 보여줄 때만 가능하다.

혼자 잘사는 사람보다, 부족해도 부부가 갈등하며 훈련되고 하나님 나라로 다듬어진 사람이 좋은 신앙인이다. 이럴 수만 있다면 대학원 열 개를 다니며 배운 것보다 더 많이 배운 것이다. 대학원 졸업장이나 박사 학위보다 하나님 나라 결혼 플랫폼, 상대 중심 결혼 플랫폼, 언약 결혼 플랫폼으로 환승하는 것이 더 중요하다.

결혼생활에서 부부와 자녀에게 하나님 나라를 잘 이루어 자녀에게, 그리고 주변에 하나님 나라를 전하고 넓히자.

하나님의 나라는 말에 있지 아니하고 오직 능력에 있음이라

고전 4:20

지금 시대에 청년과 자녀들이 결혼과 연애에 크게 기대하지 않는 이유

결혼 플랫폼 연애학교 · 결혼예비학교 · 부부학교 입문서

는 부모나 믿음의 선배들이 하나님 나라를 보여주지 못했기 때문이다.

결혼예비학교를 잘 배워서 하나님 나라를 잘 나타내는, 이 세상에 없는 풍성하고 신비한 결혼으로 회복하자. 하나님 나라의 능력을 나타내자. 결혼 플랫폼에서 제대로 내 중심에서 상대 중심으로, 내 나라에서 하나님 나라 가치를 실천하는 결혼으로 환승하자. 그래서 이런 소리를 들어보자.

"당신에게서 하나님 나라가 보입니다."
"부모님에게서 하나님 나라가 보입니다."
"작은 예수입니다."

여덟, 하나님 나라로 안내하는 결혼예비학교는 삶 전체를 하나님 나라로 준비하게 한다

미국의 어떤 연구 결과에 따르면 결혼예비학교를 수료하기만 해도 이혼율이 1/2로 떨어졌다고 한다. 하물며 하나님 나라 관점으로 잘 정리된 필자의 결혼예비학교를 이수하게 되면 이보다는 더 좋을 것이 틀림없다.

지금까지 필자가 직접 주최해서 진행한 결혼예비학교만 2022년 기준으로 25기가 지났다. 여러 교회에서 주최하고 필자가 주 강사로 가서 한 결혼예비학교는 물론 이보다 훨씬 많다.

소감문이나 마지막 수료 소감, 이후의 결혼생활 중 피드백을 들어보면 대부분 세 번은 들어야 한다고 말한다. 내용이 좋은 것은 물론이고, 실용적이고 현실적이며 전문적이어서 큰 도움이 되기 때문일 것이다. 세 번 수료한다는 것은 싱글 때 한 번, 연애 때 한 번, 결혼 직전이나 결혼 직후에 한 번 한다는 말이다.

또 필자는 언론 매체 등을 통해 많은 홍보도 하지 못했다. 그런데도 결혼예비학교를 꾸준히 30여 년을 지속해 올 수 있었던 것은 참여한 사람들의 입소문 덕분이다. 이런 결과는 하나님 나라로 인도하는 결혼예비학교의 탁월함과 유익함을 입증한다.

특히 소감문에서 두드러지는 것은 '연애를 배우러 왔다가 치유와 회복이 되었다', '하나님 나라의 삶을 되찾았다'라는 내용이 가장 많다는 것이다.

하나님 나라로 안내하고 준비하게 하는 필자의 결혼예비학교는 삶 전체를 하나님 나라라는 최고의 메타인지로 잘 준비하게 하는 확실한 길잡이가 되어줌으로써 결혼의 좋은 열매를 맺게 해 준다.

자 이제 결혼 플랫폼에서 다음 3가지로 환승해서 신비하고 풍성한 명품 결혼이 되게 하자.

"내 나라에서 하나님 나라로 환승하자!"

"자기중심에서 상대 중심으로 환승하자!"

"계약 결혼에서 언약 결혼으로 환승하자!"

MARRIAGE
PLATFORM

주

1) 김형국, 『도시의 하나님 나라』 하나님 나라로 읽는 데살로니가전서, 비아토르, 2019, 281-292, 김형국, 『하나님 나라의 도전』 비아토르, 2019, 137-147,

2) 조성국, "기독교 인간학: 하나님의 형상인 전인적 인간- 개혁철학의 관점에서," 「고신대학교 부설 기독교교육연구소 기독교교육연구 시리즈」 17 (2000): 3.

3) 조성국, "기독교 인간학: 하나님의 형상인 전인적 인간," 8-11.

4) Gordon J, Spykman. 『개혁주의신학』 (서울: 기독교문서선교회, 2002), 120-122.

5) 조성국, "기독교 인간학: 하나님의 형상인 전인적 인간," 17.

6) Peter A. Lillback, 『칼빈의 언약 사상』 원종천 역 (서울: CLC, 2012), 143-152.

7) Lillback, Peter A. / Muller, Richard A. Baker, The Binding of God Calvin's Role in the Development of Covenant Theology(번역서 : 칼빈의 언약사상), (Academic, 2001). 27-34.

8) 원종천, "칼빈 언약사상의 본질적 개념과 신학적 위치(The Nature and Place of John Calvin's Covenant Theology)" (미간행 박사학위논문, 아세아연합신학대학교 대학원, 2009), 212.

9) 조성국, "기독교 교육의 기초개념으로서의 언약(한상동의 언약적 신앙이해로부터)," 「고신대 제12회 한상동 기념 강좌집」 (2009): 88.

10) 이병돈, 『하나님의 언약』 (서울: 기독교대한성결교회 활천사, 1985), 70-73.

11) Pink, Arthur Walkington, 김의원 역, 『하나님의 언약』 (기독교문서선교회, 2007), 75-81.

12) Blaising, Craig A, Bock, Darrell L, 곽철호 역, 『하나님 나라와 언약』 (기독교문서선교회, 2005), 45-51.

13) Kay Arthur, 김경섭. 최복순 역, 『언약 신실하신 하나님의 약속 : 신구약 성경을 관통하는 하나님의 비밀 병기』 (서울: 프리셉트, 2009), 143-147.

14) 김윤태, "삼위일체의 신학과 언약 사상의 관점에서 본 칼빈의 신학 원리", 「천안대 조직신학연구」 (2002), 32-67.

15) 정요석, 『삼위일체 관점에서 본 조나단 에드워즈의 언약론』 (서울: 킹덤북스, 2011), 56-61.

16) Horton, Michael S, 『언약적 관점에서 본 개혁주의 조직신학』 이용중 역 (서울: 부흥과개혁사, 2012), 78-81.

유해무, 『개혁교의학』 (고양: 크리스챤 다이제스트, 2003), 212.

이상규, 『개혁주의란 무엇인가?』 (부산: 고신대학교 출판부, 2007), 102-121.

17) Niesel, Wilhelm, 『칼빈의 신학』 (서울: 대한기독교서회, 1990), 56-63.

18) 김희석, 『언약신학으로 본 구약의 하나님 나라』 (서울: 솔로몬, 2022), 53-57.

19) 보스, 『구약의 종말론』 125; 윌리엄 J. 덤브렐, 『언약신학과 종말론』 장세훈 역 (서울:CLC, 2000), 32-33.

20) Jack O. Balswick and Judith K. Balswick, *The Family: A Christian perspective on the contemporary home*, 크리스천 가정, 황성철 역 (서울; 두란노, 1995), 15-16.
Balswick 부부는 1977년, Journal of Psychology and Theology(심리학과 신학 저널)에 4회 연재된 논문을 통해 결혼과 가정에 대한 성경적 접근을 시도하였다.

21) Jack O. Balswick and Judith K. Balswick, The Family, 15-16.

22) 게리 채프먼, 『연인보다 아름다운 부부로 살기 위한 부부학교』 (서울: 황금부엉이, 2007), 131-156.

23) 게리 채프먼, 『연인보다 아름다운 부부로 살기 위한 부부학교』 16.

24) 긍휼은 구약성경에는 언약에 기초한 하나님의 사랑(steadfast love)을 말해 주는 히브리 원어 '헤세드'의 역어로 되어 있다. 쾰러-(Koehler, Ludwig Hugo 1880-1956 독일 출생의 스위스의 구약학자)에 의하면, 구약에 '헤세드'는 245회 나온다. '은혜'(창 20:13; 출 15:13), '[인애'(창 47:29; 신 7:9), '인자'(창 19:19; 출 34:6), '자비'(대상 16:41)로 번역되어 있다. 이 말은 '언약에 기초한 사랑'이다.

25) 성서와 함께 편집부, 『보시니 참 좋았다: 성서 가족을 위한 창세기 해설서』 (서울: 성서와 함께, 1988), 99.

26) 강용원, 『통전적 기독교교육과 상담사역』 (서울: 한국기독교교육학회, 2014), 131.

27) Charles R. Swindoll, The Strong Family (Grand Rapids: Zondervan Publishing House, 1991), 13-14.

28) 원효식, 『가정사역의 이론과 실제』 (서울: 영인문화사, 1991), 6.

29) Magaret M. Sawin Family Enrichment with Family cluster (Vally forge: judson, 1980), 13.

30) 박경수, "루터 신학에서 삼위일체론의 위치", 「장로회신학대학교 한국교회사 학회지」 20, (2007): 67~93.

31) Young, Ed, 『삼위일체 하나님』 김인화 역 (서울: 프라미스, 2012), 104-110.

32) 안택윤, 『삼위일체 조직신학』 (서울: 한국장로교출판사, 2012), 211-218.

33) 유태화, 『삼위일체론적 구원론』 (서울: 대서, 2010), 27-33.

34) 유해무, 『신학: 삼위일체 하나님을 향한 송영』 (서울: 성약, 2007), 221-224.
유해무, 『삼위일체론』 (서울: 살림, 2010), 132-134.

35) 미국 매사추세츠 주 소재 앤도버 뉴튼 신학교의 교수

36) Robert W. Pazmino, God our teacher, 166.

37) Jürgen Moltmann, Gottinder Schöpfung, 김균진 역, 『창조 안에 계신 하느님』 (서울: 한국신학연구소, 2002), 317.

38) Jürgen Moltmann, Gottinder Schöpfung, 317.

39) 장신근, "오늘의 가정을 위한 교회 교육의 과제," 352-53.

40) 진교훈 외 21인, 『인격』 (서울: 서울대학교 출판부, 2007), 352.

41) 김균진, 『하나님은 어디에 계신가?』 (서울: 대한기독교서회, 1990), 136.

42) <그림 10> 삼위일체로 본 결혼모델은 언약의 3요소를 기본 틀로 하는 랜돌프(Randolph, Paul)의 가족 언약 모델을 필자가 그림으로 보기 쉽게 정리하고 거기에 맞는 결혼과 가정의 교육내용을 더 보완하여 만든 것이다.

43) 김윤태, "삼위일체의 신학과 언약 사상의 관점에서 본 칼빈의 신학 원리", 57-58.

44) 김윤태, "삼위일체의 신학과 언약 사상의 관점에서 본 칼빈의 신학 원리", 19.

45) 기독교 대백과사전 편찬위원회, 10, (1987): 964.

46) William, A.C. 『성경시대의 상황과 풍습』 조숙현. 노현숙 역, (서울: 서울서적, 1991), 29-31.

47) 김윤태, "삼위일체 신학. 언약사상. 칼빈의 신학 원리," 57-58.

48) 김윤태, "삼위일체 신학. 언약사상. 칼빈의 신학 원리," 58.

49) 창세기 15장, 17장 3-8절

50) 강인한, "현대 기독교 결혼예식에 내포된 언약적 상징,"『학교법인 백석대학교 설립 제30주년 기념 논문집』 (백석대학교 기독교학부, 2006), 19.

51) 원종천, "칼빈 언약사상의 본질적 개념과 신학적 위치," 6.

52) Kay Arthur, Our Covenant God, 19.

53) 김희석, 『언약신학으로 본 구약의 하나님 나라』 148.

54) 김희석, 『언약신학으로 본 구약의 하나님 나라』 150.

55) 김희석, 『언약신학으로 본 구약의 하나님 나라』 159, 165-169.

56) 김희석, 『언약신학으로 본 구약의 하나님 나라』 183-203.

57) 최종태, "결혼으로서의 시내산 언약," 322.

58) '바하르'(선택하다)는 말씀이 동일하게 쓰인 말씀은 신 4:37; 7:6, 7, 10:15; 14:2; 사 14:1; 43:20; 49:7 이다.

59) 사용된 동사가 "카다쉬"의 "피엘형"은 이른바 factitive의 의미가 있다. 즉, 백성들이 의복을 씻고 남녀관계를 멀리하고 구분되어 거룩하게 하였다.

60) 김윤태, "삼위일체의 신학과 언약 사상의 관점에서 본 칼빈의 신학 원리", 16.

61) 최종태, "결혼으로서의 시내산 언약," 『ACTS 神學과 宣敎』 제3호, (아세아연합신학대학교, 2000), 318.

62) Goppelt L, 『신약신학』 (크리스챤 다이제스트, 1992), 208.

63) Hahn, Ferdinand는 요한복음 6:1-13을 성만찬으로 보고 있다. 오병이어 기적 중 많은 무리의 백성을 먹이신 사건이 성만찬을 표현한 것이라 한다. Hahn, Ferdinand, Theologie des Neuen Testaments II (Tüingen: Mohr Siebeck, 2002), 550.

64) Strachan, R. H. The fourth Gospel; Its significance and Environment (London, 1941), 122-24.

65) 교부 중에는 Cyrill von Jerusalem; Catech, ⅹⅹⅱ, Mystag, ⅳ, 12(Mygne Patrologia, Series Graeca 33, Col.1098), Cyprian; The Epistles, 63, 12(Migne Patrologia, Series Latina 4, Col. 383). 이승익, "요한복음서에 있어서 성례전 문제", 23쪽에서 재인용. O. Cullman, Early Christian Worship, 93-102.

66) 이승익, "요한복음서에 있어서 성례전 문제," 139.

67) 제자원 편, 『옥스퍼드 원어성경대전』 (서울: 제자원, 2000), 175.

68) R. Schnackenburg, R. E. Brown과 박수암도 이 사흘째 날을 부활의 아침이라고 주석한다. Schnackenburg, The Gospel According to St. John, Ⅰ (New York, NY 10017, 1990), 325.; Raymond E. Brown, The Gospel according to John(ⅰ-xii), 박수암, 『신약주석 요한복음』 88.

69) R. E. Brown, 박수암과 많은 학자는 이 "사흘째 되던 날"을 빌립과 나다나엘을 부르신 날부터 사흘로 보고 있다. 이와 같은 주장에 근거한다면 분명 여덟 번째 날 예수님을 믿는 자의 혼인 잔치가 시작되었음을 예측할 수 있다. R. E. Brown, John, 98, 박수암, 『요한복음 주석』 88.

70) 교차대칭구조는 서사비평 기법의 하나이다. 예수님을 믿는 자들의 문학 기법이다. 강성열, 오덕호, 정기철, 『설교자를 위한 성서해석학 입문』 273.

71) R. E. Brown, The Gospel According to John, 104.

72) R. E. Brown, John, 104.

73) George R. Beasley-Murray Vol. 36. World Biblical Commentary, John (Word, 1987), 31.

74) 박호용, 『요한복음서 재발견』 (서울: 쿰란출판사, 2007), 167.

75) Stephen S. Smalley, 『요한신학』 (서울: 생명의 샘, 2004), 272-73.

76)   Stephen S. Smalley, 273.

77)   Robert Kysar, John's Story of Jesus, 최흥진 역, 『요한의 예수 이야기』 (서울: 한국장로교출판사, 1998), 120-24.

78)   Kay Arthur, Our Covenant God, 12.

79)   김윤태, "삼위일체의 신학과 언약사상의 관점에서 본 칼빈의 신학 원리," 32-67.

80)   황창기, "피 신랑의 할례 피," 「고려대학교 논문집」 20 (1993): 16.

81)   조성국, "기독교 가정의 언약 교육," 「교회와 교육」 181 (2007): 110-121.

82)   할례의 피는 신혼의 피를 상징한다. 하나님은 그의 신부인 교회가 동정녀이시길 원한다(고후 11:2-3). 뱀에게 유혹될 때 영적 처녀성을 잃은(창 3:15) 그 후손 이스라엘과 모든 믿는 이들을 위해 신랑으로 첫날 표피(십자가 보혈)를 잘라 피를 흘려 신부가 흘릴 피를 신랑이 대신하는 것, 신부 순결의 보증으로 신랑이 은혜를 베푸는 대속적 행동을 상징한다. 동정녀가 아니어서 그 자리에서 피를 보이지 못할 경우 여자는 사형당하게 되어 있었다(신 22:13-21).

83)   황창기, "피 신랑의 할례 피," 119-133.

84)   강인한, "현대 기독교 결혼예식에 내포된 언약적 상징," 「학교법인 백석대학교 설립 제30주년 기념 논문집」 (백석대학교 기독교학부, 2006). 229-230.

85)   강인한, "현대 기독교 결혼예식에 내포된 언약적 상징," 229-230.

결혼 플랫폼 Marriage Platform

연애학교·결혼예비학교·부부학교 입문서

지은이 서상복

발행일 2쇄 발행 2023년 5월 3일
발행인 김도인
펴낸곳 글과길

출판사 등록 제2020-000078호[2020. 5. 29.]
서울특별시 송파구 삼학사로 19길5 3층(삼전동)
wordroad29@naver.com
편집 이영철 ibs5@naver.com
디자인 김석범
공급처 하늘유통
경기도 파주시 광탄면 분수리 350-3
전화 031—947-7777
팩스 0505-365-0691
©2022, Kim Do In all rights reserved
ISBN 979-11-978184-8-6 13230
값 18,000원